后浪出版公司

我的拼搏，你的战斗

RONDA ROUSEY
MY FIGHT YOUR FIGHT

［美］龙达·鲁西（Ronda Rousey）
［美］玛丽亚·伯恩斯·奥尔蒂斯（Maria Burns Ortiz） 著
俞月圆 译

江西人民出版社

本书献给我的爸爸妈妈。希望你们为我骄傲。

所有事在发生之前都是史无前例的。发生了，也就有了。

——妈妈

目 录

前言	i
我因何而战	1
格斗之夜	3
时刻准备着	9
取胜乃世间第一等乐事	13
风云突变	17
永远不要小瞧对手	25
丧亲之痛	29
阳光总在风雨后	33
切莫将就	35
规则：并非"存在即合理"	39
疼痛：不过如此	43
在逆境中寻找机遇	47
信念为王	53
适时迈出下一步	57
苦中作乐	65
运气最糟时也必须是最强者	73
没有谁理所当然该赢你	81
临阵脱逃者不可能赢	87
不要让别人帮你做决定	97
与何人为伍，便有何种生活	101
一招失利便是下一招的起点	111
有价之物得来皆不易	115
无非是一个决定而已	119
我们在何时丢掉了梦想？	129
卓越终会受人赏识	133
输也要输得光彩	141
这是我的境遇，不是我的人生	149

快乐不能只有一个来源	153
忽略无关紧要的信息	157
易毁的关系不值钱	163
"总得有人当世界第一，为什么不能是你呢？"	167
挑教练犹如选男友	175
难免坎坷	183
冠军总要付出更多	195
计划好第一招	201
永远不会有完美的东西	207
"如果这事容易，那大家都会去做了"	219
别把控制权拱手相让	223
惯于取胜	233
不如主动走到镜头前	239
拒不接受所谓的"现实"	245
一流格斗家知道何时应该耐心	251
求胜欲强者得天下	257
每一秒都要战斗	263
敢于丢人	273
取胜才是完美复仇	279
学会"抓空拍"	285
准备对付状态最好的对手	291
别让任何人逼你后退	301
答案就是：没有正确答案	307
心有戚戚焉	311
最难的莫过于适时离开	315
赢得比赛	319
致谢	321
出版后记	323

前言

UFC 主席 达纳·怀特

龙达·鲁西改变了全局。

当然 2011 年的时候我还不知道这个。那时我在洛杉矶接受 TMZ[①] 的采访,被问到什么时候会有女子选手加入终极格斗冠军赛(Ultimate Fighting Championship,UFC)。我看着摄像机,答道:"永远不会。"

那时我是认真的。我对于女选手参与格斗运动并以此谋生并无异议,但每当别人说起在终极格斗冠军赛中引入女子选手的事情,我都会回想起我在北加州看的一场当地的比赛。其中一个女格斗运动员出手风格与男子运动员如出一辙,而她在场上的对手看起来好像只上了五节跆搏操课。这是我所看过的最惨烈、相差最悬殊的一场格斗比赛,我实在不想在终极格斗冠军赛中看到这样的场面。

然后龙达出现了。

TMZ 那次采访之后几个月,我们在拉斯维加斯拍摄节目,有人喊了我的名字,正是龙达·鲁西。我听说过她,她是一位优秀的女子格斗选手。我走过去跟她握手,她说:"总有一天我会为您打格斗比赛,我会成为您手下的第一位女子世界冠军。"你得明白,所有人——不论是男是女——都这么跟我说。他们都会说:"总有一天我会为您效力,成为您手下下一位世界冠军。"

但她不依不饶。我看了她在"打击力量"(Strike Force)里的比赛,

[①] TMZ,美国娱乐新闻网站。——译者注

发现她的确不一般。在一场 UFC 活动中，龙达要求和我见面。聊了十五分钟之后，我心想："我应该答应她。她是那种可以凭借一己之力从无到有干出一番事业的人，她说的每一个字我都相信。"她充满领袖风采，活力十足。看看她的比赛，她简直不可思议。

我就这么做了决定。龙达加入了，我把她的比赛列为 UFC 157 的主赛，定在 2013 年 2 月 23 日。这一决定受到媒体和格斗迷的热切关注。那一晚在安纳海姆，她出场对阵莉兹·卡尔莫彻（Liz Carmouche），奉献了一场极其精彩的比赛。这场比赛在第一轮铃响之前结束，自始至终都激动人心。

而这不过是个开始。

女子选手的竞技水平突飞猛进，发展势头如此之快，是我之前所没有预见到的。龙达正是其中的领军人物。她掀起了好一场风暴，我对这场风潮有所了解，有切身体会，也顺势而为。龙达有才华，有美貌，也有决心。尽管经历了从酒吧服务生到超级巨星的转变，但其实她一直是一位出色的运动员，一位最后才弄明白自己想做什么的奥运奖牌得主。她发现她渴望上场，去证明自己，这毫无疑问是最棒的。刚想明白这个，她就接管了整个综合格斗界，成为公认的王者。在终极格斗冠军赛中，如果她不是最最耀眼的明星，也是巨星之一。

说她改变了全局绝非虚言。她改变的不只是女子组的比赛，还有人们对女子项目的看法。人们总是说："啊女篮啊，那就是 WNBA 咯。""女子组高尔夫，她们用的发球台离果岭都近一点。""女子网球，她们打球没男选手那么狠。"没有人会用这种话来说龙达·鲁西。我在拳击和综合格斗界干了这么多年，在与我合作过的所有运动员里，她是最拼命、最令人难以置信的人之一。不只有我一个人把八角笼中的龙达和巅峰时期的迈克·泰森相提并论，请看看她有多凶猛，看看她出场的方式，看看她怎样追着对手跑，她可不会闹着玩。一看见龙达出场准备格斗，你就知道她的对手该倒霉了。

她的注意力全放在这一件事上。不只是在一场比赛或者在训练中，她在日常生活中也专注于此。这是一个不爱参加派对的女人。她所做的只是每天早晨醒来都自问"我怎样做才可以让自己比昨天更好",她就是这样过日子的。

龙达是一位不可思议的模范人物,她的榜样作用给妇女和年轻女孩带去了力量。我小的时候,男孩子在这一边玩,女孩子就在另一边玩,男孩子做体育运动,女孩子玩布娃娃、过家家。而在刚刚过去的万圣节,全国各地的女孩子都把自己打扮成龙达·鲁西的样子,因为她棒极了,兼具美感与力量。

她激励了每一个人。今年夏天"小联盟系列赛"期间,十三岁的皮尔斯·琼斯(Pierce Jones)登场,这是一个来自芝加哥南部的非裔男孩。在他的各项数据之下,他列出了他最喜欢的运动员,正是龙达·鲁西。这可是开天辟地头一回,他本可以选择别人——可供选择的男运动员有很多,比如勒布朗·詹姆斯(LeBron James)、德瑞克·基特(Derek Jeter)——但他最喜欢的运动员是龙达·鲁西。

龙达已经改变了体育界,她这辈子还有可能要改变世界。我不认为有什么事情是她做不到的,我甚至觉得龙达·鲁西这本书写得太早了,因为她才刚刚起步,日后她将取得的成就会让世人惊叹。准备好读龙达·鲁西故事的续集吧。

我因何而战

我是一名斗士。

唯有激情洋溢的人可以成为斗士。我如此充满激情，几乎难以遏制。我流泪、流汗、流血，都是激情的释放。

在许多人的想象中，我内心冷酷，麻木不仁，但事实是，只有心胸开阔、不计较细节的人才能够战斗。我很容易袒露真情，也曾经被人伤过心。如果脚趾骨折、脚上缝针，我仍然可以带伤上阵。如果被对手一击命中，我可能连眼睛都不会眨一下。但当听到收音机里传出忧伤歌曲，我却会动情流泪。我之所以格斗，正是因为我容易受伤。

从我出生起，情况就是如此。我生命的第一次呼吸、最早学会说的词，都是经过奋斗得来的，而希望赢得尊重、希望为人所知的斗争今天仍在进行中。在很长一段时间里，我觉得有必要为每一件小事去拼。但现在，每隔几个月，我都会经历一场重大的战役，如果取胜就足以弥补平时丢掉的所有小型的仗役。有些战役，输了也无关大局，比如在路上被人超车，比如受了老板的气，再比如日常遭人轻视——它会逐渐迫近我们忍受的极限。可有些战役如果输掉，整个生活都会因之改变，比如失去心爱的人，比如为了一个目标全力以赴，最终却空手而归。

我是为了父亲而战。他输掉了自己的战役，在我八岁时离开了人世。我也是为了母亲而战，是她教会我如何在生命中的每个时刻争取胜利。

我很拼，想让爱我的人为我自豪，让恨我的人咬牙切齿。那些曾经被击败、被抛弃的人，那些仍在和厄运做斗争的人，我为他们每一个人而战。

　　成就卓越是一场漫长而艰苦的战役，而我每天都在作战。格斗正是我取得成功的途径。我所说的战役不只发生在面积 750 平方英尺的 UFC 八角笼①里，也不局限在 64 平方米的柔道赛场②上。生活就是一场战役，它始于生命第一息，终于咽气那一刻。你得与那些说"这事永远成不了"的人抗争，与设下"玻璃天花板"的机构抗争——必须有人来将它击得粉碎。你需要与自己的身体抗争——当它告诉你它累了的时候；你需要与自己的头脑抗争——当怀疑的情绪悄然潜入的时候；你需要与扰乱军心的各层体制抗争，需要与令人泄气的大小障碍抗争。你必须战斗，因为不能指望任何人为你而战。再说，还有那些无法为自己而战的人，你必须为他们战斗。任何真正有价值的东西都需要奋斗才能得来。

　　我逐渐知道了该怎样抗争、怎样取胜。无论面前有何种障碍，无论何人何物欲与你为敌，总有一条路通向胜利。

　　这里要说的就是我的成功之路。

---

①　八角笼，终极格斗冠军赛（Ultimate Fighting Championship，简称 UFC）使用的比赛擂台。擂台为八边形，高于地面约 1.2 米，四周由涂有乙烯基的铁丝网围成，面积 750 平方英尺（合 70 平方米）。——译者注
②　专业的柔道赛场为边长 16 米的正方形，赛场正中央有一个边长为 8 米的正方形（通常铺有绿色的榻榻米），作为比赛区域。——译者注

格斗之夜

我起床的时候已经是傍晚了。我睡了一整天,醒来、吃点东西,又回到睡眠状态。我开始穿衣,套上黑色短裤和黑色运动胸罩。

酒店的房间很温暖。我希望自己的身体保持温暖、放松的状态。

我站在镜子前面,把头发往后梳,分作几股。首先是头顶,我用一根有弹性的发带把它固定住。然后是左边,再是右边。现在,所有头发都沿着脖子垂着。我又拿了一根发带,将三股头发牢牢地绑到一起,梳成一个髻。我的头发紧紧拉扯着头皮,眼睛也被抻得大大的。站在镜子跟前的时候,我感觉有什么东西"咔哒"一下到位了。看到自己为战役整装待发的样子,我有一种脱胎换骨的感觉。一切好像都已经焕然一新。

离出发还有一个小时。我套上锦步运动汗衫,穿上我的战靴——一双造价低廉的 Love Culture① 牌黑丝麂皮靴。这双靴子已经快要"散架"了,可它一直陪着我,见证了我职业生涯的几乎每一场胜利。

酒店套房的客厅里有一张双人沙发、几把椅子,我的团队成员都在那里坐着。他们说话时都放低了声音,但偶尔有人在捂着嘴笑,隔着房门传来阵阵笑声。我能听见他们走动的声音。主教练埃德蒙(Edmond)又检查了一遍他的背包,确认我们没有落下什么东西。教我练巴西柔术的勒内(Rener),他把横幅卷起、展开,又卷起。横幅上有我的赞助商的标志,比

---

① Love Culture,美国女装品牌,创立于 2007 年。——译者注

赛时会放到八角笼里，摆放在我身后。他想把横幅卷得松紧适中，这样到时候只要一抖手腕就能拉开。格斗教练马丁（Martin），他不慌不忙，镇定自若。柔道陪练兼童年好友贾斯廷（Justin），他心神不宁地搓着双手。他们已经穿戴整齐，从头到脚都是我们团队出席公开场合的标准装束。

我打开那扇分隔两个房间的门，所有人都停了下来，房间里一片安静。

安保人员来敲门了。他们已经准备就绪，这就可以护送我们下楼。

走出酒店房间的时候，我觉得自己就像是走出电话亭的超人——挺着胸，斗篷在身后猎猎飞扬，不可阻挡，不可战胜。只不过超人胸前有一个字母 S，而我胸前绣的是 UFC[①] 的标志。我摆出了恶人脸。从走出房间的那一刻起，我就切换成了战斗模式。

房间门外站着三个人，耳朵里都戴着耳塞。他们的任务是把我送去赛场。

"您都准备好了吗？"安保负责人问。他指的是出发去赛场。

"准备好了。"我答道。我指的是拿下比赛。

埃德蒙环视室内，用目光进行最后的检查。他把我的魔声耳机[②]递给我，我把耳机挂到脖子上。

安保负责人在前面带路，团队成员走在我旁边，另外两位安保人员在后。

我们乘坐载货电梯，穿过混凝土楼板、日光灯和暴露在外的管线交错出现的巷道。走廊里空空荡荡，只有我们的脚步声沿途回响。在地下层，我们经过了特许经营店工作人员上班打卡的地方，还有回收分拣场内垃圾的房间。我能听到员工餐厅里的喧闹声。我们穿过迷宫般的地下房走向更衣室，升降机承装餐盘的滴滴声逐渐消逝，被一片寂静取代。

离更衣室越来越近，人气也旺了起来。新闻团队的工作人员在大厅中穿梭。摄像师、安保人员、教练、运动员、竞技委员会的工作人员和身份不明的路人进进出出。走进赛场时，一名来自州竞技委员会的官员加入我们的行列。从这时起，直到当晚比赛结束，我离开比赛场馆，她

[①] UFC，终极格斗冠军赛（Ultimate Fighting Championship）英文名称的缩写，是当前全世界最顶级的综合格斗（MMA）赛事，首创于 1993 年。——译者注
[②] 魔声耳机（Monster Headphone），美国魔声公司出品的著名耳机品牌。——译者注

会一直跟着我。

我的更衣室门上用电工胶带贴着一张白纸,纸上用黑色字体印着我的名字。走进更衣室的时候,安保人员对我说"好运"。更衣室没有窗户,四壁用煤渣砖砌成。墙是米黄色的,地毯很薄,是深色的。地上摊着一块健身垫,墙上挂着平板电视,正在直播暖场比赛。

有的人会带音响到更衣室去放音乐。人们在更衣室里说说笑笑,氛围轻松愉快。

我的更衣室气氛严肃,安安静静,没有人说笑。我不喜欢别人在我的更衣室里讲笑话。现在可不是开玩笑的时候。从我们走出酒店房间的那一刻起,就不许瞎胡闹了。闹着玩儿的时间已经过去了,眼前正是紧要关头。

我并不是在试图逃避压力,而是在享受压力。就像子弹即将射出的时候,压力会在它身后的枪膛里集聚起来。

我们走进更衣室坐下。我的第五助理吉恩·勒贝尔(Gene LeBell)[①]来到我们中间。他是综合格斗界[②]的前辈,也是我们家的老朋友。他坐着,拨弄着秒表的开关。我躺在地板上,头枕着我的书包,闭上眼睛,试着进入梦乡。

醒来之后我想热身,可是时候还太早。埃德蒙阻止了我。

"放松,还没到时间呢。"他说话带着浓重的亚美尼亚口音,语气平静,让人一听就能放下心来。他简单地给我揉了揉肩膀,好像想通过按摩,帮我排出从体内喷薄而出的过剩的能量。

我想跳几下,做些动作,准备得更充分一点。

"就算身上有点冷也没关系,"埃德蒙说,"放松就行,热身做得过了头可不好。"

埃德蒙给我包扎双手的时候,来自州竞技委员会的代表就在一旁看

[①] 吉恩·勒贝尔(Gene LeBell),国际武术界著名格斗家,曾获全美柔道冠军。此处的助理(cornerman)指的是在UFC赛事比赛现场为选手提供建议与支持的教练或助理工作人员。——译者注

[②] 综合格斗(Mixed Martial Arts,英文缩写为MMA),比赛时允许选手使用摔跤、泰拳、巴西柔术、空手道等多种技术。——译者注

着，以确保包扎的过程符合规则的要求。

先上纱布，然后是白色缠手带。缠手带从卷芯上拉下来的时候发出撕裂的声音。我看着缠手带在我的指尖转圈，绕满手掌，又向下延伸到手腕处，感觉有一种催眠般的效果。接着，埃德蒙顺着我的手腕抚平缠手带的末端。那个期待已久的时刻，我离它又近了一步。我一直在为了那一刻而训练，现在正是我准备得最充分的时候。

竞技委员会的官员用不褪色的黑色记号笔在我手部包扎的缠手带上签了字。我开始拉伸，做一些跳跃动作。埃德蒙举着拳套让我打了几拳，就及时喊停了。我觉得不够过瘾，手痒得直想再来几下。

"放松，放松。"他说。

透过直播画面，我可以听到人群发出的喧闹声。进场的人越来越多，我也越来越兴奋。终于，声浪开始穿墙而过，传入房间。观众身上释放的能量也从水泥墙体中涌出，注入我的体内。

时间正在流逝。埃德蒙让我在一张折叠椅上坐下，他靠上前来。

"你比那个女孩准备得更充分，"他对我说，"你各方面都比她强。为了这一刻你拼过了，你流了很多汗，你非常非常努力。我们做了那么多，才能够走到现在。你是全世界最棒的。现在去吧，去把那个女孩干掉！"

击垮对手是我现在唯一想做的事。我全身上下每一个细胞都专注于此。

在过道里，我听到了伯特·沃森（Burt Watson）粗哑的声音。伯特是 UFC 官方派给选手的保育员，也就是说许许多多的杂事都归他处理，没法给他一个合适的头衔，只能说他帮忙照顾我们。

"我们棒极啦！耶！"他喊着。"我们就是干这个的，我们就是要这么酷，宝贝。今天晚上属于你，这场对决属于你，别让他们抢了你的风头，宝贝。"他陪着我一路走出去，走向赛场。他的声音在走廊里回荡，我开始兴奋起来。

挑战者都会比我先出场。我看不见她，但我能听见她糟糕的出场音乐，乐声冲击着整个赛场。我马上开始讨厌起她的音乐来。

我听见了观众给她的回应。站在通道的阴影里，我能感觉到观众的掌声形成了声浪，但我知道他们给我的掌声将点燃全场。当我出场的时候，人们会激动得发狂。我几乎可以提前听见他们的吼声。我知道，这样的喧闹会让我的挑战者心慌意乱。

埃德蒙用力按着我的脸，揉搓我的耳朵和鼻子。我的面部肌肉紧张起来，准备迎接可能的击打。他把我的头发拽得更紧了，我头皮有些刺痛，双目圆睁。我头脑清醒，高度警觉。我已准备就绪。

我们收到了可以上场的指令。安保人员在两侧保护着我，我的助理紧随身后。

琼·杰特（Joan Jett）[①]激越的吉他和弦声犹如为我吹起的冲锋号，一曲《坏名声》(*Bad Reputation*)[②]音响刺耳。我大步穿过过道，眼睛紧紧盯着正前方。

我出场的时候观众席吼声一片，但此时仿佛周围万事万物的音量和亮度都被调低了。除了正在眼前的东西，我什么都看不见。眼前只有通往八角笼的路。

走到八角笼的台阶旁，我摘掉了耳机，脱下了战靴。我脱掉了帽衫、T恤衫、运动汗衫。助理来给我帮忙，因为我手上裹着缠手带，戴着厚厚的比赛拳套，脱衣服很不方便。

埃德蒙用一块毛巾在我身上轻轻拍打。我与自己的助理逐一拥抱，勒内、吉恩"大叔"、马丁、贾斯廷。埃德蒙亲了亲我的脸颊，我们拥抱。他把护齿塞进我的嘴里，我喝下一小口水。伤口处理员[③]司迪奇·杜兰（Stitch Duran）在我脸上抹上凡士林，然后走到一旁。

我伸直了双臂，一名工作人员在我身上轻轻拍打，确认我没有夹带什么东西。他用手触摸我的耳后、头顶和发髻内部，又让我张开嘴。在检查过我的拳套之后，他让我走上台阶。

[①] 琼·杰特（Joan Jett），著名美国摇滚吉他手、歌手。——译者注
[②] 《坏名声》(*Bad Reputation*)，琼·杰特原唱的歌曲，曾由艾薇儿等歌手翻唱。——译者注
[③] 伤口处理员（cutman），UFC比赛进行时，在场边为运动员提供紧急医疗援助的专业人员。——译者注

走进八角笼的时候我弯腰致意，轻轻地低了低头。这是我练柔道时养成的习惯。我跺了两下左脚，然后是右脚，跳起来，同时踩下双脚。我走向角落区，甩甩手臂，依次拍打右肩、左肩、大腿，又弯下腰去触摸地面。助理在我身后拉开了带有赞助商标志的横幅。我双脚交替跳了跳，蹲下、跳起。我再一次跺跺双脚，然后停了下来。

时候到了。我的身体很放松，却又极其警觉，已经做好了出招和接招的准备。所有的感官都被调动起来了。我满脑子想的就是取胜这一件事。事情很简单，要么获胜，要么死亡。我觉得自己好像一直待在这里，一直处于这个时刻，一直在这个八角笼中，好像从上一场对决到今天的时间全都不存在一样。我的大脑切换到了战斗模式。我进入了这样一个世界，里面除了对决一无所有。

我盯着八角笼的另一边。

UFC评论员布鲁斯·巴菲尔（Bruce Buffer）走到八角笼中间。布鲁斯是这项赛事最出色的评论员，但当他看向我的对手占据的角落时，我听到的只有"嗡嗡嗡嗡嗡嗡嗡"。他又转身向着我这边，说"嗡嗡嗡嗡嗡嗡嗡"。

我看见了那个女孩。我的目光紧紧锁定在她身上。我一直试图与她眼神相接，她有时会看向别处。

我想让她看着我。

我想让她盯着我的眼睛，想让她看到我无所畏惧。我想让她知道她没有一丁点取胜的机会。我想让她感到恐惧，想让她知道她会输掉比赛。

裁判看着我的对手，问："准备好了吗？"

她点点头。

他又指向我。

"准备好了吗？"

我点点头，心想，当然，我为此而生。

比赛开始了。

时刻准备着

　　许多人在对决之前会突然意识到自己没有做好准备。他们出场的时候觉得身上发冷，感觉还没有调整到位。可他们相信，如果之前的热身做得稍微再充分一点，就能避免这一状况。这种想法深入人心。

　　自小时候起我就养成了习惯，随时做好战斗准备，命令一到就能上场。我基本不做任何热身，但每当比赛开始的时候，我都能确保万事俱备。我得拼命控制自己，才能不冲上前去，耐心等到裁判员举起的手落下的那一刻。

　　你永远没法知道，需要你有所准备的时刻会不会提前到来。

我出生的时候几乎夭折。

1987年2月1日，我大腹便便的母亲在家里跑来跑去，收拾着各种东西。她和我父亲即将出发去医院。

"罗恩，你准备好了吗？"母亲问父亲。

"亲爱的，我可是时刻准备着。"他答道。

但后来的情况出现时，我的父亲和母亲并没有为之做好准备。

我出生时脐带绕颈，氧气供应不上来。我的心脏不跳了。抱出来的时候，我全身发紫，奄奄一息。根据评价新生儿健康状况的阿普加评分体系（分数介于 0 到 10 之间）①，7 分被认为是"状况不错"。而我的得分是 0 分。

妈妈说医生认为我已经死了。周围一片忙乱。装着医疗设备的金属小车被推进来，轮子嘎吱嘎吱直响。医护人员从柜子里取东西，柜门"砰"的一声关上。越来越多的人涌入产房，主治医师高声下着指令。最终，医生们让我呼吸到了新鲜空气。他们剪断了脐带，把它从我脖子上松开，给我做了新生儿心肺复苏术，又输了氧。妈妈说这一段时间无比漫长——但很可能只是几分钟而已——之后我开始有了呼吸，心脏也跳了起来。

这一整段经历让我的父母惊慌失措。这也是妈妈唯一一次看到爸爸掉眼泪。

我爸爸的名字叫作罗恩（Ron），他们根据这个给我起名叫龙达（Ronda）。有些人认为我取名时把"朗达（Rhonda）"中的字母 h 去掉是有特殊原因的，但其实这并非有意为之。当恐慌的情绪平静下来，确认我没有生命危险之后，护士问爸爸他们打算给我起个什么名字。他说，"龙达。"护士又问他怎么拼写。他的名字叫罗恩，他猜这两个名字大概拼法相同，就告诉她，"R-O-N-D-A。"我的出生证明上写的就是这个名字。他们可能还专门标上了"Ronda，没有字母 h"，因为我从小就在纠正别人对我的名字的拼写——直到近段时间，拼对的人才开始多过拼错的人——但我觉得龙达（Ronda）要比朗达（Rhonda）更适合我，反正 h 也是个没什么意义的字母。

我能活下来，爸爸妈妈很高兴。但抢救我的医生说我可能有脑损伤，而且症状不会马上表现出来。实际上他告诉妈妈的是，如果受损的部位是掌管行走或者言语等功能的区域，相关症状可能要过好几个月甚至好几年才会显现。因为在婴儿进入特定发育阶段之前，即使上述某项功能发育迟缓，也是看不出来的。

---

① 阿普加评分（Apgar），来自肤色（appearance）、心率（pulse）、对刺激的反应（grimace）、肌张力（activity）和呼吸（respiration）五个英语单词的首字母组合。——译者注

通常情况下，医生不爱"粉饰太平"，但这位医生跟妈妈说了他个人的判断。

"大多数类似的新生儿都活不下来，"他说，"我只能告诉你，她现在有呼吸，心率良好，反射正常，其他我都不敢打包票。我完全不知道以后会发生什么，但婴幼儿的恢复能力强到不可思议。再说，这个孩子显然是个斗士。"

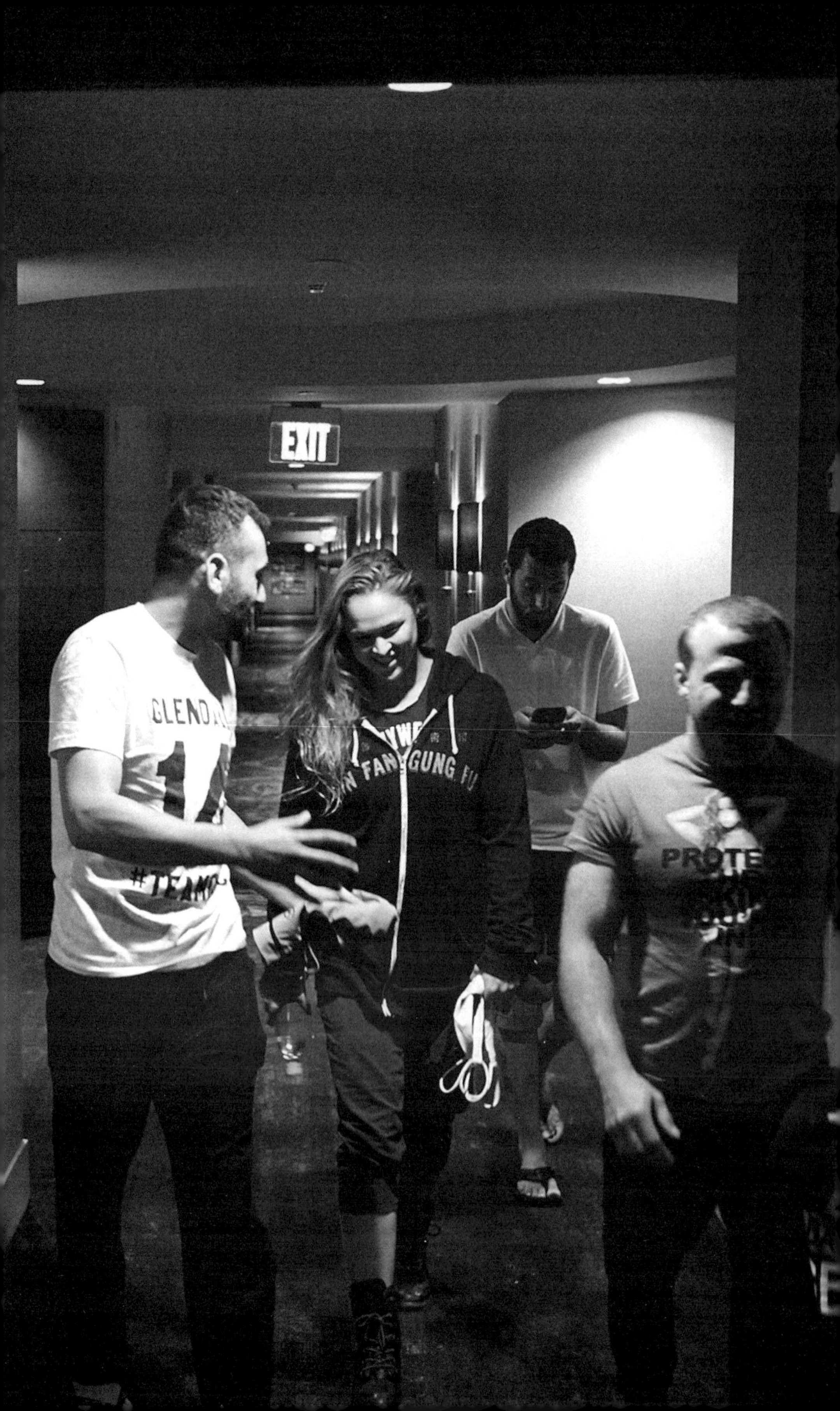
EXIT

取胜乃世间第一等乐事

取胜的概念很早就被植入了我的头脑。小时候参加柔道锦标赛，我会和即将对阵的小运动员坐在一起玩拍手游戏。这时，妈妈就会把我拉走，说，"坐到那儿去，想想怎么赢得比赛，别瞎玩了。"

比赛赢了，我会非常开心，再没有什么事能构成困扰。胜利会让我仿佛置身世外，超脱于生活中的所有烦心事、所有苦难。在取得每一场胜利之后的一小段时间里，一切看上去都恰到好处。赢得比赛的感觉就好像坠入爱河，只不过是同时爱上了在场的所有人——如果这场比赛在18000名观众注目之下进行，这种美妙的感觉会更强烈。

我满两周岁的时候还不会走路，爸爸妈妈开始担心了。儿科医生跟妈妈说了很多，比如如果我准备好了，我自然就会开始走路了。再比如，我不会说话是因为我觉得没有说话的必要。我的两个姐姐似乎能够理解我的需求，当我想要一块饼干，或者想和小马宝莉[①]玩的时候，她们都能帮我表达出来。但妈妈知道有什么地方出问题了。她还有另外两个女儿。再说，她正在攻读博士学位，期间选修了一些类似发展心理学的课程。

[①] 小马宝莉（My Little Ponies），美国著名玩具商孩之宝（Hasbro）于1983年推出的玩具产品，还有相关电视卡通、电影等。——译者注

我的第三个生日就要到了，可我还不曾清楚地说出过哪怕一个词语。妈妈带我去找过许多位专家。他们找不出我身上到底哪一个地方有问题，但医生们好像都相信，我学不会说话和出生时曾经缺氧有关。如果大脑某个部位坏死了，它就再也不会复活。（好吧，"死"差不多就是这个意思。）然而，婴儿十分神奇，他们有极强的恢复能力。有时婴儿的大脑能够自行重置，这样就可以继续工作。我发育中的大脑就给自己重新进行了设置。如果来一次大脑活动的彩色扫描，就能看出掌管我的语言功能的区域在大脑中的位置和绝大多数人不一样。但当我的大脑把所有区域重设完毕之前，在外人看起来我就是"词不达意"。

学说话是一场恒久的斗争，我一直在"心中所想"和"口中所说"之间挣扎。这不只是个别单词的问题，它与所有事情都有关系。我的感受、我的需求、我想表达的意思，要弄清楚总是费时费力。如果别人要求我"再说一遍"，重复的次数太多之后，我会筋疲力尽，甚至抬脚踢人。与别人对打是一回事，与自己斗争则是另一回事。如果你在与自己抗争，谁会获胜？谁会落败？

在我的第三个生日，我想要一个摔角人偶胜过其他任何东西，世界摔角联盟（WWF）[①]名将霍克·霍根（Hulk Hogan）的摔角人偶[②]。每周六早上，看过《X战警》之后，我和姐姐会一起看世界摔角联盟的"摔角超明星赛"（Superstars of Wrestling）。广告时间，我们就跳下铺着褐色垫子的沙发，试着把某一个人击倒在粗糙的棕色涤纶地毯上。20世纪80年代最伟大的玩具之一就是摔角人偶。那是一个霍克形象的抱枕，它有两英尺高，可以拿来抱摔，可以和它玩摔跤，也可以把它推倒在地。它太棒了。当妈妈问我想要什么礼物的时候，我总是在重复同一个词，"人角"[③]。

[①] 世界摔角联盟（World Wrestling Federation，英文简称为 WWF），组织承办多项摔角赛事。WWF 的比赛在发展的过程中从严肃的体育竞技逐渐转变为表演性质较强的赛事，带有角色扮演的成分。现已改名为 WWE（World Wrestling Entertainment）。
[②] 霍克·霍根（Hulk Hogan），美式摔角传奇人物，曾获 WWF 冠军。——译者注
[③] 人角，英文原文 Bulgrin 是一个不存在的词。年幼的作者想说"摔角人偶"，但她将 Buddy（人偶）和 Wrestling（摔角）两个单词的部分音节混在一起，念作 Bulgrin。译文从"人偶"和"摔角"中各取一字，权译作"人角"。——译者注

大家都一头雾水，不知道我说的是什么。但妈妈还是带着我和姐姐去玩具店找"人角"了。那里的工作人员把每一样带球的玩具都找出来给我看①。我们空手离开了，又去了另一家店。然后又是另一家。

每当我试图解释自己想要什么，都只能吐出些含混不清、没人能理解的声音，就好像我需要的词被钉住了。我能碰到它们，只是说不出口。我感觉一筹莫展。我大哭起来，脸上一把鼻涕一把泪。我的整个世界都收窄了，我开始失去信心。

爸爸下班后就来和我们会合。我们去了最后一家玩具店，在那里遇到了有史以来最伟大的玩具店售货员。他应该被奉为神明，送进玩具店售货员的名人堂。

我们刚一进门，爸爸就向一名店员走去，说，"我的宝贝女儿想要一个'人角'。我不知道那是个什么鬼东西，但如果找不到，我们就不走了。"

"它是用来做什么的呢？"那个人问我。

我不敢开口说话，就自己往地上撞了好几下。

店员没有笑，他想了一会儿。我抬起头看着他，充满希望。

"你想说的是不是摔角人偶？那个东西像个枕头，你可以和它玩摔跤？"

我慢慢地点点头。

"人角，"我说。

"没错，"他答道，好像我说的是大白话一样。"霍克·霍根。"

他从后面某个货架里拿来一个摔角人偶，我高兴得在过道里跳了一支舞。妈妈开始感谢上帝。

店员把摔角人偶的包装盒交到我手里。我满心欢喜。我不让爸爸妈妈拿走霍克·霍根，一小会儿都不行，拿去交钱也不行。于是店员拿了另一只盒子去结账。

等回到家的时候，霍克和我已经难舍难分。我用一只胳膊夹着他的胸部，从沙发上跳下来。我会把他按在地上，逼妈妈数到三。也许完全

---

① "人角"一词的英文原文 Bulgrin 的第一个音节类似于"球"（ball）的发音，玩具店店员猜想小龙达想要的可能是一个与球有关的玩具。——译者注

是意外，也许是个凶兆，反正我后来扯掉了他的一条胳膊。妈妈用了以前缝柔道服的老办法，拿牙线把他的胳膊缝了回去。在那之后，我每天晚上都和他睡在一起。

没错，我跟霍克·霍根睡觉来着。

对于一个没法和同龄人一样正常与人交流的小孩子来说，在三岁生日这天，能让一个陌生人弄明白我的意思，是一项伟大的成就。我始终相信，如果我足够向往一样东西，并付出足够多的努力，就能最终得到它。早在三岁时，我就知道了秉持这一信念有多么重要。

迄今为止，我已经做了不少事。（我不想说"很多"事，因为我连三十岁都没到，也还有很多事没有做。这么说吧，我现在还是《霍比特人》中故事结束之后的灰袍甘道夫，即将出手帮助护戒同盟去摧毁魔戒，就快要变成白袍甘道夫了。）我也做成了很多人们认为不容易、不现实乃至不可能做成的事——我最喜欢最后这一类。如果不是满怀希望，这些事情我一件都做不成。

我所说的这种希望是一种信念，是去相信会有好事发生，是去相信你正在经历和已经经历的事情终将对得起所有坎坷与挫折。这是一种深植于心中的信念，是去相信世界可以被改变，所谓"不可能"其实可以实现。

永远不要放弃希望，永远不要自暴自弃，与能看到我也许尚不自知的潜质的人为伍——三岁生日那天，我第一次知道了这些道理。那天，我第一次有了获胜般的感觉。

风云突变

每一个看格斗比赛的人都有过这样的经历：上一秒这名选手占尽优势，不可阻挡，紧接着他一拳打在擂台的帆布地面上。一击不中、一瞬失准，整场对决的走向就会彻底改变。生活也是如此。

我之所以如此渴望胜利，原因之一就在于生活是瞬息万变、反复无常的。当我拿下一场胜利，就会有一小段时间让我觉得，哪怕身边的所有东西都突然被抢走，也没什么可怕的。

有许许多多次，我认为真实可靠的东西被彻底倾覆，我的整个世界随之坠入谷底。一切美好之物都随时可能被夺走，正因为认识到了这一点，我才如此刻苦努力。

从加利福尼亚州的洛杉矶到北达科他州的迈诺特（Minot）[1]，这不是一般美国人迁居时会选择的路线。但在我三岁时，姐姐玛丽亚坐校车回家，亲眼目睹了有人被近距离开枪击中头部的一幕。这件事让爸爸妈妈觉得是时候离开洛杉矶这个鬼地方了。我们搬到了与世隔绝的北达科他州。

妈妈当时已经博士毕业，她找到的工作之一来自迈诺特州立大学（Minot State University）。迈诺特州立大学有一个完备的言语病理学项目。作为妈妈的工作福利之一，这所大学将为我提供密集的言语障碍矫正训

---

[1] 迈诺特（Minot），美国北达科他州第四大城市。——译者注

练。爸爸以前是航天设备制造厂的经理，我们搬家时他辞职了。北达科他的生活成本比加利福尼亚低，爸爸妈妈觉得我们只需要一份收入就够了。于是，1990年夏天，我们搬到了迈诺特城外二十公里的地方。新家紧邻一片五英亩的农田。

我和姐姐们算是解放了。在加州，如果没有大人陪同，我们就不许出门。但在这儿，远离了当时犯罪频发、烟雾肆虐的洛杉矶，我们可以骑着自行车，在碎石铺成的车道上冲来冲去。我们去屋后的那一小片林地探险，也收集过蚕茧，直到妈妈下了禁令——我们找到的"蚕茧"中有一枚蜘蛛的卵鞘。后来它在家里孵化，孵出来的小蜘蛛爬得遍地都是。我们家的房子盖在一座小山上，我们在小山上建起一部"滑滑梯"（Slip'N Slide）[①]，自己沿着铺好的黄色塑料布滚下山坡，一玩就是几个小时。

我迷上了收集岩石，积累起了一个巨大的分类标本库。爸爸告诉我如何辨别石英、黄铁矿、木化石、石灰岩和燧石。到了八月，妈妈开始每天进城，去为上课做准备。姐姐们不像我那么痴迷于乡间生活，她们经常跟妈妈一起去。这样，家里就剩下我和爸爸两个人。那时候，他会把我塞进家里那辆棕白混色的福特野马车的前座，给我扣上安全带，带着我踏上越野之旅，去寻找适合收集岩石标本的地方。我们驶过原野，穿过防风林，越过石块、树根。开了一会儿，来到一片以前从未见过的开阔地，爸爸就会说，"这里看起来有货。"我会花上好几个小时挖土，拿岩石样本给爸爸察看。而他就靠在车上，戴着飞行员专用的墨镜，抽起一支烟。

正是在一趟这样的探险中，我发现爸爸是世界上最强壮的人。那次，前一夜刚下过一场大雷雨，行车路上泥浆四溅。我们经过一条平时已经干枯的小河，河床里积着几寸雨水。爸爸停下来，转身问我，"罗

[①] 滑滑梯（Slip'N Slide），原为美国加州玩具厂商 Wham-O 的产品。滑道为塑料质地，侧面边缘有同为塑料制成的管道，上面有小孔。儿童玩耍时，管道中通水，水会从小孔中喷到滑道上，减小摩擦力，帮助下滑。——译者注

妮①，你感觉如何？我们要不要涉水过去？"

我点点头。

"得嘞，宝贝。"他说，一边还摸摸帽檐，好像敬了个礼。

他咧嘴一笑，踩下油门，泥水如瓢泼一般浇到挡风玻璃上。野马车一阵抽搐，就没动静了。爸爸又踩了一脚油门。轮胎打转的呼呼声传来，但我们原地没动。他往反方向猛打方向盘，我们都往后一冲，可是车没有走。从我这边的后视镜看，泥水四处飞溅，轮胎在转，但一点儿用都没有。

"见鬼。"爸爸说。他下了车。我从安全带里滑出来，爬下车跟着他。爸爸在后轮旁蹲下。

"我们碰到了一个问题，"他说，"现在我们要做的就是找到解决方法。"他环视四周。

"这里看上去也像是个找石头的好地方，"他说，仿佛一切都在计划之中一样。"但我们要找的石头和平时的不大一样。我需要你帮我找些大石头，像你脑袋这么大，行吗？"

我点点头。我们俩开始在地上搜寻起大石头来。我找到了一块葡萄柚大小的石头，就俯下身去，双手抱住它，想把它举起来。石头纹丝不动。我又试了一次，使出了一个三岁孩子所有的力气，还是不行。

"这里。"我喊爸爸。

他过来了，一手抱着两块哈密瓜大小的石头。看到这一壮举，我惊讶地张大了嘴。我指向那块我试着想搬的石头。爸爸把它拎了出来，好像毫不费力。

"好眼力。"他笑着说。我大为骄傲。

他把石头垫到轮胎下面，尽可能贴近轮胎。之后的半个小时，我们一直在重复这一过程——我把石头指给爸爸看，然后一脸崇敬地看着爸爸搬起石头，好像它们轻如鸿毛。

---

① 罗妮（Ronnie），爸爸对龙达（Ronda）的爱称。——译者注

"看看这样行不行。"他说。

我们回到野马车里。他点着火,踩下油门,来回打着方向。车子往两侧分别晃了晃,就是不挪窝。

"真见鬼,"他说,"花了这么大力气。我想我们只能走路了。晚点我得找约翰·斯蒂普(John Stip)借卡车,把我们的车拖出来。"

斯蒂普一家就住在我们家隔壁的农场上。我们又从野马车里爬了出来。天很热,我已经疲惫不堪。我满脸通红,满头大汗,抬起头看着爸爸。那时我们没走多远,我还能看见野马车的车牌。

"走不动了。"我说。

他毫不费力地抱起我,就像之前举起石头一样。他穿过高高的草丛,我把头倚在他肩上,很快就睡熟了。等我醒来,只听到爸爸走在通往我们家门口的那条碎石路上,脚步声嘎吱嘎吱的。野马车已经变成了远处山野上一个勉强可见的斑点。

草原上,太阳落山了。我们在门廊上吃着晚餐,目力所及之处只有一望无垠的原野。

那天傍晚,我们走了四分之一英里没铺柏油的路去查收信件。在路上,我抬头看着妈妈。

"比起加利福尼亚,我更喜欢北达科他。"我说。这是我第一次说出完整的句子。

与世隔绝的北达科他有美丽的夏天,冬天却是另一番景象。温度跌破零度,下雪,很大的雪,其他就什么都没有了。但在第一个冬天,见到雪的新鲜感还不曾褪去。在一月里极其普通的一天,爸爸妈妈把我们裹得严严实实的,我们摇摇晃晃地走进雪地。斯蒂普一家和我们一起。

爸爸绑上一架极其普通的黄色塑料雪橇,从一座极其普通的小山上滑了下去。他先来,是为了确保安全,这样我和姐姐们就可以跟上。我大笑着看着他飞快地滑下山去。突然他撞上了一个突起的东西,那是一段被雪覆盖的普通的木头。雪橇一直滑到山底,停了下来。

但爸爸就躺在那里。妈妈以为他在开玩笑。

我们等了一会儿。

他没有站起来。

妈妈冲下山去，跪在爸爸身边。我和姐姐坐在山顶看着。

雪地上出现了一个模糊的影子，车灯闪烁。来了一辆救护车，可它陷进了积雪里。又一辆救护车来了。大约一个小时之后，医护人员才赶到爸爸身边。

妈妈坐着救护车和爸爸一起走了。邻居把我们接回家，还给我们喝热巧克力。我们等着妈妈来电话。

不是好消息。

爸爸摔断了背。他曾是我认识的最强壮的人，我是说他的力气几乎赶得上超人。那次出事之后我第一次见到爸爸，他躺在医院的床上，一动也不能动。我一直期待着，希望下一次我们走进他病房的时候，他已经起来了，正对着浴室的镜子，一面往脸上抹须后水，一面笑着看我们，好像什么都没有发生一样。他会说——就和以前每个早晨一样——"好戏要来了！"我一直等着他从床上跳起来，但他没有。他被推进推出手术室，一次又一次在手术台上与死神擦肩而过。

手术之后妈妈第一次带我们去看他的那天，重症监护室里灯光昏暗。

"一定要保持安静，"在门外她对我们说，"爸爸现在非常疲倦。"

我们严肃地点点头，安安静静地跟她进门，像一群小鸭子一样。室内，心跳监控设备不住地"滴滴"响着。大概每隔半分钟，有一台机器会发出一阵"呼呼"的声音。

"罗恩，孩子们来了。"妈妈说。她的声音无比柔和，只有在我们病得很厉害的时候，她才会用这种声音说话。

爸爸仰面平躺着，睁开了眼睛。他的身体动不了，就把目光转向我们。

"嗨，小家伙们。"他说，声音轻如耳语。

我慢慢蹭到床前。为了给他折断的脊柱做手术，医生在爸爸身上做了深入体内的切口，爸爸周身缠着绷带。在输液瓶旁边，还有一大袋血液,正一点一滴地注入爸爸的手臂。床边还挂着另外一个袋子,一条细管连向床垫下面看不到的地方。血液一点一滴地从爸爸体内流出来,通过细管流进袋子里。

一名护士进了病房,她向爸爸走去。我扑了上去,妈妈在半空中一把把我抓住。我用尽力气大喊,"为什么把我爸爸砍成两半?!为什么这么做?!"我恨她,恨她伤害爸爸,恨她让爸爸受苦,恨她让我受苦。

妈妈把我抱到走廊里,堵住门口,我还在不住地挥拳踢腿。我大口喘着气,泪水滑落脸颊。妈妈试着解释给我听,说他们是在帮助爸爸。

"他受伤了,"妈妈告诉我,"医生和护士正在想办法让他好起来。他们在想办法帮助他。"

我不知道该不该相信她。

"你可以问问爸爸,"她说,"但我们也得帮助他,就是说我们在病房里的时候必须保持安静。行不行?"

我点点头。

"那就好。我们走吧。"她又把我带回病房。

爸爸在医院里住了五个多月。每天放学后,妈妈会把我们三个小孩子塞进车里,从迈诺特开一百三十英里的路去俾斯麦(Bismarck)[①]。迈诺特本地医院的设备治不了爸爸这么严重的伤。

北达科他州冬天的郊外没什么可看的,只有无穷无尽的白色原野。白色是那段时间我印象中的一切。医院白色的墙,白色的地砖,白色的日光灯,白色的床单。我还记得血,好多好多血。

爸爸患有"巨大血小板综合征"(Bernard-Soulier syndrome),这是一种罕见的血液疾病。病人的身体很难形成血小板,而身体的止血机制离不开血小板。小伤会引发出血性并发症,外伤则可能导致严重的并发症。有这种凝血障碍的人常常在手术中或手术后流血不止。爸爸先受了外伤,又做了大手术,他流了好多好多血。

---

① 俾斯麦(Bismarck),北达科他州首府。——译者注

妈妈说起爸爸撞伤的经过，说护士们怎样捧着血袋冲进病房——就是挂在眼前输液台上的那种血袋——普通人输血都是让血液一滴一滴慢慢流入手臂，而护士则会把血袋连到爸爸的手臂上，放在桌上，然后用尽全身力气压上去，好让血液急速注入血管。

给爸爸换床单、换衣服之前，护士们都会把我们支出病房，希望我们别看见那一幕。但是那么多血，根本不可能避开。血会浸透绷带，弄脏床单。我紧紧盯着血迹，看它扩散开来。红点会长大，扩张成大大的圆形。血让我觉得无助。虽然才四岁，但是我也知道，这么多血意味着情况不妙。

后来又做了很多很多次手术，又输了很多很多袋血。医生在爸爸的背上植入了一根金属杆。我们在等候室里待了很久很久，护士给我们放动画片。我在医院食堂里喝过很多碗汤。我还画了很多画。

整个冬天和整个春天我们都在这样长途奔波。去医院的路上，我透过冰冷的窗户盯着外面。雾气凝结在玻璃窗上，我在上面画画。回家的路上，姐姐和我都会睡一会儿。妈妈开车，一言不发。

爸爸出事后再也没能复原。全家人都一样。

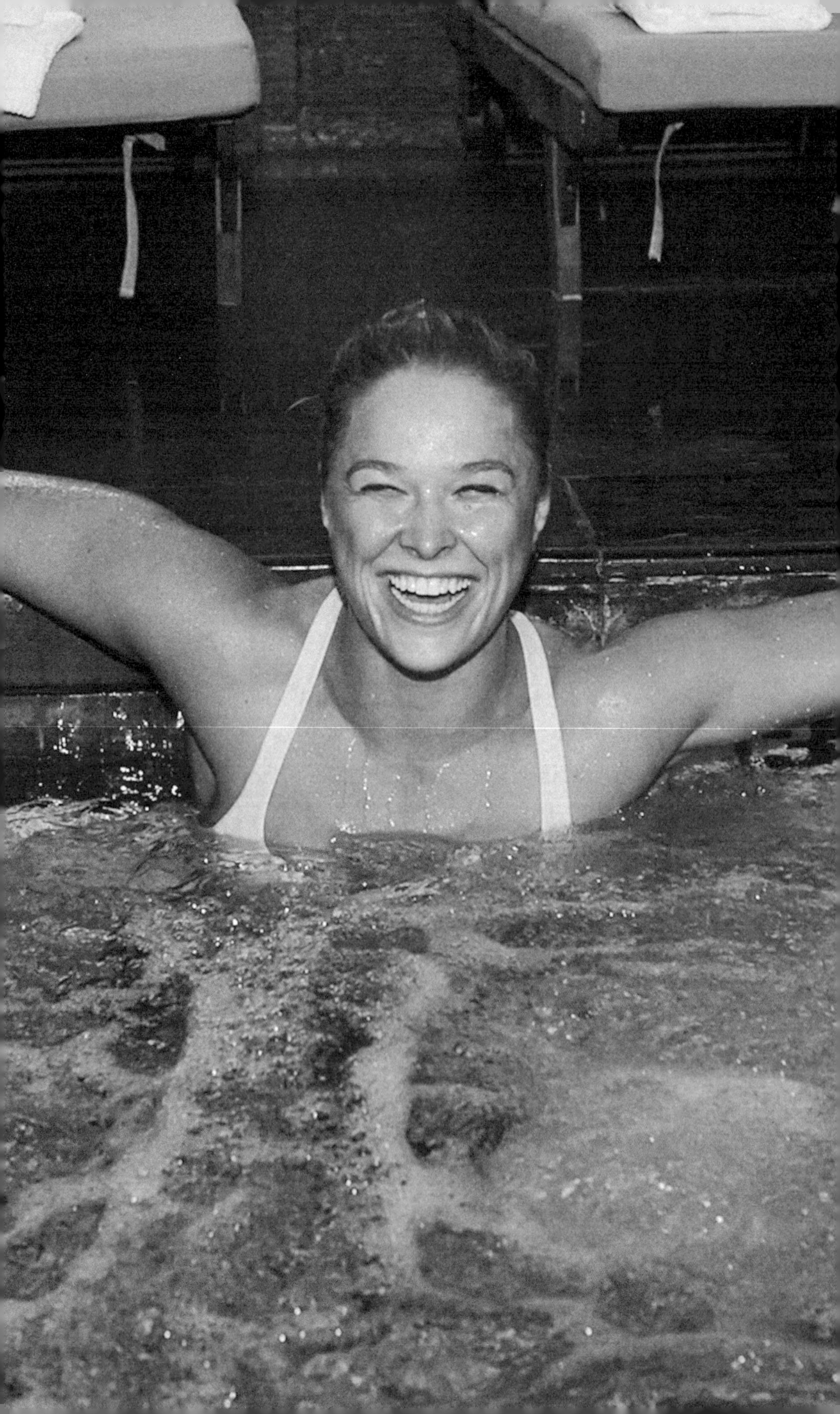

永远不要小瞧对手

从你不再认为对手能构成威胁的那一刻起，你就给失败留下了可趁之机。你开始觉得自己不需要练得这么辛苦，你选择捷径，安于现状，最终陷入泥潭。

小时候，人们都不正眼看我，因为我连一个句子都说不清楚。参加柔道比赛的时候，人们总是低估我，因为我是美国人，而美国人玩不好柔道。进入综合格斗界时，我又遭人轻视，起先是因为我是女性，后来是因为我这个新手只有一招看家本领。从出生起直至今天，不管走到哪里，一直有人对我缺乏信心。即使在我最幸运的时候，我都觉得自己不被看好。每一天、每一秒，我都觉得自己有必要去证明一些东西。每走进一座新的场馆、加入一个新的剧组、开始一场商业会谈或者参加一场对决，我都需要证明自己。

看不起我的人向来有之，这些人不会凭空消失。我就用这一点来自我激励，我要让他们看到，他们大错特错。

1991年春末，爸爸出院了。因为医药费数目惊人，他必须重回工作岗位。他在一家制造厂找到了工作，但上班的地方位于北达科他州的另一端，这意味着他只能住在离家有两小时车程的地方，只有周末才能回家。

到这个时候，我已经可以比较清楚地说话了。好吧，说"清楚"可能有些夸张，但确实，除了最亲密的家人，别人也能听懂我说的话了。言语障碍矫正训练收到了效果。之前，我的语言能力滞后了将近两年（这个迟缓很严重，当时我还不满四岁），而这时我已经达到了平均水平的较低值。然而，在我们家，"平均水平"并不足以令人满意。

言语障碍治疗师建议让我获得更多的关注，以强迫我进一步锻炼语言能力。和运动系统或者神经系统有障碍的人一样，我找到了一个偷懒的办法。姐姐们总有办法理解我的意思，她们会参与进来，帮我翻译。

"龙达在哭是因为她想穿红衬衫，不是你给她穿的这件蓝的。"

"龙达晚餐想吃通心粉。"

"龙达在找她的'人角'。"

言语障碍治疗师认为这类帮助会妨碍我进步。当我说话有困难时，就会看向某个姐姐，期待她伸出援手。治疗师告诉妈妈，对我而言最理想的状态是让我别无选择，只能靠自己来说。

尽管爸爸妈妈讨厌让全家人分别住在一个州的两端，但两地分居会给我提供一个宝贵的机会，让我"能说得出话来"——就是它的字面意思。那时我还没开始上小学，就搬去和爸爸住。姐姐和妈妈住在一起。

1991年秋天，我和爸爸搬到了北达科他州魔鬼湖（Devils Lake）[①]旁的一座小城，住在一套一居室住宅里。房子又小又旧，地毯很薄，厨房里铺的油毡上顽渍斑斑。家里有一台装着兔耳天线电视机，只能收到四个台，都带雪花。我们去租了很多光盘，里面有动画片，主角都是会说话的动物。也有妈妈不喜欢的限制级影片——因为其中脏话频出，还有很多刺杀和爆炸的镜头。每天晚上睡觉前，我们都会看"野外发现"[②]，这正是我时至今日还知道许多动物小知识的原因。客厅里有一张可以拉长

[①] 魔鬼湖（Devils Lake），北达科他州境内最大的淡水湖。——译者注
[②] "野外发现"（Wild Discovery），美国探索发现频道（Discovery）于1995到2002年间播出的系列节目，是动物主题的纪录片。——译者注

的沙发，那原本是我的床，可是只有在妈妈和姐姐来玩的时候才会用上。平日里，我会爬上爸爸的床，穿着破旧的睡衣进入梦乡。

料理家务不是爸爸的特长。我们的厨房里放着牛奶、橙汁、几份冷冻晚餐、一两盒麦片，还有几份 Kid Cuisine 牌①的电视餐②（盒子前面有一只卡通企鹅的那款）。爸爸把塑料包装纸撕掉，匆匆放进微波炉。短短几秒钟之后，他递给我一只小小的黑色托盘，上面有不同的格子，分别装着湿乎乎的披萨、皱巴巴的玉米粒和干硬的布朗尼蛋糕。有时晚上我们也会买快餐吃。在小凯撒（Little Caesars）③要一个披萨，或者在哈迪斯（Hardees）④要一份儿童套餐，打包带走。

"我知道妈妈在担心你学说话的问题。"有一天我们在哈迪斯汽车餐厅⑤停下来的时候，爸爸对我说。

我耸了耸肩。

"不过别担心。总有一天你会证明给所有人看，这不过是因为你是个休眠者罢了。你知道什么叫休眠者吗？"

我摇摇头。

"休眠者就只是等待的人。等到时机对了，他们才跳出来，让所有人大吃一惊。这就是你，孩子。别担心。"

他转过来对着我。

"你是个聪明的孩子，才不是什么白痴。你觉得自己有问题，只是因为你学说话有点晚。我让你看看愚蠢是什么样的。"

我们开到窗口处停下。"您好，欢迎光临哈迪斯。"模糊不清的声音

---

① Kid Cuisine，美国冷冻食品品牌，提供符合儿童口味的冷冻晚餐，创办于 1990 年。龙达在下文中提到的企鹅（英文名为 Kid Cuisine Penguin）是该品牌的标志之一。——译者注
② 电视餐（TV dinner），独立分装的冷冻食品，加热后即可作为晚餐。——译者注
③ 小凯撒（Little Caesars），美国目前规模第三的披萨连锁店，创办于 1959 年，总部位于密歇根州底特律市。——译者注
④ 哈迪斯（Hardees），美国快餐连锁店，创办于 1960 年，总部位于密苏里州圣路易斯。——译者注
⑤ 汽车餐厅（drive-thru），一种快餐店经营模式，顾客可以坐在自己的车上完成点单、付款、取餐，全程无需下车。——译者注

从扬声器里传出来。

"哈——罗——"爸爸说。他只有在对着哈迪斯汽车餐厅话筒说话的时候才会说得这么慢、这么响。

他转过来对我说:"你等着,他们会把我点的餐搞成一团糟。这些蠢货下单就从来没弄对过。"他转过身去,对着扬声器说:"要一份儿童套餐,配鸡柳,再要一杯小杯咖啡。"

"就这些吗?"那个声音问道。

"对,您能重复一下吗?"爸爸问。

"一份鸡柳儿童套餐和一杯咖啡。"那个声音说,"请您开到前面。"

爸爸看着我,说:"他们根本弄不对。"

我们开上前去停下。收银处的工作人员打开窗户,递出来一个纸袋。

"这里有两个芝士汉堡和一份小份的薯条。"

爸爸把纸袋递给我,摆出一副"我告诉过你了"的表情。

开出停车场的时候,他转身对我说:"罗妮,记住这一条。幸亏你是个休眠者,不是他妈的蠢货。"

我拆开一个芝士汉堡,点了点头。

丧亲之痛

　　我不能靠着过去的胜利吃老本，我得不断取得新的胜利，所以每一场对决对我来说都至关重要。

　　我会不断地忘掉胜利。我会忘掉整届锦标赛、忘掉主办国，但失利的记忆会如影随形。每输掉一次，就好像我的一部分灵魂死去了一样。经历过一次失败后，我就再也不会是从前的我了。

　　对我来说，失败的痛苦仅次于深爱的人去世。失利之后，我会为死去的那一部分我哀悼。只有为另外某个人离世哀悼会比这更惨痛。

　　爸爸的脊柱发生了错位。医生把X光片装到观片灯的观察屏上，跟爸爸妈妈说情况还在恶化，而且会越来越糟。很快，他就要没法走路了，之后四肢瘫痪，再然后就会日渐衰弱直至死亡。没有什么回天神药，也没有什么最先进的技术可以用于手术，所有的只是几年——也许比这更短——令人苦不堪言的疼痛与肢体麻痹。

　　尽管他从不向我们抱怨病痛，但自从那次事故起，爸爸一直在受罪。背部的情况还在恶化，慢性疼痛越来越重。妈妈在北达科他州另一侧找到了一份新的工作，是詹姆斯敦（Jamestown）的一所小型学院。我们重新住到了一起，妈妈、爸爸、玛利亚、詹妮弗和我。

　　爸爸辞职了，他说九十英里的通勤路太远了，但这只是一部分原因。

实情是疼痛已经变得难以忍受，久坐只会让情况变得更糟。医生开了止痛药，可爸爸拒绝服用，反正他开车的时候也不能吃。我那时还是个孩子，我并没有问他为什么回家，只是为爸爸能待在身边而十分高兴。

我上三年级之前的那个暑假爸爸一直在家。我们在街上来来回回骑着自行车的时候，他就坐在门前的露台上给我们准备零食。大热天里，他会把喷头打开，让我们从水柱中间跑过去。妈妈工作的时候，他会把我们塞进车里，开车去参加各种活动，去不同的朋友家做客。有精神的时候，他会到地下室里，那里摆着他的木工工具。等我看动画片看腻了，我就坐在台阶上向下窥探。电锯嗡嗡直响，阳光照进室内，锯出的木屑漂浮在空气中。有时家里只有我和爸爸两个人，我们会开车去一个"特别的地方"，一个偏僻的池塘，去那里玩打水漂。

1995年8月11日，詹妮弗和我在家陪着爸爸。我们在看尼克频道（Nickelodeon）[①]播出的动画片。那是夏日里寻常的一天，与其他任何一天没有什么不同。

爸爸给妈妈打了电话，让她回家，然后就出门了。

我愿意相信他拥抱詹妮弗和我的时间比平时要长，他还说了他爱我们，他要出去一下。但说真的，我记不得了。之后很多很多年里，我都恨自己是这么一个专注于自己世界的八岁小孩，竟然对正在发生的事情一无所知。我试着去回忆那天爸爸出事之前的细节——他穿的是什么衣服，看上去是什么样子，语气怎样，有没有拥抱我们。我多么希望自己还记得他走出家门前跟我说的话，但是我想不起来了。我只记得后来发生了什么。

妈妈冲进家门。

"爸爸呢？"她问。

詹妮弗和我耸了耸肩。我们根本不知道自己的生活将发生怎样的剧变。如同五雷轰顶，妈妈在餐厅的桌子旁坐了下来。

[①] 尼克频道（Nickelodeon），全称为"尼克国际儿童频道"，于1977年在美国开播，以少年儿童为主要目标观众人群，节目包括动画片和情景喜剧等。——译者注

爸爸走下四级台阶，走向车道。他坐进野马车里，把车开到我们玩打水漂的那个池塘旁边。四周一片静谧。他停下车，取出一条水管，把水管的一端连到汽车的排气管上，另一端从驾驶员一侧塞进车窗。他上了车，摇上车窗，靠在座椅上，闭上了眼睛。他睡着了。

几个小时之后，一名警察来到我们家门前。妈妈和警官压低声音，在门口交谈了几分钟。等妈妈回到客厅，她让我们在沙发上坐好。从她脸上的表情看，我知道出大事了。詹妮弗和我互相看看，用姐妹之间的眼神沟通法默默交流："你知道是什么事吗？不，我也不知道。"

"爸爸去天堂了。"妈妈说。这是我生平第一次看见妈妈哭。我不知道她后来说了什么。整个房间都在飞速旋转。

从她说出那些话开始，生活中的所有事情都成了"爸爸去世后"的事情。

我试着站起来。我想躲开。我得离开房间，躲开这个时刻。可是我感觉自己两腿一软，好像它们支撑不住我的体重一样。再后来的事情就都是一片模糊了。

玛丽亚出城去做客了。她立刻被叫了回来。

之后的好多个小时乃至好多天里，家里全是人。有些人留下过夜，给妈妈和我们帮忙，也有人送来食物。家里有好多好多炖菜，人们都压低了声音说话，他们好像觉得这才是合时宜的。我听到有个女的轻声问，能不能按天主教的规矩给爸爸办葬礼，尽管他是自杀的。神父毫不犹豫地说，"葬礼是为了活着的人而办的，"他说，"死者已经取得了上帝的宽恕。"

殡仪馆的经理和我二年级的老师里斯克太太是夫妻。他到我们家来商量葬礼的细节时，里斯克太太也来了。在家里看到她有一种奇怪的感觉。

我记得和詹妮弗还有玛丽亚一起坐在台阶上，听到他问妈妈，爸爸想用什么样的棺材。

"我觉得他不在乎了。"妈妈说，"他已经死了。"

妈妈竭力不在我们小孩子面前哭。可当她走出卧室时，眼睛总是又红又肿。玛丽亚和我常常哭。我哭得那么凶，觉得眼泪都要流干了。可是詹妮弗不哭。我看着她，希望自己有办法停下来。我告诉自己，就假装爸爸是去出长差了。

葬礼前的那天晚上，我们坐在殡仪馆的大厅里，整个地方几乎空无一人。大多数访客都在傍晚时分离开了，四周一片安静。

有个陌生女人告诉我和姐姐，爸爸看上去很安详。说完她就走了出去。

我向棺材里看去。爸爸躺在那里，容貌宛如昔日。他闭着眼睛，但看上去不像在睡觉。胡子下面，他的嘴角摆出一个微笑，看起来马上要哈哈大笑。就像是他玩了一个恶作剧，等我们的反应已经等得太久。他很快就要从棺材里跳出来，爆发出一阵大笑。我看着棺材，等啊等。妈妈牵着我的手把我领走，直到那时我还在祈祷爸爸复活。

葬礼按天主教礼仪行弥撒。八月中旬，没装空调的教堂里暑热难耐。我们坐在前排，我能听到神父在圣坛上说话的声音，但完全没法认真听他说了什么。一只苍蝇从棺材上嗡嗡飞过，落在爸爸的鼻子上。我想跳起来赶跑它，但妈妈紧紧地抓住我的手。我讨厌那只苍蝇。

我们坐一辆白色轿车去墓地。车窗玻璃贴着防晒膜，从车里出来的时候，阳光刺眼，我伸手遮住了眼睛。我从未参加过葬礼，但在我的想象中，举办葬礼的日子都该是阴沉的雨天。可是爸爸葬礼的那天闷热潮湿，烈日炎炎。我站着，汗流浃背，身上穿的是为葬礼而买的黑色连衣裙。就是在这种天里，爸爸会打开喷头，让我们从水柱中跑过去。可他已经去世了。

爸爸曾经在军队效力，所以要按军人礼仪安葬。军乐队的号手吹奏了安息号，现场鸣枪致敬，声音很大，我捂住了耳朵。看着爸爸的灵柩慢慢放入墓穴，再也看不到了，我感觉心里空空的。这种感觉从不曾彻底消失。有人把盖在爸爸棺材上的美国国旗折成三角形，叠得平平整整，交给妈妈。

之后十三年里，那面国旗一直折着，从未展开过。

阳光总在风雨后

曾祖母常说："上帝知道自己正在做什么，哪怕你看不明白他意欲何为。"我觉得她说得对。我的生命中没有什么是我希望倒退回去加以改变的，即使是那些最黑暗的时刻也是如此。我的所有成就和重大的喜悦无不发端于糟糕透顶的东西。每一个错过的机会其实都是上天的恩赐。

失利会导向胜利，被解雇之后可以找到理想的工作，有死亡方有新生。悲惨的遭遇可以孕育出美好的东西，我从这样的信念中获得了慰藉。

爸爸刚去世的头几个月里，每天醒来我都十分惊讶：太阳仍然从东边升起，人们照样该玩的玩，该上学的上学，好像一切都不曾改变。

我竭尽全力让生活继续下去。有时，感觉就像爸爸还没下班回家一样。他随时可能走进家门，胡子上还挂着雪花，吼道："外面冷得跟魔鬼的冰窟窿一样。"

更多的时候，爸爸留下的空缺让人感到无比压抑。偶尔在沙发垫的缝隙中发现他吃剩下的半包箭牌薄荷口香糖，或者在一堆文件中翻出一张有他签字的收据，都是意外袭来的重重一击。

不过，一段时间之后，他不在家变得平常起来。我还是会想念爸爸，每天想他——我现在也每天想他——但我知道不应该再期待爸爸走进家门了。

爸爸去世后第二个冬天,妈妈又开始约会了。她在网上认识了丹尼斯。丹尼斯是一位火箭专家(如果你跟他说起这事儿,他会说自己其实不是火箭专家。他研究雷达,是用在火箭上的雷达——显然这和研究火箭大不相同)。情人节那天,丹尼斯送给妈妈一个粉色的分形体做礼物,妈妈大为感动。可我连分形体是什么都不知道。

几个月之后,丹尼斯向妈妈求婚了。妈妈十分开心,我因为她很开心而感到开心。我们搬回了加利福尼亚州。1998年3月,我十一岁生日刚过,妹妹朱丽娅出生了。

我们搬到圣莫尼卡之后,妈妈和洛杉矶地区曾经一起练柔道的朋友们重新联系上了。当她还在参加国际比赛的时候,他们是队友。妈妈是第一个夺得柔道世界冠军的美国人,但那是我出生之前的事了。现在,她的一位队友创办了自己的俱乐部,邀请妈妈过去工作。有一天,我问能不能让我试一试。

第二周的周三下午,我跳上车,赶去练柔道。我并没有预见到那将是改变我生命的一刻。

如果爸爸没有去世,后来的一系列事情都不会发生。我们不会搬回加州,我不会有妹妹,不会尝试柔道。谁知道我会如何谋生,会走上怎样的一条路。

总之肯定不会是今天的样子。

切莫将就

姐姐詹妮弗说，在我们家，优秀被视为平均水平。如果成绩单上大都是 A，只有一个 A-，妈妈就会问你为什么没有拿到全 A。如果我在一场锦标赛上夺冠，妈妈就会问我为什么没有全以"一本"①取胜，也就是柔道比赛中的"击倒获胜"。她从不期待我们取得超出自己实力的成就，但她也绝不接受配不上我们能力的结果。

第一次站上柔道垫，我就爱上了这项运动。柔道的复杂程度让我惊叹。它要求选手必须锐意创新，一招一式之间细节繁多，还蕴含着丰富的思想。我喜欢把对决看成是"解决问题"，要用心去感受并理解对手，最终制服对方，而不只是"出手要快"。

之前我在游泳队练了好几年，但爸爸去世之后，我就再也不游了。游泳是一项促人内省的运动，它会迫使你去想问题，可我并不愿意思考人生。柔道与游泳恰好相反，它要求人把注意力百分之百地集中于当下，这样我就没有时间思前想后了。

第一次练完柔道后，我们的车还没出停车场，我就迫不及待地问妈妈，什么时候可以再来。

---

① "一本"（ippon），柔道比赛术语。柔道选手的动作按质量与效果获得不同得分，若一方获得"一本"，则比赛结束，获得"一本"的选手赢得比赛胜利，所以龙达将之与拳击比赛中的"击倒获胜"（knockout，亦即"KO"）相提并论。——译者注

我第一次参加柔道锦标赛是在十一岁生日那天。当时我开始练柔道差不多一个月，只掌握了一招"投技"和一招"压制技"，但那不过是场小型的本地赛。

我们走进举办比赛的场馆。我跟着妈妈走到检录台前，体育馆里铺着的垫子看上去远比训练中用的垫子要大。我瞪大了眼睛，紧张地把束着柔道服上衣的白色腰带往里塞了塞。

妈妈看出了我的犹豫。检录完后，她把我拉到一旁，我以为她会说些鼓励我的话，比如比赛没什么大不了的，只要尽力就好，我应该上场去享受快乐之类，可她没有。她直视着我的眼睛，说出几乎改变了我人生的三个字："你能赢。"

那场比赛我以全"一本"（直接取胜）夺冠。我欣喜若狂，此前我从未真正赢下过什么比赛。获胜的感觉真好。

两周之后，我在第二场柔道锦标赛上输给了一个名叫阿纳斯塔西娅（Anastasia）的女孩，得了亚军。比赛结束后，她的教练过来向我表示祝贺。

"你表现得很棒，不用难过，阿纳斯塔西娅是少年组的全国冠军。"

有那么一秒我觉得心生宽慰，可随后我看到了妈妈脸上厌恶的表情。我朝那教练点点头，就走开了。

我们一走到那位教练听不到的地方，妈妈就对我一通数落："我希望你明白事理，不至于相信他说的那套。你本来是可以赢的，你有好多机会可以击败那个女孩。她是少年组的全国冠军，可这说明不了任何问题，所以他们才要举办比赛，看看到底谁比较强。比赛并不会根据你之前得过什么奖来排定名次。如果你已经拼尽全力，该做的都做了，那就够了，无论得到什么结果都可以心满意足。但如果你本来能够做得更好、能够做得更多，那就应该感觉到失望才对。你应该因为自己没有拿到冠军而沮丧，应该回家反省一下哪些地方可以调整，并在下次比赛的时候调整过来。再也不要让别人在你还没尽力的时候夸你'已经很棒了'。你是个来自西海岸的瘦弱的金发女孩，没有人会期待你在柔道上取得任何成绩，除非你逼得他们无从选择，证明他们错看了你。"

想到自己如此心安理得地接受了失利的结果，随随便便地承认别人确实比我强，我大为羞愧。但悔恨只延续了一秒钟，就被一种更为强烈的感情给取代了。那是一种发自内心深处的求胜欲望，我希望让地球上每个人都看到，没有谁有权质疑我取胜的实力。

从那一刻起，每次我都怀着一颗求胜之心站上柔道垫。我希望赢得比赛，我再也不会接受失利了。

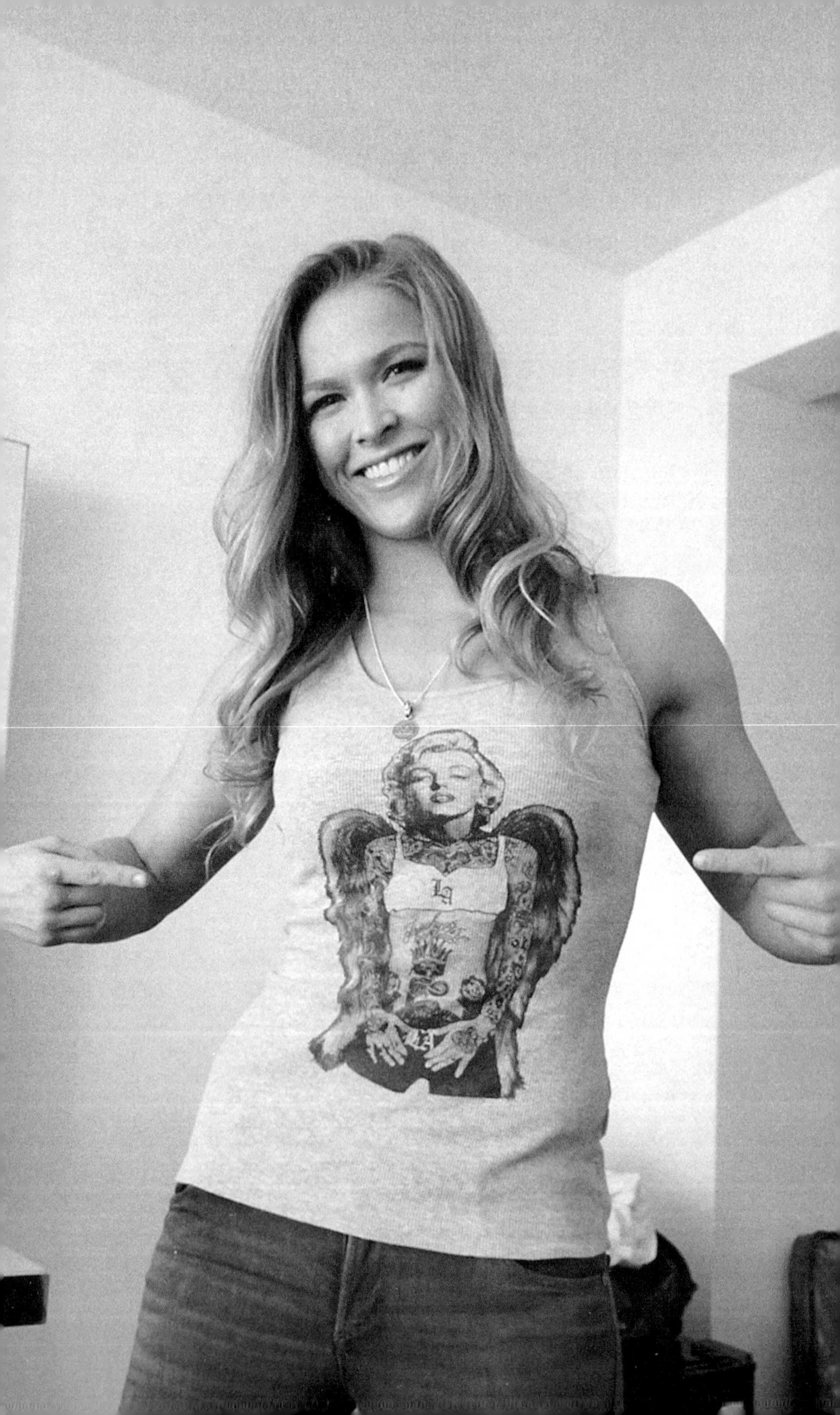

规则：并非"存在即合理"

在体育比赛中，制定规则是为了保证参与者的人身安全。但生活中，制定规则是为了防止世界陷入一片混乱。但在这两个领域中都有这样一些规则，制定出来是因为制定者可以拿它们当"挡箭牌"，或者希望从中牟取私利。

在童年时代，我们家主要有这样四条规矩：

规矩1：不许从别人手里抢东西。

规矩2：只有在对方打你的情况下才可以动手打人。

规矩3：不许赤裸地出现在餐桌旁。

规矩4：不许吃任何比你的头更大的东西。

之所以制定第四条规矩，是因为我总想头查克芝士餐厅里（Chuck E. Cheese）[1]那些特人号的棒棒糖。它们有我头的四倍那么大。

当家里有三个不到四岁的孩子时，需要第一条和第二条来对付频繁出现的打闹。第一条用来防止孩子打起来，有人动手的时候适用第二条。第二条说只有她先打了你你才可以打她，这看起来像是类似于《第二十二条军规》[2]

---

[1] 查克芝士餐厅（Chuck E. Cheese），美国著名儿童主题餐厅，除了提供美式快餐外，还设有多种游乐设施，鼓励有孩子的家庭全家出动，一起享受大餐、玩游戏。——译者注

[2] 《第二十二条军规》，美国作家约瑟夫·海勒以"二战"为背景的小说。在小说中，根据并不存在的"第二十二条军规"，疯子飞行员可以免于参加战斗飞行，但是必须由本人提出申请，而能够提出申请意味着申请人对危险心中有数，是个正常人，可以参与飞行，因此"免飞"其实是不可能出现的状况。——译者注

的局面，但事实并非如此。

人们说小男孩兄弟几个在一起爱大打出手，可是我们三个女孩会拳打、脚踢、肘击、锁喉，这足以让邻居的男孩们汗颜。除了自己的肢体，我们还会利用伸手可及的任何东西。只要有可能，我们就会借力于物理法则，从楼梯或者家具上跳下来以占据优势。

大约四岁时，一次打架我把一整罐可口可乐砸向了詹妮弗的眼睛，伤口又大又深。

"你有什么要为自己辩护的吗？"妈妈问。

"有！"我取得了胜利，边说还边挥着拳头。

我讨厌承认这一点，但我并不总是获胜的一方。我是年龄最小的，所以没有体型的优势。（讽刺的是，现在我成了姐妹中个子最高的一个。两个姐姐喜欢开我的玩笑，说这个星球上只有为数不多的几位女性曾经打赢过我，她们就在其中。她们还说，我们都长大了，我不能要求重赛了，那太幼稚啦。

玛丽亚、詹妮弗和我有过一场三方对战。32卷本的《大英百科全书》从A到Z每一本都派上了用场——要么被扔出去，要么被用来狠狠地砸另一个人的脑袋。哪怕我们中有谁算是那一场的赢家，获胜的喜悦也很快就被妈妈的怒气震住了——她看到一片狼藉的客厅之后冲我们所有人大发雷霆。一通怒吼之后，我们都被禁足好几周，还被分派了大量家务活。

后来发生的一场大战可能是最难忘的，参与者是詹妮弗和我。我记不清打架的原因了，但我确定错在詹妮弗。那时我已经开始练柔道了，但还不至于糊涂到把柔道的招式用到姐姐身上。与其说我怕詹妮弗生气，不如说我怕妈妈发火。当时我们正在狭窄的玄关处，一面墙边立着书架。我压住詹妮弗的背，肘部卡着她的脖子。我的优势毋庸置疑，显然我即将获胜。

"我不想让你受伤，詹妮弗。"我小心地说。我知道一旦我把姐姐送进急诊室，妈妈就会暴跳如雷。

"滚。"詹妮弗说。我的小臂还扼着她的脖子。

"我要放开你了。"我通知她。

我从她背上滑下来了，手臂松开她的喉咙。

詹妮弗突然袭击了我。她揪着我的头发，把我的脑袋拽了过去。她速度惊人，我都不知道她有这么大力气。还没等我弄明白发生了什么，她就把我的脑袋往最近的书架上狠狠撞了好多下。

那条"只有在对方先打你的情况下才可以动手打人"的规矩出了家门也适用。如果在运动场上被一个小霸王扇了一巴掌，我们可不用忍气吞声地走开，但如果有个小混混只是出言嘲讽，我们是不能随便出手的。

我小时候骨瘦如柴，妈妈给我取的绰号之一叫"豆豆"，因为我和青豆荚一样只有一层皮。即使是在开始练柔道之后，我看上去也不大像一个攻击者。

六年级时，一个叫艾德里安的男孩子一整年都在欺负我。有一天，他蹑手蹑脚地从后面走上来，伸手扼住了我的脖子，使劲用力，我气都喘不过来了。我没花力气去推开他的手，髋部一顶就把他掀翻过来，直撞到水泥地上。他后脑勺的皮肤割开了一道口子。

那个男孩窘迫不已，没跟任何人说过这事，就直接去上课了。后来他的老师发现他在流血，于是他被送去缝了好几针。

我被叫到了办公室，妈妈也被叫去了。我嚎啕大哭。

"我们不确定究竟发生了什么。"妈妈进来之后，校长对她说。"他俩之间有些争执。他说他绊了一跤，但其他人说她推了他。"

"听起来像是一场意外。"妈妈很快就说。

"可是——"我刚开始抗议，妈妈就伸手捂住了我的嘴。

"龙达感到非常抱歉。"她又补了一句。

校长看上去没想好该怎么接话。他盯着自己的手看了一会儿，就放我们走了。我们向停车的地方走去，一言不发。

我也想说"消息传开了，大家都知道我身手非凡，再也没有人敢欺负我了"，但事实是，几周之后，我正在等妈妈来接我，一个八年级的女孩猛推了我一下。这个女孩的体重比我的重一倍，她一直取笑我，会抱着我的低音管走过走廊嘲笑我，会朝我扔树叶、扔废纸。她威胁说要揍我一顿。"只管来。"我说。

我猜她觉得那天是个好日子。我正盯着那一排车，在找妈妈的小货车，突然被人一推。我转过身，正面对着那个"女霸王"。她又推了我一把。

我把背包扔在地上，几秒钟之后，那个女孩也被我撂倒在地。

校工跑出来把我们分开，但其实没有必要：我站着，她倒在地上。我们被带到办公室，并被告知两个人都会被停学。学校秘书刚拿起电话听筒要给家长打电话，妈妈就冲了进来。

当时我已经哭得停不下来，因为妈妈之前已经明说，如果我再在学校打架，后果将会很严重。我张开嘴试图解释，妈妈瞪了我一眼，示意我别说话。我只发出了抽泣的声音。妈妈问谁是这里的负责人，辅导员从她的办公室里走出来，解释说我和那个高个女孩打起来了。可她并不清楚自己在和谁打交道。

"你看到当时的情况了吗？"妈妈问。

辅导员张口要答，但其实不用她说话，这是一个设问句。

"但我看到了。"妈妈接着说，"我正坐在车里等龙达，看到了整个过程。龙达在那儿站着，这个女孩，"妈妈指了指她，"走上来，开始推龙达。"

"她也会被停学的。"辅导员说。

"也？"妈妈觉得不可思议。"龙达不接受停学处罚。"

"我们有一条非常严格的校规，'不得使用肢体暴力'。"辅导员说。

"我也有一条非常严格的规矩，'不得欺负我的孩子'。"妈妈说。"不许停龙达的学。当别人使用你所谓的'肢体暴力'的时候，她保护了自己。明天一大早，她会来上学，会去上课。如果有人敢阻止她，我还会到这儿来，让那个人来见我。你还不知道的是，现在算是我脾气好、讲礼貌的时候。"

辅导员张口结舌。

"来，"妈妈转向我这边，"我们走。"

我拿上自己的东西，赶紧出了办公室。

第二天，妈妈送我到学校，我去上课了。

疼痛：不过如此

> 我有这样一种能力，可以忽略身体传递出的所有信息，包括大多数疼痛。我要与疼痛划清界线，因为我体会到的疼痛不能定义我。那不是我，我不是这样一个人。我拒绝让疼痛影响我做决定。疼痛不过是我接收到的信息之一，是神经在告诉大脑，我知道身体出了些状况。我可以选择接受这一信息，也可以选择忽略它。

如果你在考虑要不要翘课，让下面的故事给你提个醒。

高中第二年，我决定翘一次课，我之前从来没有逃过学，就想尝试一下。

我们高中有一扇大铁门，校园周围立着栅栏，栅栏之间还拎着铁链。采取这些措施既是为了把闲散人员挡在校外，也是为了把心思活络的野孩子关在校内。栅栏是能翻过去的，但栅栏与地面有一段落差。

背着重重的背包往栅栏上爬的时候，我感到右脚脚趾一阵刺痛，那是我练柔道的时候弄伤的。从栅栏上往下一跳，我才意识到自己低估了从那里到水泥人行道的距离。落地时，我的整个体重加上背包的重量都压在那只没受伤的脚上。刚一着地，我就知道自己左脚骨折了。

我不愿认输。我逃出学校就是为了逃学，我要做点什么，充分利用好这段时间。我瘸着腿走了四分之一英里，去了第三购物步行街（Third

Street Promenade)①，一个建在户外的购物中心。我坐在长椅上，看着中午时分来来往往的顾客和游人，脚疼得要命。

真是混账，我想。我感觉我的脚在鞋子里慢慢肿起来。我恼火地站起身，拖着脚走了将近一英里的路回家，爬进被窝。我知道当天晚上肯定没法训练了。幸运的是，妈妈去得克萨斯州出差了。那天晚上，我跟继父丹尼斯说我觉得不舒服。听说不用花两个小时开车送我去练柔道，他高兴得不得了，也就没有多问。

但就在第二天，我要参加一场比赛，对阵来自北加州一家俱乐部的选手。安东尼一家开车来接我去比赛，他们和我属于同一家俱乐部。我试着用正常的步伐朝他们的车走去，可每走一步都疼得像踩在碎玻璃上一样。

我从不曾如此缺乏斗志。我们到前台去注册，纳丁·安东尼开始给她的孩子和我填起表来。前台工作人员抬起头来，看了看纳丁，又看看我。纳丁是黑人。

"她需要由父母或者监护人代为注册。"他指着我说。

我满心欢喜，可纳丁脸色一沉。

"什么'父母'？"纳丁啐了一口。"我就是她妈妈，你不相信吗？"

工作人员瞪大了眼。他环视四周，好像想找一条路逃出去。

"那好吧，没问题。"他说着，收起了填完的注册表。

我的心往下一沉。

十二岁的时候，有次练习，一个队友扭伤了脚踝。她一拐一拐地从垫子上走下来，她的爸爸妈妈都焦急地扑了上去。她爸爸跑到车上，拿回来一个枕头。那个队友坐着，垫高了脚，她妈妈帮她揉着肩膀。不到二十分钟之后，我练自由对摔（randori，也就是柔道中的轻拳出击）②的

---

① 第三购物步行街（Third Street Promenade），位于洛杉矶圣莫尼卡，离海很近，沿街有许多品牌店及特色礼品店。——译者注

② 自由对摔（randori），柔道术语，指两名运动员在训练中可以尽自己所能使用技术动作。——译者注

时候别到了脚，就一跛一跛地去找妈妈。那天的训练由她组织。

"我脚趾受伤了。"我说，"我觉得它骨折了。"

"脚趾而已。"她轻描淡写地说。

"但很疼啊。"我哭了起来，"你有没有枕头可以给我？"

妈妈看着我，好像我疯了一样。

"你说什么？枕头是什么鬼东西？"她问。

"她就有个枕头啊。"我指着队友说。

"才没人给你什么鬼枕头。"她说，"去跑圈。"

我瞪大了眼睛。

"我是认真的。"妈妈说，"去跑步。"

我一跛一跛地跑开了，更像是在跳而不是在跑。

"我说的是'跑圈'，不是'跳圈'。"妈妈说，"跑。"

我拖着脚围着场地绕圈，脚趾上一跳一跳地痛。

坐在回家的车上，我盯着窗外，噘着嘴，因为我有一个这么残忍的妈妈。

"你知道为什么我这么做吗？"妈妈问。

"因为你讨厌我。"

"不对，我是想让你看看，其实你可以做到。"妈妈说，"如果想像你自己说的那样去赢得胜利的话，你就必须能够作战，即使在伤痛中也不例外，你得坚持完成比赛。现在你知道了，其实你能做得到。"

在那之后的若干年里，我曾经在脚趾骨折和脚踝扭伤的情况下坚持比赛——更不要提流感和关节炎了——但足部骨折是到当时为止我遇到的最大挑战。我必须集中全部注意力，才能忽略掉疼痛的感觉，这让我几乎没有办法去关注比赛本身，只能完全依靠直觉坚持下去。随着这一天比赛的进行，疼痛越来越剧烈。每当赛事主办者叫我"就位"的时候，我的额头上就会冒出豆大的汗珠。我完全凭借意志的力量夺得了双循环比赛的冠军，但在其中我输了一场。那唯一的一场我输给了马蒂·马洛伊（Marti Malloy）[1]。马蒂后来摘得了2012年伦敦奥运会的柔道比赛的铜牌。

那天晚上，妈妈打电话来问我比赛结果怎样。听说我输给了马蒂，妈妈大吃一惊。我从来没输过，而这只不过是一场本地赛。

"出什么事了？"她问。

想到我撒谎的本领十分糟糕，我别无选择，只能招认。

"妈妈，我逃学的时候从栅栏上跳下来，把脚摔断了。"我说。

"你没告诉任何人，还是去比赛了？"听语气我分不清妈妈到底是觉得不可思议，还是在生我的气。

"我不想惹麻烦。"我低声说。

"好吧，这是我听过的最愚蠢的事了。"妈妈说，"但是拖着一只断脚参加比赛倒是个不错的惩罚。"

"这么说我没惹上麻烦？"我问。

"哦不，麻烦大了。你被彻底禁足了。"她说。

禁足的惩罚持续了一个月，但我知道了我能撑过疼痛、赢得胜利，这节课我记了一辈子。我渐渐习惯于把疼痛作为生活的一部分。如果你是一个希望取胜的运动员，那就总会有哪儿带着伤。你总在和淤青及各种伤病作斗争，总在测试人类身体的极限到底在哪里，而最接近这一极限的人就会赢得胜利。自从第一次站上柔道场地，我就下定了决心，要做那个取胜的人。

---

[1] 马蒂·马洛伊（Marti Malloy），美国女子柔道运动员。——译者注

在逆境中寻找机遇

生活中每一件不顺利的事都给我带来了一些收益，每次受伤都是如此。我的职业生涯伤病不断，但并没有因此而脱离正常的轨道。太多人把伤病视作阻碍他们进步的绊脚石，我却会利用每一次身体受伤的时间锻炼某一方面平时无暇顾及的能力。当我右手臂骨折时，我说，"等到伤养好的时候，我会练成一套惊艳全场的左勾拳。"如果离比赛只剩几天，我却伤到了脚，还缝了针，我就会全力确保自己以最果断、最迅速的方式终结比赛。

不要总想着你不能做什么，好好想想你可以做什么。

当时我在威尼斯柔道俱乐部（Venice Judo）训练，尽管它的名字里带着"威尼斯"，但其实这家俱乐部位于加利福尼亚州卡尔弗城（Culver City）。有一天，一个男生——他时不时会来参加训练——出现了。他和我年龄相近，但是块头大得多。我们之前已经在同一家俱乐部一起待了好多年，我还常和他一起擦垫子。后来，他突然到了高中生身体迅速发育的年纪，足足高出了我12厘米，体重超过我六十磅。我还在和他一起擦着垫子，但每场训练都变成了两个少年为了捍卫自尊而展开的对决。

我用起左脚来还是战战兢兢。我的骨折基本上痊愈了，但脚还有些疼。那天，我们已经快到垫子的边缘了（在正式比赛时，靠近垫子边缘的时候运动员不会停手。但在训练中，我们会在接近边缘时停下来，防止任何一方摔到地面上而受伤)。这是在训练，我就停了下来。可是他没有停。

他准备使用投技，可是我在垫子边上站住了，于是他没有直接冲我的腿来，而是绕了个圈子。他本该扫向我的脚，但却踢到了膝盖，所有的冲击力都施加在我静止不动的右膝上，关节马上就弯了。我一下子就知道，情况不妙。

我试着想站住，可是立刻倒了下去。我的膝盖像果冻一样，吃不住力气。我坐在垫子上，茫然不知所措，妈妈和教练都冲了过来。

我哭了起来。

"疼。"我说。

"每次一疼你就知道哭。"妈妈冷漠地说。"等回到家，用冰块敷一下吧。"

我完成了训练，每次用左腿的时候都小心翼翼。

第二天早上，妈妈送我去训练的时候，我还是觉得膝盖不舒服，好像比前一天更糟糕了。我没法这样训练下去，就请另一个教练帮忙看看，他叫海沃德·西冈（Hayward Nishioka）。我把柔道服的裤腿卷了上去。

"安·玛丽亚，你最好带她去看看医生。"他对妈妈说。

第二天下午，我坐在医生的桌子上，桌上铺着皱皱的白纸。我在等着看我的核磁共振检查结果。

托马斯·纳普（Thomas Knapp）医生是一位极其优秀的膝关节修复专家。这是我第一次见他，后来我又见了他好多次。

他拿出那张黑白图案的片子，放在背光板上。

"你的前十字韧带撕裂了。"纳普医生说。

我的胃里翻江倒海，眼睛里火辣辣的。我立刻抽泣起来。妈妈就站在我旁边，她拍了拍我的肩膀。我已经猜到会是这个情况，但听到别人大声说出来，就像有人朝我肚子上猛击了一拳一样。

"好消息是这种伤治起来相对比较简单，"他说，"我总是接手这样的病人。都不用等你反应过来，我们就能把它搞定，让你回到赛场上。"

"要等多久？"我问。

"这取决于你的恢复速度。一般来说，我觉得六个月之内不应该参加比赛。"

我开始在脑子里盘算起来。现在是四月，月底的成人组全国赛泡汤了。今年夏天的少年组美国公开赛——这是国内竞争最激烈的少年组锦标赛，也是我十月参加美国公开赛的热身战。美国公开赛将是我在成人国际赛事中的首秀。

"那如果我恢复得快呢？八月有少年组美国公开赛……"我的声音里充满了希望。

"八月，哈？"纳普医生说，"你知道那意味着什么吗？"

我抬起头。之前我一直盯着自己的膝盖，好像我可以用意念治好它一样。

"你去不了了。"

今年本应是我出成绩的一年。我本来要参加高中组的全国比赛和成人组的全国比赛，我已经梦想着参加2008年北京奥运会。现在我被一种难以忍受的不确定感攫住了。我的柔道生涯就要终结了吗？我还能百分百康复吗？如果不能，那我还能恢复到可以取胜的程度吗？我担心自己会离开赛场太久，会失去上升的势头，而我的对手会趁我被困在床上的时候掌握更多新技巧。我突然意识到自己并非不可征服，我一阵挣扎，不愿接受这个事实。

四天之后，我躺在一张装有轮子的病床上，扎上了吊针，即将被推进手术室。身着手术服的麻醉师走进病房，他打开了输液阀。

"好了，现在从十开始倒数。"他对我说。

我仰头躺在枕头上，闭上了眼睛。我默默地祈祷手术顺利，不要让我再次睁开眼睛时发现整个生活都被颠覆了。

"十、九、八、七……"我进入了梦乡，睡得沉沉的，没有做梦。

我醒来的时候，麻醉药的作用让我眼前一片模糊，还有点恶心。我膝盖疼，口干。冷却机呼呼作响，把冰水输送到绑在我膝盖上的支架里。我低下头看着我那条困在巨大黑色支架里的腿，泪水又一次滑落脸颊。

"从现在开始，情况会越来越好的。"护士说。

手术过后，医生告诉我，现在为了加速康复，尽快回到赛场，我所能做的最重要的事就是做好各种理疗，不做任何蠢事。

理疗从手术那一周就开始了。理疗师请我放心，说他会使出浑身解数帮助我重回赛场，完全恢复到以前的状态。"浑身解数"包括许多关节活动度恢复练习和局部拉伸的动作。这些锻炼的运动强度和我通常所上的训练课相去甚远，但刚开始的时候我还是练得疲惫不堪，肌肉酸痛。教练特雷西告诉我这并非世界末日，哪怕我有这种感觉也不算数。我告诉自己，我总会回去的，眼下这不过是个暂时的挫折。但最终，是妈妈拯救了我。

起初几天，从医院回到家里，我就坐在沙发上，把腿举高，敷上冰块，然后开始堕落——看动物星球（Animal Planet）[①]的节目或者玩口袋妖怪（Pokemon）[②]。术后一周，妈妈走进客厅，对我说："够了，到此为止。"

"我刚做完膝盖手术呢。"我为自己辩护。

"已经一周了。"她说，"自哀自怜该结束了。"

"你没听医生说吗，"我发火了，"我不能做膝盖不能承受的动作吗。"

"没错，那你的另一条腿呢？"她问了个不需要回答的问题。"去举腿。你的腹肌呢？上次我查资料的时候，它们可都说仰卧起坐用不着膝盖。去做卷腹，那需要用到手臂，我上次查资料的时候，它和膝盖还不是一回事。"

两周之后，她带我去哈亚斯坦（Hayastan）做运动，那是好莱坞附近我常去训练的一家俱乐部。我的朋友曼尼·加布里安（Manny Gamburyan）[③]帮我们开了门。柔道道场里混合着汗流浃背的亚美尼亚人

[①] 动物星球（Animal Planet），一个以动物为主角的美国电视频道，开播于1996年，节目包括情景剧、纪录片等。——译者注

[②] 口袋妖怪（Pokemon），亦译作"精灵宝可梦"，任天堂发行的经典角色扮演类游戏。——译者注

[③] 曼尼·加布里安（Manny Gamburyan），真名曼弗尔·加布里安（Manvel Gamburyan），出生于1981年，亚美尼亚裔综合格斗运动员。——译者注

的体味和艾科香体喷雾①的味道。我俯下身去趴在蓝色、绿色的柔道垫上，觉得踏实而亲切。自从膝盖受伤以来一直困扰着我的焦虑情绪烟消云散。

混蛋们，我回来了。我心想。

每天我都一瘸一拐地上车，再一瘸一拐地走进俱乐部。妈妈安排曼尼和我练习固技、绞技、十字固②。渐渐地，我瘸得不那么厉害了，垫上技巧也有了长进。

疼痛也开始减轻了，但曾经有好多个夜晚，我在膝盖的刺痛中醒来。我会吃两颗阿司匹林，瘸着走下楼梯，到厨房去拿冰袋，再瘸着走上楼，爬上床，试图尽可能长时间地把疼痛从头脑里赶出去，这样才能重新睡着。几个小时之后，我会再一次醒过来，发现膝盖又疼起来了。不仅如此，床上还多了一个水坑：冰袋漏了，冰化成了冰水，流了出来。

受伤之前，我素以"站着打"而闻名。这并不是因为我寝技③不行，而是如果摔技一流，可以凭它直接取胜，就不会出现在垫上翻滚争斗的局面。我花了这一整年来练寝技，练了上千次十字固。

前十字韧带手术之后半年，我首次在成人国际赛事中亮相，最终获得了美国公开赛的亚军。我离冠军只有一步之遥。当时我已经用固技把莎拉·克拉克（Sarah Clark）④压住了，但是后来克拉克逃脱了，最终通过比较得分赢了我。尽管如此，我已经是这个级别中成绩最好的美国选手了。我以"一本"击败了格雷斯·吉维登（Grace Jividen），她是我这个级别世界排名第一的女子选手。之后的一个周末，我又赢下了加拿

---

① 艾科香体喷雾（Axe body spray），联合利华公司生产的男士日用品，用于止汗、去体味。——译者注
② 固技（pin），柔道术语，指将对方的背部按在垫子上，使对方不能逃脱，而己方保持行动自由。绞技（choke），柔道术语，指以手臂或柔道服压迫对手的颈动脉，迫使对方认输。十字固（armbar），柔道术语，关节技的一种，主动方将被动方的手臂固定在胸前，并用力挺身，迫使对方屈服。——译者注
③ 寝技（matwork），柔道术语，指柔道比赛中在地面上翻滚角力的技术，与"立技"相对。——译者注
④ 莎拉·克拉克（Sarah Clark），英国柔道运动员。——译者注

大公开赛。这两场胜利把我送上了女子 63 公斤以下级国内排名第一的宝座。

  那整整一年的时间改变了我。我对自己所掌握的技能、对自己身体状况的判断以及对自己的认知都发生了重大的变化,这比把十字固练得炉火纯青更加意义非凡。我知道走出逆境的自己将更加强大,我还知道我是一个真正的斗士。那一年结束的时候,我对自己充满了信心。

信念为王

说起格斗类运动，体力在其中只扮演了一小个角色。柔道的指导思想之一就是"以最小的付出赢取最大的收益"。这条指导思想实实在在地影响了我的职业道路，它是每一项技术的基础，也是我做出每一个动作的出发点，这是我不感到疲惫的原因之一。正由于此，我才能够与比我高出一个头的女孩，或者用了类固醇的妞对抗。有些人会作弊，会服用禁药，他们身上缺少的是对每个真正的王者来说必不可少的东西：信念。不论何种药品，不论贿赂的金额有多大，不论是谁的偏袒，都永远不能让你对自己充满信心。

美国公开赛结束之后，我成了美国国家队中最年轻的柔道选手。国家队由国内从事该项运动的最优秀的运动员组成，将代表国家参加国际比赛（奥林匹克代表队和世锦赛代表队是不同时期的国家队，将分别参加奥运会和世界锦标赛）。参与这一级别的比赛意味着我需要付出更多，也需要出席一系列必须参加的活动，比如去开会、去参加训练营。第一场训练营讲座在科罗拉多州的科罗拉多斯普林斯（Colorado Springs）①举行，这是训练的第一课。

在那次有关禁药的讲座中，一位来自美国奥委会的代表花了好几个

---

① 科罗拉多斯普林斯（Colorado Springs），美国科罗拉多州的第二大城市，毗邻落基山脉。——译者注

小时，给我们介绍被确认为兴奋剂的一长串物质。她给我们发了一份十页材料，其中有好几十个词我从来没见过，很多词以 -ines、-ides、-oids、-ates 和 -anes 结尾。事实上有些名称根本不是个单词，而是化学分子式（当时我还在学高中生物，还没开始接触化学）。

"你们需要避开的不只有类固醇"她说，"作为运动员，你们有义务为摄入的任何物质做出解释，包括维生素、营养补充剂、奶油、酒类和处方药。如果你对自己吃的是什么不是百分百确定，就需要去弄清楚。如果药检没通过，再拿'我之前不知道'来为自己辩护是行不通的。"

我举起手来。屋里所有人都看向了我。女主讲人冲我点点头。

"拜耳维生素片可以吗？"我问。

她笑了，一屋子人都笑了。国家队的两名"队友"白了我一眼。那位反兴奋剂的主讲人接着往下讲。

我又举起手来，她又点了点头。

"不，我是认真的。"我说，"我吃拜耳维生素片，这个没问题吗？"

主讲人猝不及防，顿了一顿，"是的，"她说，"拜耳维生素片里面不含类固醇。"

我还有个问题。

"那里面除了类固醇，还有其他不允许摄入的东西吗？"我问。

之前翻过白眼的一个女队员大声叹了口气。当时我在比赛中的表现已经超过了她们所有人，这场对话提醒了我，我还比她们所有人都年轻许多。

那位女主讲人甚至没有停下来考虑一下我的问题。

"没有，我可以十分确定地告诉你，拜耳维生素片里不含违禁物质。"她说。

拜耳维生素咀嚼片（其中添加了铁元素）是我吃的东西里最接近不明物质的了。

服用禁药是竞技体育界最自私的行为之一，但实际状况是兴奋剂始终存在于格斗类项目的世界中。以柔道来说，服用禁药就是从诚实竞赛的运动员那里窃取胜利，它让整项运动蒙羞。而在综合格斗中，服用禁药几乎等同于过失杀人。综合格斗的基本规则是两名选手共同进入一个封闭的笼子，双方都试图制服对手或让对手失去知觉。服用药物的选手会变得异常强壮，他/她将有可能杀死对手。

服用禁药的运动员缺乏自信。

我训练的目标是要击败任意一名对手。我给自己定下的目标是要让自己变得足够优秀，不管对手有没有用药，我都要能击败她。我不会公开指认某位通过了药检的对手使用禁药，但在和我交过手的运动员中，我能确定有些人用了药，还有些人有很大的嫌疑。有些人后来因为使用禁药而接受了讯问。只要看看体育界服用禁药的普遍程度，你就会知道一个人几乎不可能避免与服用了兴奋剂的选手对战，这让我十分恼火。但这些姑娘也一样被我打败了。

有一样东西是她们没法注射进体内的。那就是信念。

Pacific
B

适时迈出下一步

迈出下一步并不总是轻松的。人们会留在已经不能满足自己需求的工作岗位上,因为他们不敢去另一个地方重新证明自己。人们会把并不幸福的婚恋关系维持下去,因为他们害怕孤身一人。运动员会坚持跟着原来的教练,即使那个人已经无法再帮助自己进步,因为他们不敢去接受测试,害怕自己达不到另一个教练的标准,害怕让自己在乎的人失望。他们允许恐惧限制住自己前进的脚步。

如果舍不得离开某个已经与你不相匹配的地方,你就永远无法发挥出全部的潜能。要想成为最好的那一个,你就必须不断地挑战自己,提高标准,改写自己能力的极限。不要站在原地,要大步向前。

我第一次见到吉姆·佩德罗(Jim Pedro)也就是"大吉姆",是在2003年的成人组全国比赛期间。当时我做完前十字韧带修复手术不满一个月,还戴着支架。我没法上场,但比赛就在拉斯维加斯,离洛杉矶只有四小时车程,再说,我们已经订好了酒店房间,最起码可以去考察一下我伤愈复出时即将面对的对手。

但当我在里维埃拉酒店①的金属折叠椅上坐下来的时候,旁观比赛好

---

① 里维埃拉酒店(Riviera Hotel),拉斯维加斯的著名酒店。——译者注

像成了最最糟糕的主意。妈妈本来希望现场观战能刺激我，让我想要重回赛场，可是看着那些我肯定能击败的选手在场上对决，看着她们争夺本应属于我的奖牌，这种感觉太难受了。

恼火的泪水溢满了眼眶。

"你出什么大事了？"一个粗哑的声音问道。

我抬起头。身边站着的这个人像是圣诞老人和新泽西沙滩上常见的那种人的结合体。他有一头白色的卷发和蓬乱的胡子，穿着一件Polo衫，在领口处看得到一大簇浓密的胸毛。

"我应该出现在那里的，"我抽噎着说，"我本来能夺冠的。"

他低头看了看我绑着巨大黑色支架的腿。

"腿上戴着那个玩意儿，打起来可有点难咯。"他说话带有浓重的新英格兰地区的口音。

我点了点头。我告诉他今年本来应该是属于我的一年，这届锦标赛本该是我在成人比赛中的首秀，而我的整个计划都被毁掉了。说完这些，我已经满脸泪水。

"依我看，你有两个选择。"那个人说，"你可以坐在这儿哭，这是一条路。但如果我是你，我会去健身房训练，练得比几头牛还强壮，这样等复出的时候，打败这些姑娘们就更容易了。还有，等你伤好了，可以过来跟着我训练。"

我在椅子上坐直了一点。他说得对。

"你叫什么名字？"他问。

"龙达·鲁西。"我说。

他伸出手来。"很高兴认识你，龙达。我是吉姆·佩德罗，叫我大吉姆就好。"

练柔道的人都听说过他的儿子——吉米·佩德罗（Jimmy Pedro），也就是小吉米——他曾夺得1999年世界柔道锦标赛的冠军。大吉姆是他的教练。

从拉斯维加斯回去之后，我比以往任何时候都更渴望回归赛场，等到复出的时候,我的强壮程度会超出所有人的想象。我在美国公开赛上首次亮相的时候,所有人都大吃一惊,只有我和妈妈除外。我一直知道自己将成为这个级别中最顶尖的美国运动员,这只不过是个时间问题。现在,时间到了。

我从十一岁开始就跟着特雷西·西山(Trace Nishiyama)训练。他是个非常棒的教练,向来没有太强的占有欲。大多数柔道俱乐部一周只安排两次训练,但我需要——也想要——更多的练习机会。妈妈就在地图上把那些优秀的俱乐部标出来,注上他们哪几天晚上有训练。我们俩通常都在晚高峰开始的时候跳上车,跟着车流一路蜗行,这样我才能天天训练。我们每天傍晚都在洛杉矶地区往来穿梭,周一到周五去不同的柔道道馆训练,周末去参加比赛。

每周,我和妈妈在往返于训练场馆的路上会花上三十个小时。我们之间的对话一般围绕着柔道展开,具体内容从她看我训练时注意到的情况到心理战术,不一而足。但我最喜欢的莫过于她作为运动员参加比赛时的故事,其中会提到我认识的教练,那时的他们人更年轻,经历更有趣。

看到自己手下的运动员去其他俱乐部训练,有些教练会觉得自己的地位受到了威胁,可是特雷西不在乎。他知道怎么靠过肩摔一击制胜,也教会了我,但他也知道还有些教练在其他招式上比他更胜一筹,就鼓励我去向他们学习,我也确实这么做了。然而到我十五岁的时候,特雷西和洛杉矶的其他教练已经没法指导我了。妈妈早就知道会有这么一天,她一直在帮我做着心理准备,毕竟早在十三岁时,我就表现出了非凡的天分和投入程度。

"总有一天你得往前走。"妈妈对我说。"很多人容易犯这样的错误,他们过舒坦了,就会在同一个地方待上很久。但一段时间之后,教练没有什么东西可以传授给你了,最后你掌握了他所能教的内容的百分之九十。这个时候最好去别的地方,新教练也许不如你原来的教练,但他能教给你一些之前不会的东西。只有这样才能提高。你得始终想着会有这么一步。"

快满十六岁的时候，我做好了迈出这一步的准备。

2003年感恩节刚过，我走进俱乐部所在的社区中心。和往常一样，这个地方满是美味日本料理的香味。健身房隔壁恰好是烹饪课的教室。那天我到得早一些，房间里基本没有人。

特雷西正在铺垫子。他抬起头看到我，吃了一惊。我从来不会早到。

"嗨，龙达。"

我无力地笑笑。"嗨，特雷西。"

"怎么了？"他问，"还好吗？"

我帮他把蓝色的缓冲垫摆好。

我的声音哽咽了，想说的话脱口而出。我说，从美国公开赛开始，我的生活好像开始加速运行了，事情变化得比我想象中要快得多。能在他的俱乐部待上这么多年，我深感荣幸。如果没有他，我绝对到不了今天的水平。但现在，我需要的东西更多了。我告诉他，几个星期之后我就要去波士顿了，可能最终会留在佩德罗的俱乐部训练。我对特雷西说，我不希望他因为我将要离开而感到沮丧。话还没说完，我就哭了起来。

特雷西用一只手臂搂住我，"孩子，你总要长大的。"

我感觉像是心里的一块大石头被搬开了。我好像是一只鸽子，鸽笼的门已经打开，我自由了。

那天后面的训练让人触景生情。帮忙铺垫子的时候，我环视四周，看着教练、队友、他们的家长、他们的兄弟姐妹，突然意识到我即将最后一次走出俱乐部的大门，他们中的许多人我可能永远都见不到了。我哭了起来。没有一个人过来问我为什么哭，这让我更想哭了，不是因为我希望别人来问我，而是因为这说明这些人十分了解我。我随时都会哭——被摔倒在地的时候，练得筋疲力尽的时候，打开柔道包发现忘记带腰带的时候，在饮水机前被人插队的时候。现在我就要去一个新的地方了，那里的人不知道我这么爱哭，会问我为什么哭。我觉得我得停下来，而这只会让我哭得更厉害。

出门去坐车的时候，我在俱乐部陈列奖杯的柜子前停了一下，我有几块奖牌和几座奖杯摆在里面。我看着"年度最佳运动员"的奖杯——这一奖项颁给俱乐部里最优秀的运动员，我已经连续得了四年——突然想到自己再也拿不到这个奖了，我觉得喘不过气来。一切都要改变了。我知道这是一个正确的选择，我得到了教练的祝福，我不可避免地要走出这一步，也为此做好了心理准备，但这一步还是十分艰难。

第二天一早，妈妈让我看一封邮件，是特雷西写给佩德罗一家的。他拜托他们照顾好我，说我潜力巨大，如果我有任何需要，请他们只管联系他。

这是一个真正在乎你的人才会做的事。

妈妈知道怎样才能让我成长为一名世界级的运动员。她知道我需要一位新教练，那个人要能够帮助我再进一步，跻身于国际一流选手的行列，她也知道这就意味着我必须离开家，但她把选择权留给了我。

"没有最好的教练，只有对你来说最好的教练。"妈妈告诉我，"不要根据妈妈喜欢谁、你的朋友喜欢谁或者美国柔道协会（美国柔道协会是柔道运动的国家级管理机构）那帮人喜欢谁来选教练。你得选最适合指导你的人来做你的教练。"

从我十三岁的时候起，她就开始送我去全国各地的顶级俱乐部参加训练营，这样我就可以去考察一下俱乐部和教练，为今后做些准备。

我在全国各地交了一些新朋友，但没有找到一家让我心仪的俱乐部。我没有找到那种难以言表的"没错，感觉就是它了"的感觉。

2004年1月，我登上了前往波士顿的航班。

在上次在全国比赛期间短暂交谈之前，我对大吉姆并没有多少了解。他以长于寝技而闻名。除了把小吉米培养成了世界冠军，他还带出了六个奥运会参赛选手，以及近百个少年组和成人组的全国冠军。另外，妈妈赞成选他。要想获得妈妈的认可，可比获得诺贝尔奖还难。

大吉姆是个硬汉。他和泰迪熊一样毛发浓密，但他和所有柔软可爱的东西的亲缘关系就到此为止了。他嗓音低沉洪亮，情绪极其强烈。如果觉得你的表现烂透了，他会马上告诉你，绝不拐弯抹角。他还公开承认曾掌掴一名裁判。大吉姆的个性使他在柔道圈内收获的评价两极分化，但从不曾有人质疑他作为一名教练的专业知识与能力。

我这次来佩德罗父子的俱乐部是来试训的。在洛根机场[①]走下飞机的时候，我被紧张与兴奋的情绪席卷全身。大吉姆给我留下的印象太深了。

我也将和吉米·佩德罗一起训练。在我见到大吉姆之后大概一个月，吉米来洛杉矶办了一次训练营。当时我做完膝盖手术还没多久，但也下决心去参加了。吉米·佩德罗是柔道历史上最受人推崇的美国运动员之一，也是我作为一个柔道小选手所景仰的人。我一面迫不及待地想见到吉米，一面又因为伤病让我无法全情投入而沮丧不已。

那一整天我都扑在"龙达的欢乐寝技角"（这是我起的名字）里摸爬滚打，完全没法用腿。下午的训练结束后，活动组织者有事要宣布。

"本场训练结束后，请大家留步，吉米·佩德罗将开始颁奖。"他说，"各奖项的获奖者由吉米自己确定。颁完奖后，吉米会给大家签名。"

来训练营的路上的那种沮丧情绪重新袭来，这一次更加势不可挡。

"我们能走吗？"我问妈妈。

"你不是想让吉米在你的腰带上签名吗？"妈妈说。

"我只想走。"我说。

"好吧。"她耸了耸肩。

我一瘸一拐地走过去拿包。吉米走到台前。

"首先，感谢大家今天来参加活动。"吉米说。一屋子的人都欢呼起来。

"你们每个人都让我印象深刻。"他接着说，"环顾四周，我看到了很多有潜力的好苗子。"

几十个原本盘腿坐在垫子上的孩子一下子坐直了。我的眼睛好像烧了起来。训练营里有来自洛杉矶地区的一百多个孩子，我知道论柔道我比他们每一个人都要强，但我也知道我绝对没有获奖的可能。

"第一个奖，这是我希望自己能尽快收入囊中的，"吉米带着笑说，

[①] 洛根机场（Logan Airport），位于波士顿，是新英格兰地区最大的机场。——译者注

"'未来的奥运冠军'。"

一屋子的人都大笑起来,好像吉米说了一个很棒的笑话。吉米参加过三届奥运会,曾在 1996 年摘得铜牌。他正在为奥运会金牌做最后一搏。

吉米念出一个男孩的名字。那个男孩欢呼雀跃,好像自己真的在奥运会上夺冠了一样。

我以最快的速度把所有东西都塞进包里。

"今天我要颁出的下一个奖,对我来说意义非凡——'未来的世锦赛冠军'。"吉米说。

一提到世锦赛,人群中爆发出一阵掌声。

"获奖者是——"吉米顿了顿,以加强一种戏剧化的效果,"——龙达·鲁西。"

我一下子僵在原地,包从手里掉了下来。房间里所有人都转过来看着我,我的脸上火辣辣的。

"快上去吧。"妈妈催我。大家都在鼓掌。

我一跛一跛地走到前面去和吉米握手。他觉得我是未来的世锦赛冠军,我想。他选了我。我喜出望外,受宠若惊,又有点不敢相信。

这个即兴举办的颁奖典礼结束后,我排队找他要签名。

轮到我的时候,我走到桌前。"龙达·鲁西。"他说。脸上是一个大大的笑容。

我还是不敢相信他居然知道我的名字。

他把活动组织者准备好的一张照片拿过来签字。

他用三福笔[①]写了点什么,把它递给了我。我看了看手里的照片。

"送给龙达。继续刻苦训练,等你登上世界之巅。吉米·佩德罗。"

在回家的路上,我一直反复读着那句"等你登上世界之巅"。他居然认为我有如此巨大的潜力,有朝一日可以像他一样登上柔道运动的巅峰。这让我缓不过神来。

---

① 三福笔(Sharpie),美国三福公司(Sanford)生产的签字笔。——译者注

到家之后，我用胶带把照片贴在了墙上，疗伤期的后半段我一直看着它。

走上舷桥，一阵冷风吹来，把我从回忆拉回到了现实世界，但现实世界看起来并不那么真实。如果一切顺利，大吉姆将成为我的教练，我将和小吉米一起训练。

两周之后，我给妈妈打电话。

"就是这个地方了。"我说，"教练就是大吉姆了。"

"好的。"妈妈说，"我们研究一下要怎么做。"

苦中作乐

> 人人都想拿奥运奖牌，当世界冠军，可是很少有人知道，在真正夺冠之前的每一秒里，运动员的身体和心理承受着巨大的艰辛与痛苦，那种滋味足以把人吓倒。大多数人弄错了关注的重点，他们看的是结果而非过程。过程中全是牺牲，尽是些最艰难的东西。汗水、泪水、疼痛、失利，然而你还是会去付出。你学着去享受它们，至少要接受它们。最终，那些付出将会让你得偿所愿。

我不想在十六岁时就离开家，也不想搬到马萨诸塞州和新罕布什尔州交界处的什么小镇上去，和不认识的人住在一起。但我希望自己有朝一日能获得奥运冠军，我想成为世界冠军，我想成为世界上最棒的柔道运动员。为了实现梦想，让我做什么都可以。

妈妈、大吉姆和小吉米认为最佳方案是我和小吉米一家同住。

"龙达是你们的新姐姐。"我到他们家的那天，吉米的妻子玛丽对三个孩子说。

我住在他们家的家庭办公室里，睡在一个蒲团上。当时我应该对此有所警觉，这不是做长久打算的样子。开始时我吃得太多，妈妈就付给吉米更多的钱用于食品开支，但情况并没有好转起来，反而更糟糕了。我放东西的柜子被说收拾得太乱，我洗完澡之后地板上的积水太多了，我忘记把脏盘子放进水池里了。我尽力了，但好像我越努力，搞砸的事情就越多。每天我给妈妈打电话的时候都会哭。

三周之后,最后一根救命稻草出现了。佩德罗家一位老朋友的儿子问吉米,他来俱乐部训练的那一周能不能在他们家借住。这个人叫迪克·伊迪比蒂(可能不是他的真名)[①],正是二十出头的年纪。我搬到马萨诸塞州之前,我们曾在芝加哥的一个训练营上见过面。妈妈不希望一个二十几岁的大男孩和我住在同一所房子里,大吉姆也觉得这事不好,但小吉米和玛丽还在争论该不该让他来住。玛丽给妈妈发了一封邮件,问如果是她,她会怎么做。

妈妈打出如下回复:你问如果是我,我会怎么做。天塌下来我都不会答应的,这真他妈是个馊主意。然后妈妈点了"发送"。

第二天晚上,吉米对我说:"这种住法行不通。"玛丽就站在他边上。

我看着他们俩,哑口无言,十分尴尬。我还是一个十六岁的孩子,只想好好练柔道。我感觉心都碎了。我好不容易找到了可以容身的地方、找到了适合我的教练,可现在,这些一下都被夺走了。我又打电话向妈妈哭诉。

"别着急,"妈妈说,"我们会想出办法来的。"

最后大吉姆让我住到他那儿去了。妈妈提出由她来支付我的生活费,就像之前她付钱给吉米一样,但大吉姆一分钱都不肯收。大吉姆住在新罕布什尔一个偏僻的地方,离大波士顿地区不远,他的小别墅坐落在湖边。住在大吉姆家的日子无聊得要命,而比无聊更加难受的是孤独。

对于怎样培养柔道选手,大吉姆可能比美国国内其他人都懂得更多。但他不是那种爱好社交的人,我俩也没有多少话可以聊。他是一个离过好几次婚的新英格兰消防员,爱抽雪茄(他总说成"雪茄"),雪白的胡子上永远有一块烟渍。而我是一个爱读科幻小说、爱在速写本上涂鸦的小姑娘。

在大吉姆家度过的日子在回忆里都混在了一起。2004年我在那里度

[①] 迪克·伊迪比蒂(Dick IttyBitty),IttyBitty 并不是一个姓氏,在英语中的意思是"极小的"、"微小的"。——译者注

过的八个月满是无聊、疼痛、静默与饥饿。

要留在 63 公斤以下级别组里，我每次参赛之前的体重就不能超过 63 公斤。

其实，没有哪个运动员会根据自己真实的体重选择比赛组别。大多数运动员日常生活中的体重会远远超出他们比赛时的体重。参加无限制格斗赛时，我属于 135 磅以下级，我的体重在一年中大概有四个小时是 135 磅，真实体重则接近 150 磅。我可以把体重降到 135 磅是因为综合格斗赛有一套完全不同的赛前称体重的规则。我每隔两三个月才上场一次，称体重的时间安排在比赛前一天的晚上，这样我就有机会在上场比赛之前恢复体力，弥补减重对身体造成的损伤。而在练柔道时，我不断地参加比赛，可能连续四个周末都需要把体重减到级别要求的水平，而从称体重到上场比赛，可能只有短短一个小时的时间。

因为我总在费劲地减体重，大吉姆就对家里的食品总量进行控制，但这让我的食欲更强了。天气暖和的时候，大吉姆的家人和俱乐部的成员会到湖边小屋里来吃烧烤，在湖里游泳。我本不该吃零食，但我总会"顺"一点全麦饼干，躲在地下室里吃掉。第二天早上，大吉姆会看到吃剩下的碎屑。

"你一点也不懂得自律。"他会说。

我开始就进食这个问题与身体进行交易。我会算出我到底摄入了多少卡路里，然后决定我需要做多少运动来把它们消耗掉。然而事情已经发展到了这样一个阶段，我总是放纵自己大吃大喝，却不愿意起身去跑步，而我吃得又实在太多，跑步也不足以把它们消耗掉了。如果一通暴饮暴食之后觉得锻炼已经无济于事，我就会选择催吐。

我第一次尝试的时候失败了。趁大吉姆工作的时候，我吃了一个面包圈、一些鸡肉、一大碗燕麦和一个苹果。我完全没体会到摆脱长期饥饿后进食带来的快感，反而被内疚压得难受。我进了卫生间，把手伸到喉咙里压下去，但什么都没发生。我试了一次又一次，还是没有反应。

可能是方法不对。我想。

之后有几次吃多了的时候我又试过催吐，还是无效。又过了一周，大吉姆家有烧烤吃，我一直吃到饱，吃了两个汉堡、西瓜、薯片、一堆小胡萝卜、一把小饼干。

我跑到楼下的卫生间里，下定决心要改变已经造成的恶果。那天我实在吃得太多了，罪恶感分外强烈，特别难受。这回我不愿意再半途而废了。

我站在马桶跟前，把手塞进喉咙里。我的身体紧绷起来，额头上冒出了汗珠。我的胃也收紧了，努力关住里面的东西。我试了又试，不断把手往下伸。我的眼睛里满是泪水，鼻涕也淌了出来。这时终于见效了，成功了，胃里的东西倾泻而出。我解脱了。

下一次催吐的时候就简单多了。

我小心地控制着自己的食谱，但体重却纹丝不动。每次照镜子的时候，镜子里反射出来的都是宽厚的双肩、粗壮的胳膊和庞大的身体。我开始更频繁地催吐，一周好几次，有时候隔一天就来一次。

我很害怕会被人发现。有一次，有几个运动员来做客，住在大吉姆家楼下的房间里。我听到卫生间门外有动静，一下子就愣住了。我打开水龙头，对着水池放水，试图盖过那免不了的阵阵干呕声。

我一面勉力维持着一个不现实的目标体重，一面又执行着极其严苛的训练计划。每天早晨，我在八点到九点之间醒来，前一天训练导致的肌肉酸痛仍在持续。我的身体永远都很疼，我将双臂举过头顶，把自己从床上拉起来。大吉姆总是起得比我早。当我走出房间的时候，总有一壶咖啡在煮着，我的杯子就摆在旁边。

早上的安排是健身训练。我的全部家当用两个行李袋就能装得下，但这些东西常常被我扔得满房间都是。我把成堆的衣服都翻一遍，找出一套干净的穿着去锻炼。

在地下室里，大吉姆建起了全世界最小的健身房。地下室大概只有3米乘3米大，但他设法在里面塞下了一套自由重量机、一张卧推凳、一台跑步机、一台椭圆机，还有另外几台看上去比我更年长的健身器械。他为我设计了一整套训练课程，包括有氧运动、举重练习和柔道套路训练。

跑步机和椭圆机都很老了，连数字显示都没有。做相关练习的时候，我得自己数上四百步或者八百步，然后移到下一个区域。天花板很低，我在椭圆机上的时候必须低着头。做高翻①的时候，我的左右两侧大概各能留出三英寸的空隙。没有哪样东西是完全完好的。我一会儿撞到墙上，一会儿刮到有氧运动的器械上。训练所需的设备中只有一根用来做uchikomi（一种柔道投技套路）的蹦极绳没有放在地下室里，它就安在健身房外面，在洗衣机和烘干机旁边。我训练的整段时间里，大吉姆都拿着秒表待在楼上。

整个健身房里没有钟表，这是大吉姆的训练策略之一，他要求我每天都用比前一天更短的时间完成训练。如果我没有按时完成，第二天大吉姆就会在训练课末尾再增加一组，并开始重新计算我的用时。因为没有办法看时间，我必须在头脑中记好训练的节奏。每一套新课程开始的第一天，我都会做得尽可能慢。但随着日期的推移，我除了加速之外就别无选择了。全部做完之后，我会回到楼上。大吉姆从来不会告诉我我花了多少时间，只会告诉我我比目标时间早了多少或者晚了多少。

大吉姆给我的训练增加了更多重复的内容，完成一套训练的时间从大约半个小时增加到将近一个小时。我觉得自己变得更强壮了，跑得更快了。我的肩膀更宽阔了，小腿肌肉更紧实了。小时候我常常盯着妈妈小臂上的血管看，她还像练柔道的时候一样肌肉发达。现在我的手臂看上去和她的一模一样。从初中的时候起，我就知道自己的手臂与众不同，其他孩子笑话我，叫我"女汉子"，因为我的肱二头肌特别发达，肩膀特别宽。但每当我看到镜子里自己身材变了样的时候，我都提醒自己，我是在为了夺得奥运冠军努力训练，而不是为了参加选美大赛。

在厨房里，大吉姆会给我布置跑步训练的内容。我每次都是绕着屋子后面的湖跑上一圈，全长接近五千米，但他会把不同的安排混合起来。有的早晨我只需全程慢跑即可，其他时候，他会让我跑跑歇歇：慢跑到

---

① 高翻（clears），指将杠铃从地面举起翻至胸上的动作，对协调性、爆发力都有较高的要求。——译者注

某一个灯柱处，全速跑到下一个，或者慢跑到某一个灯柱处，全速跑完接下来两段，或者慢跑两段，全速跑四段。

大多数日子里，大吉姆就坐在门廊上，手里拿着他练习打各种结的绳子，看我绕着湖跑。也有些时候，我一跑过全程的中点，他就跳进车里，沿路开来，确认我没有在"磨洋工"。如果回头看到他的 SUV 开上来了，我会翻一个白眼。可是他会专门过来找我，确认我还在跑，我还是在乎这一点的。

等我跑完步，就该去报木材的估价了。大吉姆是一名消防员，但从周一到周五，他为本地一家伐木企业工作，会开着车去各处给人报价。我们俩坐上车，开上好几个小时，在新罕布什尔州和马萨诸塞州的一些小镇里停一停。大吉姆叼着雪茄吞云吐雾，我坐在车里吸着二手烟。我们都不说话，只是听着大吉姆放的电台老歌。等我们在一座房屋前停下，大吉姆会量一量选中的树，上下打量一番，偶尔还会绕着它走一圈。之后他会在写字板上简单写点什么，把文件递给房主。

"这棵算两百美元，女士。"他说。

然后我们开车去下一家。

大约到下午三点，我们会进入马萨诸塞州境内。去位于韦克菲尔德的佩德罗柔道俱乐部之前，我们会在"爸爸的甜甜圈"（Daddy's Donuts）停一会儿，大吉姆在那里和他的朋友博比碰头。博比身材结实，秃顶，也是柔道俱乐部的人。大吉姆会点一杯咖啡和一块麸皮松饼。我们总是坐在窗边同一张桌子旁边，大吉姆会把松饼的"顶"拿走，把"底"递给我。当时我为了减肥总是饥饿难耐，这个小小的松饼底就是我一天最大的幸福了。

柔道道馆在下午四点开门营业。离成人运动员开始训练还有几个小时，大吉姆先给孩子们上课，我会坐在一旁，摊开一本课本假装学习。

俱乐部里大概有十个人算是成人组的运动员。能走出"炸弹客的小屋"（这是我给它起的爱称）感觉很棒，可这并不是说我在俱乐部里就有多么丰富的社交生活了。柔道运动员通常在 25 岁到 30 岁之间达到竞技状态的巅峰,所以我要比队友年轻至少十岁。另外,在训练场上也没有多少时间可以讲闲话。每天一到晚上七点整,大吉姆就开始吼人,发号施令或者大声呵斥。

"搞什么鬼,你怎么做成这样?"一旦看到我有一个动作完成得不够好,大吉米就会大喊大叫。

"我只是……"我开口想回答他。

"我只是,我只是,"他用嘲讽的语气尖声说。

这种时候我很讨厌他。

也有些时候,他会从垫子上走过去,走过我身边,大声叹一口气,摇摇头,好像无奈地接受了事实,承认我是一笔失败的投资一样。但我知道被大吉姆批评要胜过被他无视。如果他认为你没什么潜力,那他根本就不会理你。

我们每天练两个小时,练投技,练动作套路,也练自由对摔,练到最后我总感觉站都站不住了,然后大吉姆会让我们再练一会儿。

等回到家,大吉姆会烧鸡肉和米饭作为我们的晚餐。他会把烧烤酱拌在我的米饭里。我觉得这种组合很奇怪,但我从来没说出来过。我只是觉得一天结束了,终于可以吃饭了,真的好开心。吃晚饭的时候我们都不说话,我把食物铲起来喂进嘴里,默默咀嚼我的苦恼。

一天的训练让我筋疲力尽,浑身酸痛。我把渗透了汗水的柔道服扔到地上,洗个淋浴,就倒在床上了,头发还是湿漉漉的。第二天又是完全相同的一天。

周末,大吉姆会去消防站工作。我没有车,他不许我离开小木屋,整个周末我一个人都见不到。从周五晚上到周一早上,我可能连一次大声说话的机会都没有。我会一遍一遍地播放电影《初恋五十次》,只是为了在小木屋里听听人声。每隔几个小时,我都会去扫荡一次厨房找吃的。

我会把 Bran Buds[①] 倒进咖啡杯里吃,不加一点牛奶。杯子里干燥的

[①] Bran Buds,早餐麦片品牌。——译者注

颗粒看起来就像豚鼠的饲料。咀嚼的时候，我想象自己是被外星人劫持了，外星人把我当宠物养着，给我喂了 Bran Buds。

2004 年奥运会之前的大半年里，我的整个生活状态就是这样的。我的日子过得痛苦不堪，但柔道水平比以往都更好了。

"如果在奥运会上夺冠是件容易的事，那大家都能拿冠军了。"我这样提醒自己。

那时我仍然相信生活过得越惨淡，收获就越丰富。每一天都让人讨厌，但我向自己保证，每一天都将物有所值。我觉得每天开开心心的人是不可能成功的。我花了好多年，才最终接纳牺牲与疼痛，把它们看作奋斗过程中令人心满意足的一部分。

人人都想赢，但若想真正取得成功——无论是在竞技体育中、工作中还是生活中——都需要你去解决问题、克服挑战、做出牺牲，唯有这样才能成为那个领域中最出色的人。

运气最糟时也必须是最强者

妈妈总是说，要想成为世界第一，你就必须足够优秀，即使在运气不佳的时候也要能取胜，因为你永远不知道，奥运会比赛那天你会不会恰好不走运。

她告诉我，比其他所有人更强是不够的，你得比他们强很多，让你的优势毋庸置疑。你得知道裁判不会总把制胜分判给你，你必须赢得清清楚楚，让他们除了判你获胜之外别无选择。在你运气最糟糕的时候，你必须具备每一场比赛打两遍赢两遍的能力。

从六岁起，我就梦想摘得奥运会的冠军。那时候我是地区游泳队的一员，所以我想象的是在50米仰泳项目上夺冠。我梦想着站在领奖台上，脖子上挂着金牌的场景。爸爸说过，我会在国际级比赛的赛场上大放光彩。我梦想着人群发出欢呼、国歌响彻游泳馆的场面。开始练柔道之后，我还保留着奥运冠军梦。

妈妈同意让我养一只猫，我给它起名叫"北京"，那是2008年奥运会的主办城市。我从不曾想象我能去雅典参加2004年奥运会。尽管已经在少年组比赛中登顶，但我在成年组中还没有排名，再说我还处在前十字韧带术后的康复期内。

但后来我伤愈复出，并在国内选手排行榜上跃居首位，我发现自己有机会成为2004年雅典奥运会代表团的一员。这是当时最让我梦寐以求的事情了。2004 年，我又一次击败了此前占据 63 公斤组排行榜首位的格雷斯·吉维登，在成人组全国比赛中夺冠，从此从"一匹黑马"跃升为备受关注的焦点选手。突然之间，争取奥运会名额从"打江山"变成了"守江山"，我绝不会将它拱手让人。

不是所有人都乐见我的迅速崛起。格雷斯当时已经 39 岁了，她的年龄几乎是我的两倍。早在我出生之前六年，她还曾经是我妈妈的队友。眼看国内排名第一的宝座被一个十几岁的孩子夺走，格雷斯并不情愿，但她对我一直很好。我在美国队的部分新队友就不是这样了。

一些有望加入奥运会代表队的运动员曾在科罗拉多斯普林斯的美国奥林匹克训练中心训练。训练中心"柔道帮"的成员主要是些二十四五岁到二十八九岁的选手，爱玩爱闹，他们在寻求实现自己的奥运梦，却没有为在国际比赛中有所斩获下过多大的决心。每次看到我，他们就好像看到了他们自己永远无法达成的东西。在我击败格雷斯、夺得排行榜头名之后，他们找到了理由，可以不再掩饰对我的冷淡之情。

在圣何塞举办的奥运选拔赛中，我轻松通过了最初的几轮。在半决赛和决赛之间的空闲时间，我坐在走廊冷冰冰的油毡毯上玩 Game Boy[①]游戏机。四处分散着几个运动员，有人因为被淘汰而沮丧，也有人在走廊里来来回回地慢跑着。教练和赛事工作人员四处乱晃，等着决赛开始。妈妈和她的朋友兰尼站在我身边，回忆着他们那时柔道比赛中的故事。

两个曾在奥林匹克训练中心训练的姑娘走过我身边的时候窃窃私语。我听到了我的名字，其他什么也没听清。几分钟之后，她们又经过我身边，这一回朝我投来了厌恶的目光。

"你看她们，"兰尼对妈妈说，"她们想赶在龙达和格雷斯交手之前从心理上吓倒她。你最好让她做好心理准备。"

妈妈大笑起来，朝我做了个手势。"我什么都不会跟她说。这些女孩

---

① Game Boy，由任天堂公司发售的掌上游戏机。——译者注

走过她身边,想用眼神吓唬她,龙达从来就不会关心这事。格雷斯或者别的什么人,谁都别想从心理上把她吓倒。她脑子里要是在想东西,那就是如果赢了,大吉姆会不会允许她吃一个巧克力甜甜圈。"

我抬起头。"大吉姆永远都不会让我吃巧克力甜甜圈。"

我又回去接着玩 Game Boy 了。后来我以"一本"击败格雷斯,锁定了我在奥运代表团中的席位。

不到两个月之后,我登上了飞往希腊的航班。

我们提前两周抵达,以进行适应性训练、调整时差。飞机刚刚降落在雅典,我的队友就迫不及待想要丰富自己奥运之行的经历了。他们制定了游览卫城的计划,叽叽喳喳地讨论着激动人心的开幕式,还翻遍了从赞助商那里收来的"赃物"——发给美国代表团每个成员的包裹。

而我满脑子只有比赛。睡到半夜醒来,我会从窗户里溜出去,绕着奥运村跑步。爬窗的时候,我的脸上挂着最灿烂的笑容。我的故事、我的奇遇,此刻才刚刚开始。我在奥运村里跑着,跑过满是熟睡的运动员的房间,四下一片寂静。除了我,所有人都在睡觉,我想,现在我是唯一一个出来训练的,因为我比所有人都更想夺冠。

比赛的时间快到了,我得减轻体重。我在雅典的室友,也是我的队友尼基·库贝斯(Nikki Kubes)则面临着和我相反的问题。作为一位重量级的选手,她正在艰难地将体重保持在高位。到称重时,我的体重通常只比级别上限低不到一盎司,所以我基本不吃什么东西,但我还是会和尼基一起去奥运村餐厅。

那是整个奥运村里最神奇的地方。第一次走进去的时候,看到这么多形形色色的人、这么多吃的,我大为惊奇,甚至没有因为减肥不能吃东西而生气。

餐厅面积巨大,它差不多是一座装着帐篷门的库房。餐厅中间摆满了桌椅,可供至少一千名运动员就餐。来自全球各地的参赛选手正在聊天,用的是我听不懂的语言。食品柜台一个接一个,你能想到的品种在这里都能找到:中餐、意餐、墨西哥餐、清真食品、日本料理。这里有水果台、沙拉台、面包台、甜品台，还有麦当劳专柜。食物免费无限量供应。

尼基和我装满了餐盘，坐了下来。我把自己的餐盘递给尼基。

"给，"我说，"好好享用。"

她又是内疚又是渴望，脸都要扭曲了。

"全部吃完。"我说，尽力不去恨她。"先是披萨，再是……"

"那是什么？"尼基问。

"我不知道。"我说，"我在亚洲食品区拿的，看着不错。得把泡菜放在上面一起吃。"

尼基拿起了叉子。我看着食物，满怀期待。我的肚子咕咕地抗议起来。我喝了一大口水。

尼基正要开始吃下一样东西的时候，我推给她一个盘子，最上面放的是糕点。

"可是我真的想吃份沙拉。"尼基说。她说话带着浓重的得克萨斯口音，小声嘀咕的时候那副慢吞吞、懒洋洋的腔调就更明显了。

"去你的沙拉，把蛋糕吃了。"我动了气。尼基看看我的脸，看我是不是在开玩笑。连我自己都不知道我是不是在挖苦她。

离开幕还有几天的时候，我们去了奥运会的比赛场馆。那是我见过的最大的运动场。比赛场地要低一层，观赛时观众从座位上往下俯视碗形场馆。一排一排的座位环绕赛场，朝高处一直延伸到我看不见的地方。队友站在我身边，看到这么宽阔的空间，我们都大为惊叹。我抬起头来盯着挂国旗的横杆，获胜选手的国旗会在那里飘扬。

就是这里了，我想，我即将在这里一鸣惊人。

我不只是美国队中最年轻的柔道选手，还是整届雅典奥运会上最年轻的柔道选手。没有人期待我取得什么成绩，我要证明他们都错看了我。

像往常一样，临比赛前一天晚上，我空着肚子睡下，又渴又饿。

几个小时之后，我突然坐了起来。那个梦感觉如此真实。之前我站在一个房间里，不是奥运村的房间，而是一个陌生的房间。我仰面躺着，用嘴平衡着一罐百事可乐。罐子打开了，里面的液体倾倒进我的喉咙。我饥渴地喝着，没有用手。

我醒过来，觉得自己做了些不该做的事。这时我突然想起那不过是个梦，就又睡了过去。我睡得并不安稳，肚子很饿，身体有些脱水。

早上，噩梦的阴影散去了。我感觉万事俱备，表现的时候到了。我要拿下比赛。

我径直走进卫生间，逼着自己排尿。我已经处于脱水状态了，几乎尿不出来，但我需要把每一盎司液体都排出体外。我站上秤，屏住呼吸，电子屏幕显示正好 63 千克。我松了一口气。

我不会冒险洗澡，让头发上的水分害我超重。我把几件汗衫、几瓶水和一个香蕉扔进包里，然后又多抓了几瓶水。我两次想确认自己带好了身份证件，都发现它正挂在我脖子上。我看了看钟，七点四十三分。

我走过一小片土地，估计它本来应该是个小花园，但因为要赶着建完奥运会必需的所有建筑，就没来得及完工。空气暖烘烘的，阳光炽热，可是我脱水比较厉害，虽然走得很快，但一滴汗也没出。我进场了。同级别的女选手只有几个人在，我们候场的时候好像彼此不存在一样。我脱下美国队队衫、胸罩和内裤，全裸着走到秤上，站在上面，正好 63 公斤。一位手拿写字板的女性工作人员记下了体重，冲我点点头。

我跳下秤来，穿上内裤，抓过一瓶水，咕嘟咕嘟喝了个精光。穿队衫的时候我又喝完了一瓶。我两口啃完一个香蕉，然后走回奥运村的院子里，路上又喝了一瓶水。在餐厅，想吃啥吃啥还得等到比赛之后，但燕麦粥从来没有像现在这么美味过。

赛事工作人员带着我们从地下停车场出发，穿过一条亮着日光灯的水泥通道。热身室面积很大、很开阔，里面铺满了垫子。

教练组通常会安排前一天有比赛的选手来帮你做热身，但前一天参赛的是埃伦·威尔逊（Ellen Wilson），她是奥林匹克训练中心那批人中的一员，并不会过来给我帮忙。教练组成员之一的玛丽莎·佩杜拉（Marisa Pedulla）和我一起热身。热身做得很快，之后我去睡了一小会儿。这一觉很安稳，但睡得不熟。

我准备好了。

"龙达·鲁西。"一个带着写字板的人点了我的名，下一场我就要上场了。我和玛丽莎一起走向分配给我的志愿者。比赛的时候，志愿者会帮我拿篮子，里面装着我的汗衫和鞋子。

"很高兴认识你。"我把东西递给志愿者，说："非常感谢。"

我们排队等着。我的对手是来自奥地利的克劳迪娅·海勒（Claudia Heill），她就站在我旁边。我们没有打招呼。

就这么开始了，我想。

工作人员带我们走进赛场。还是早上，场馆里只有大概四分之一的人，但观众的声音已经很响了。

"上啊，龙达！耶，龙达！"我没有向四周看，但我可以听到观众席上妈妈和姐姐玛丽亚的呐喊声。不管体育馆有多大，我们家的人总是声音洪亮，在哪儿都听得见。

我走上垫子，鞠了一躬。我跺了两下左脚，然后是右脚。我跳了跳，走了几步，抖了抖手臂。我拍了拍右肩膀，然后是左肩膀，然后是大腿。我又伸手碰了碰地面。到时候了。

我第一轮就输了。那是一个误判，我把她摔倒在地，现场官员却好像什么都没有发生一样。

我看到就站在我身边的裁判冲我对手的方向举起了手，好像我是从很远很远的地方看着一样。我感觉失去了方向，不知道该做什么、该去哪里，不知道该怎么应对正在发生的一切。原本不应该是这样的，我想。那种感觉就好像世界被倒了个个儿，我十分震惊。我从垫子上走了下来，拼命忍住泪水。

她知道那是一个误判，但她还是拿下了这场胜利，并继续前进，最后获得了银牌。我还没有足够优秀，在运气最糟糕的时候，我还不具备每一场比赛打两遍赢两遍的能力。

这样我就还得等一会儿。在国际柔道赛事中，如果击败你的选手最终进了半决赛,那你就进入了带有安慰性质的补充赛,有机会去争夺铜牌。因为克劳迪娅·海勒进了半决赛,我得以进入补充赛的大名单。我试着重新集中注意力,让自己振作起来。你还得打下去,我告诉自己,你的比赛还没结束。但我的心已经被伤透了。

补充赛的第一场,我击败了来自英国的莎拉·克拉克,在美国公开赛上正是她打败了我。这下我离奥运会奖牌又近了一步,没有金牌,但铜牌对于一个十七岁的孩子来说也算是很不错的成绩了。有铜牌也可以了,我试着说服自己。接下来一轮,我输给了韩国的 Hong Ok-song。她赢得并不精彩,甚至根本没做什么。算上罚分,她靠微小的分差战胜了我。我将进攻持续到最后一刻,但时间不够了。我被淘汰出局。

计时器声音响起的时候我麻木了。我等着让情绪浸透全身,等着泪水落下,等着自己膝盖一软,但我意识到我一点都不觉得疼了。我输掉了奥运会的比赛,但没有输在这一场。早在比赛官员把我的胜分判给克劳迪娅·海尔的时候我就输掉了。那之后我又打了两场比赛,但我再也没有调整回来。

最终我获得了第九名。这是美国女子柔道选手取得过的最好成绩,但对我来说不够好。

被淘汰之后,我收拾好了自己的东西。柔道队的媒体关系负责人带我穿过迷宫一般的走廊回去。我们经过了穿着铁蓝色 Polo 衫的运动员、教练、摄影师、保安、赛事志愿者,还有各色各样的奥运会官员。我们往上走了两段水泥楼梯。楼梯井空空荡荡,照明不佳,回荡着我们的脚步声。走到第二个平台时,有位保安推开了门。赛场里的灯光照得我眯起了眼睛。妈妈和玛丽亚就站在门外。

妈妈看上去忧心忡忡,她只有在我们病得很厉害的时候才露出这个表情。她的同情让我难以承受,我想看她大失所望,想看她怒不可遏,我想让她告诉我,我原本可以做得更多。她表露出同情,那就意味着她相信我已经全力以赴,可是确实是输掉了。我垂下了眼睛。

"我很抱歉。"我说。说出这些话让我回到了现实。我已经输掉了比赛。

"你不用道歉的。"妈妈抚摸着我的头发说。

"但是我让所有人失望了。"我抽抽噎噎地说。"我让你失望了。"

"你没有让我失望,"妈妈说,"只不过今天你运气不好。"

作为一名运动员,你在整个职业生涯中都会把奥运会看作自己人生的巅峰时刻。奥运会选手是一个终身相伴的身份,直到逝世时,你都会是一位奥运人。有些情况下,你曾经期待某些时刻会改变你的一生,结果却事与愿违。

奥运团队的教练对我说,我应该为自己感到骄傲。队友向我道贺。大吉姆说,他看出了一些必须解决的问题。我超越了所有人的期待,却没有实现自己的愿望。人们期盼我站上奥运赛场,可我希望自己能在此称雄。

我只想逃出雅典,逃出这个失败之地。

离奥运会闭幕还有一周,我就坐最早的一班飞机回国了。我本来想和妈妈一起回去的,但往雅典起飞的所有航班都被订满了。于是我独自飞回了美国。在飞机上,我盯着前座的椅背,在脑海中反反复复地重新播放自己输掉的比赛,分解成细节,倒回去看我没有抓住的机会。每重温一遍比赛,失利的痛苦都会重新袭来。以前我也输掉过比赛,但从不曾像这次一样让人心力交瘁。只是以选手身份出现在全世界最大的赛场上是不够的。我只为了一个目标而去——夺冠。

没有谁理所当然该赢你

没有哪个人的比较优势可以影响到我们之间的比赛结果，我下定决心要证明这一点。在比赛开始的时候，你和你的对手都从零分起步，该之后的发展轨迹由你决定。

其他人的优势不能成为你输掉比赛的借口，它们应该成为刺激你求胜的动力。无论一个人是坐拥各种资源——教练团队、收集到的各路情报、进行最高水平训练所需要的全部工具，是上届奥运会冠军得主、上次相遇时打败了你，还是打够了类固醇，当比赛开始的时候，他们都不会因此而获得加分。

你可以赢得比赛。

奥运会后我参加的第一项大赛是2004年秋天在布达佩斯举办的世界青少年柔道锦标赛。我去参赛的时候并没有意识到这是多么重要的一项比赛。青少年世锦赛汇聚了全世界最优秀的21岁以下的选手，很少有人会同时参加青少年组和成人组的国际比赛。我刚和奥运选手交过手，又要面对未来的奥运选手了。

在雅典奥运会之后我休息了两周，沉浸在自哀自怜的情绪中。直到有一天，妈妈走进了我的房间。

"自己心疼自己该结束了。起来，你该去训练了。"她说，"躺在那里念叨'我好惨啊，奥运会比赛输掉了'改变不了任何东西。输掉比赛不该让你觉得伤心，你应该觉得愤怒。"

她说得对。那天晚上我去训练了，并且打败了所有人。想到我在雅典的表现，我恼火不已又羞愧难当。三周之后，我回到了大吉姆身边，愤怒依旧。两个月之后，我出发去参加青少年柔道世锦赛，心里还是带着火气。

大吉姆从来没有和我谈过2004年雅典奥运会的事情，但他把莉莉·麦克纳尔蒂（Lillie McNulty）叫来，让她和我一起训练了一个星期。莉莉是我在一次训练营上认识的朋友。这是大吉姆的方式，表示他知道奥运会的失利对我是多么惨痛的打击。

柔道比赛中的对阵双方由抽签决定。所有选手被分在两边，然后半随机地两两组队（在国际比赛的第一轮中，有特别多的美国选手会遇上日本选手，这使我对一些所谓的"抽签"到底有多"随机"心存疑虑）。

不少选手寄希望于抽到好签。人们都不想在第一轮碰上排名第一的选手，他们想在不用付出努力的情况下走得尽可能远，希望其他人能帮他们打败他们不想面对的选手。他们不想在登顶之路上一直和最强的人交手。

"不要期盼抽到好签，"妈妈曾经跟我说，"你就是别人的差签。你就是其他女孩希望自己不会碰上的那个对手。"

不要边看抽签边盼望自己能抽个好签、能让你赢得轻松一点。要和谁交手、要按什么顺序和他们交手都无关紧要，因为如果想成为世界第一，你就必须击败他们所有人。

我在青少年世锦赛上抽到了最糟糕的签，但这无关大局。比赛第一天，我在头三轮比赛中都以"一本"获胜，进入了半决赛。那天晚上吃晚饭时，我的一名队友说，美国柔道协会的官员正在东翻西找，在布达佩斯找一面美国国旗和一份美国国歌文件。每个国家的代表团要负责带上本国国旗和国歌文件，以备颁奖仪式时使用。我大笑起来。

"不，"他说，"他们是真没有。"

他们预计我们会全军覆没，所以没有人想到要带国旗和国歌。

我从没想过要以金牌之外的战果结束本次世锦赛，而美国柔道协会的人根本不觉得有夺冠的可能。

当时我正在准备对阵一个来自俄罗斯的选手，我有一个问题想问美国柔道协会派来指导我的那个人，他实际上并不是我的教练。每逢重大国际赛事，这个柔道运动的管理机构都会派出一支教练团队，与运动员同行。在大多数情况下，教练组是一个只具有象征意义的存在，在你即将走上赛场时，不可能依靠一个几乎不认识的人说点什么来帮助你取得成功。成功来自你走向赛场这一路的所有经历。每场比赛之前，我都会问美国队教练组的人，我的对手习惯用右手还是左手，以确定第一回合该怎样出手。每一次我得到的答案都是"我不知道。我没注意看她上一轮的比赛，我在看你"。

这一次，我都没费功夫问这个问题，就直接去和莉莉热身了。

"等一下，"看着我们热身，指派给我的教练说，"你是左撇子吗？"

我嘴巴都张大了。

"等一下，你不知道这些运动员习惯用左手还是右手，你说唯一原因是你忙着看我比赛了。可你连我是左撇子都不知道？"

我满怀厌恶地走开了。垫子的另一侧，我看到我对手的教练正在指导她。我看到那个教练走向她，示范给她看我可能会怎么做。他看看她，指指自己的左手，表示我是个惯用左手的选手。她点了点头。一直藏在我心里的怒气升腾起来。奥运会，缺失的美国国旗，不着调的教练，我受够了。这个姑娘将要付出代价。

我走出来站上垫子，鞠躬入场。假教练在座位上冲我喊了些什么。我想都没想就判断出来，那是些不重要的东西。

俄罗斯姑娘没有得到一点机会。我的得分迅速增长，她一定窘迫不已。从垫子上走下来的时候，教练想要和我拥抱。我把胳膊紧紧别在身体两侧。

决赛时我击败了一个中国姑娘，整场比赛只用了四秒钟（我没有打错字，就是四秒钟，比你读完这个句子用的时间还要短）。

我成了整一代美国人中第一个青少年世锦赛冠军。我站在领奖台上，看着美国国旗升到杆顶。虽然我没有办法摸到它，但国旗好像不太对，像是一元店里买的走私货。它比其他国旗都小好多，上面可能只有49颗星星，但我也说不好。我的注意力完全被国歌嘎吱嘎吱的声音，吸引过去了，听上去像是有人在用随身听的扩音器播放一样。

青少年世锦赛之后几个月，我飞去西班牙，参加卡斯特尔德费尔斯（Castelldefels）一年一度的训练营。卡斯特尔德费尔斯是紧邻巴塞罗那的一座海滨小城。在所有我参加过的训练营中，卡斯特尔德费尔斯的那个是我最喜欢的。我喜欢它不只是因为那里风景优美，还因为在所有大型训练营中，只有它没有与大赛相绑定，不会有人来参加的时候正因为输掉了比赛而沮丧，也不会有人担心自己的体重不符合标准。训练营为我提供了一个与全世界最强的选手交手的机会。当时，我正努力成为这些人中的一员。

正是在这次训练营中（以及其后历次训练营中），我发现作为美国柔道队队员，我们所能获得的资源与其他国家提供给运动员的资源相比真是有天壤之别。美国柔道协会派了一名教练来参加卡斯特尔德费尔斯训练营，这已经超出了通常的水准，而其他代表队教练和运动员的比例是一比一。我看到对手的教练仔细观察选手的表现并记下笔记。他们不只记录本国运动员的情况，还会记下对手的情况。

问题还不只出在教练的指导上。我宁愿把我们的教练拿去交换透气胶带和冰块。法国队有一位尽职尽责的理疗师，他有几十卷胶带，还有满满一冰箱的冰块。德国队、西班牙队和加拿大队也有理疗师，但美国队没有。我看看自己包里仅有的一卷白色透气胶带——那是我带来的，已经用完了——意识到我还得找其他国家的人要胶带。

"看看这个，太不公平了。"一名队友哀叹道。眼前，法国理疗师正在给他的运动员缠脚踝，动作专业而精准。

"如果我们有这……"她没说下去，但意思很明确：如果有这样的条件，我们的战绩会更好。

去你妈的，我想，她们尽管带上那些胶带、满冰箱的冰块，带上九百个教练，我还是要把她们统统击败。

实战训练是我经历过的最折磨人的训练方式。上午，我们会练至少十轮自由对摔。每一天、每一场我都会出场。午间休息时，我会躺在垫子上，不知道自己还会不会有力气挪窝。之后会有人送午餐来。我翻身到侧卧位，慢慢支撑自己坐起来吃饭。

"行行好，一定要是鱼。"我喃喃地说。在那些供应"火腿配甜瓜"——要我说那就是生培根加甜瓜瓤——的日子里，我就只吃面包和奶酪。

下午我们还要练十五轮自由对摔。比赛的水平都非常高，总有一种训练赛打出了奥运会决赛阶段比赛的感觉。等训练结束之后，我们会去酒吧喝桑格利亚汽酒，用支离破碎的英语和西班牙语加上手势来沟通。

一周的时间慢慢过去，每两天之间都有一个显著的区别：气味越来越糟糕了。大家从早到晚穿着柔道服训练，却没有地方可以洗衣服，住在这样一家酒店里，空气中的体味越来越浓重。每个人身上都是汗味和霉味，只有我例外。我身上是汗味、霉味混合着不那么浓重的纺必适（Febreze）[①]的味道。我每次参加训练营都会带上纺必适，每天晚上喷在柔道服上，再把这件干硬的棉质外套挂到窗外"风干"。

我不屈不挠的精神为自己赢得了尊重。我成了其他姑娘希望碰上的对手，因为她们知道我会挑战她们的地位。我利用这一点来为自己服务，记下她们所有人的习惯、特别有效的招式和主要使用的技术。没有教练帮我做这些，我只能自力更生。

我看到英国教练组里有个人拿出一本小册子，记下他观察到的信息，草草写下战术安排。

"你不用写这些的，"我想说，"等我们打完，那家伙就会记得我了。"

训练营里的大多数运动员只想坚持完成一天的练习，我则在努力给本级别的每一个人留下印象。我利用每一次参加训练营的机会，不只去掌握对手的情况，还要把他们打得落花流水。我想吓倒我的对手们，让

[①] 纺必适（Febreze），宝洁公司出品的织物气味清洁剂。——译者注

我这个级别的所有人都在训练结束的时候想:"见鬼,这娘儿们真厉害。她今天摔了我十五次。"我会击败她们,我希望她们对此习以为常。

她们大可以对自己说:"这不过是次训练营而已。"然而,当她们下一次见到我的时候,一定还会想起我摔了她们十五次。

我也许没有对手手里的工具,但我打造了属于自己的优势。

临阵脱逃者不可能赢

柔道由武士道演变而来，后者在日语中的意思是"战士之道"。武士道最初是日本武士搏斗时使用的技能，是他们的谋生之术。对我而言，柔道就是对抗，赢得对抗的人应该是最好的斗士。

可也有许多一流的斗士不会在打斗时使尽浑身解数，而是只争取得分。他们会先在分数上占据稍稍领先的位置，然后在比赛的剩余时间里伪装成好像在对抗的样子，而实际上却是在躲避对抗。这就像是在和律师交手，关键既不在于谁对谁错，也不在于公平正义，而是看谁能从规则中找出漏洞来，设法打败对方。

我受不了那些"争分斗士"。只争取得分是懦夫的行为，毫无荣耀可言。如果为了得分而对抗，那就根本不是在对抗。争分斗士只是来参加比赛而已，虽然他们全场都在逃避。你应该自始至终全力以赴。[1]

参加柔道比赛不只是为了取胜，还要看如何取胜。赢得漂亮不算数，重要的是要赢得光彩。我来不是为了参赛，我是为了战斗而来。

2002年，我在芝加哥的一次训练中认识了迪克·伊迪比蒂，但他并

---

[1] 根据柔道比赛的规则，一场比赛中若有选手获得"一本"，比赛结束，获得"一本"的选手赢得比赛的胜利。若没有选手获得"一本"，则按照规定比赛时间内"技有"和"有效"的个数来计算得分，判定双方的胜负。——译者注

没有给我留下多深的印象（我了解这个人，如今他很可能还会因为被人提及而洋洋自得。随之而来的就是他难免会说："你知道那个陷害龙达、总让她丢脸的男朋友吗？那就是我！我是迪克·伊迪比蒂。"不过我能忍受这些）。一年之后，情况发生了一些改变，我在美国公开赛中赢得了胜利，但还处在膝伤手术之后的康复期内。其实肉体上的疼痛不是最大的挑战，心理上的坎才是。内心深处，我害怕自己会再次伤到膝盖，这次受伤让我知道我并不像自己想象的那样不可征服。受伤之前，我标志性的投技招数是左侧的"uchi mata"，翻译过来就是"靠大腿内侧的投技"：你用右脚站稳，左脚扫到对手两腿之间，向上抬到对方大腿内侧，然后一转身，用髋部将对方掀翻。这是柔道中最有效的招式之一，完成得理想的"uchi mata"是很难防御的。妈妈注意到我用右腿的时候总是小心翼翼。训练时我有时会避而不用投技，或者换一个不那么管用、但不需要我用右腿承担全部体重的招式。在比赛中，这一犹豫的后果可能就会带来登上领奖台和惨遭淘汰的差异了。妈妈给尼克打了电话，把自己看到的情况告诉了他。尼克是妈妈练柔道时认识的人，是训练营的组织者。

"我什么都不会跟她说，但我会让她在一周之内做一千个'uchi mata'，"尼克告诉妈妈，"我们会让她跟各种不同类型的人对练，块头大的、块头小的、年纪大的、年纪小的、男的、女的，随便哪个来我们俱乐部的人。到最后，她会意识到如果她的膝盖会再次受伤，那在头一千次里就该伤到了。"

第一天，我做得很慢，但我的膝盖承受下来了。到第三天，我开始加快速度，一心想着过掉投技这一关。等到一周结束时，我把陪练一个接一个摔到蓝色缓冲垫上的声音已经和机关枪声差不多了，砰、砰、砰、砰、砰。离开芝加哥的时候，我的自信心又恢复到了之前的水平。

我已经习惯于和男生一起练柔道了，不过他们似乎总把我当妹妹看待。迪克对我的兴趣并不是对"妹妹"的兴趣。刚开始我并不觉得这是多大的事，无非是在训练营里调调情罢了。可是之后他试着要亲我，我呆住了，他用大笑化解了尴尬。我们依旧保持着联系。

迪克没有放弃（当然，当你还在和另外好几个人上床的时候，总是比较容易坚持下来），我离开芝加哥之后，他还会在晚上给我发消息，还不断地给我发短信。我有些受宠若惊。

从芝加哥回家两周之后的一天，我和妈妈正在去训练场的路上，妈妈说："我听说你和迪克·伊迪比蒂有情况。"她的语气好像很随意。但我没有上当，这场对话一点也不随意。

"他还不错。"我耸耸肩说。

"是吗？我听说他是个垃圾桶。"妈妈说。

"不是这样的。"我说。

妈妈狐疑地看了我一眼。"从我听到的情况看，只要是个女的，他就愿意跟她上床。"妈妈说。"虽然他看上去好像值得同情，但他睡过的姑娘比谁都多。我猜他可能来者不拒。"

"这都是那些他没看上的姑娘造的谣，因为她们嫉妒。"我脱口说出了他提供给我的解释。

妈妈盯着我，好像在说，"你不会真的这么蠢吧。"

我在座位上往下滑了一点，看向窗外，考虑着打开车门、把自己从正在高速公路上疾驶的一辆车里扔出去，是不是都会比继续这场对话要更好一些。"龙达，你知道为什么一个二十几岁的男孩子会来追十六岁的女孩子吗？因为这个年纪的女孩够傻，会相信他的混账话，我希望你能比这个水平聪明一点。说真的，这太可怕了。"

"好了，说教得够多了。"我恼火地说，"又不是已经发生了什么，或者马上要发生什么。换个话题。"

"最好别发生什么。"妈妈说。

两周之后，我去东部跟着大吉姆训练了。和妈妈住在一起的时候，我跟迪克联系的时候有所控制，但这时我们开始更有规律地互发短信。然后有一天，训练进行到中途，他就这么走进了俱乐部。

我张大了嘴，肚子里翻腾起来。有一小部分的我想马上跳一支欢快的舞，但其余部分的我知道这不会是件好事。

妈妈大为光火。迪克在场时，大吉姆的态度让我意识到，迪克并不是佩德罗家所有人的朋友。对于那种声称自己要成为一流运动员却不曾付出努力的人，大吉姆没有多少耐心。迪克就是这些人中的一员。另外，大吉姆也在保护我，尽管他永远都不会承认这一点。大吉姆和我妈妈一样想让迪克离开。他明确规定，在任何情况下我都不许靠近迪克。

"别干任何蠢事。"大吉姆说。

但大吉姆不能每分每秒都盯着我们。周末，他在消防站上班的时候，他最小的儿子米奇决定组织一次烧烤。

米奇去给烤架生火的时候，迪克发动了一艘喷气式快艇，我跳到后座上，我们飞快地开到了湖中央，从岸上看不清这里的情况。我们减速，停了下来。迪克靠了过来，又亲了我。我呆住了，像被车灯照着的小鹿一样。亲吻的感觉有些奇怪，但它让人兴奋，还是违禁之举。

两晚之后，大吉姆还在工作，迪克确认我喝醉了之后又亲了我一次。我记不得太多了，但我没有呆在原地。后来他就回芝加哥了，我的注意力完全转移到了奥运会上。

不过我们还在保持联系，在去各地参赛时混在一起。我们觉得自己很狡猾，但其实我们的关系是个公开的秘密。

2005年2月，我们都在汉堡参加奥托世界杯赛。预赛时我输了，我被对手的十字固固定住了，又没有拍击垫子认输，对手就把我的手肘弄脱臼了。我的肘关节肿得跟葡萄柚一般大小。正式比赛时我赢了，但接下来的一场，我第一回合就输了。我进了复活赛，先拿下了一场既艰难又痛苦的比赛，紧接着又输了一场，被淘汰出局。迪克·伊迪比蒂早些时候也被淘汰了，我回酒店的时候，他也一起去了。我知道这不是一个好主意，但当时我刚刚失利，手臂又疼，十分沮丧，想要有人陪着。我们正在床上躺着，躺在白色的被子上，我听到房门"呼"的一响，被人用房卡打开了。

"这什么……"我还没来得及说完这句话，门就打开了。大吉姆站在门廊里。

"你他妈的有什么问题？"大吉姆大喊起来。"你就是听不进去，对不对？"

看眼神他像是气疯了。

迪克跳起来想要解释，但只嗫嚅了几句。

"你他妈给我闭嘴。"大吉姆冲着迪克说，可他的眼睛根本没有离开过我。迪克不说话了。

"到此为止，"大吉姆说，"我跟你没关系了。你的问题留给你妈妈解决。"

我的心都冲到了嗓子眼。大吉姆用厌恶和失望的眼神看看我，然后走开了。

比赛结束了，但之后还有一个面向高水平选手的训练营。之后那一周，我不得不天天面对大吉姆。

"你他妈出什么问题了？"一次训练中他冲我吼。因为手臂有伤，对手上来抓我或者使用投技的时候，我总没办法把她挡开。

"我肘关节受伤了。"我说。

"省省吧，"他说，"你肘关节没什么伤，就是太弱了，挡不开他们。你就是不够强壮。"

不管我说什么都不会改变他的判断。于是我就像以往大吉姆生气的时候一样，忍住不说话，逼自己更加尽力。我默默地忍着疼痛打下去。

伤痛与即将发生的事情相比不值一提。大吉姆把我和迪克的事情告诉了妈妈。坐飞机回洛杉矶时，我全程都在恐惧中度过。我从来没有这么想躲开一个人。站在洛杉矶国际机场路边，我一边找着妈妈的车，一边祈祷她忘记了要来机场。这是我人生中第一次看到妈妈准时来接我。

"上车。"她对副驾驶一侧开着的车窗说。我强打起精神来。

还没等车从路边开出来，妈妈就开始了："你到底在想什么？"

我张了张嘴。

"什么话都别说，"她打断了我，"你说什么我都不想听。做出这种压根不尊重人的事情来，说什么都没用了。更别说这还愚蠢透顶。"

她提高了音量，但是并没有大喊大叫。

沉默是我最好的策略。我低头看着自己的手，努力忍住泪水。

她向右转弯，开上了塞普尔维达大道（Sepulveda Boulevard）[①]。看到道路畅通，我松了一口气。这时能雪上加霜的，就只有能让我们在路上耗得更久的洛杉矶大堵车了。

"混账迪克·伊迪比蒂？"妈妈用不可思议的语气问道。"他这么有魅力，能让你舍得毁掉你和教练的关系？大吉姆和我都跟你明说了，你还要跟我们对着干？让我缓一缓。他愿意跟任何人睡觉，他就是个彻头彻尾的混蛋。"

我脖子背后烫起来了，感觉喘不过气来。我摇下我这一侧的窗户，可是新鲜空气并没有帮上什么忙。我时差没倒过来。我饿了。我的肘关节一阵阵地痛。教练把我扫地出门。我仰起头，靠在浅棕色的布头枕上。

"情况要发生变化了。"妈妈接着说下去。"你不知道你之前的条件有多优越，小姑娘。你十八岁了，严格说来都成年了，虽然你表现得还像个被宠坏的臭小子一样。你得学会有条有理地做事。奥运会结束了。之前我们破了很多例，好多次都让你干完坏事就逃了，但到此为止了。接下来你要离开柔道一年，去把高中读完。你得去找份工作，开始付房租。你该在真实的世界里过过日子了，真实世界会狠狠地把你叫醒。"

我直直地盯着挡风玻璃，希望自己这会儿正待在别的随便哪个地方，但我无处可去，也不知道该做点什么。我只知道一件事：如果要开始付房租，那我就肯定不会住在妈妈的房子里。

从机场到我们家只有不到二十分钟的车程，车开上我们家那条街的时候，我从来没有这么难受过。妈妈刚把车停稳，我打开门，冲进屋里，跑上楼，进了我和朱丽亚共用的卧室。我重重摔上门，一下子扑到下铺上。卧室的墙上是我画的海底世界的壁画，那上面的一只海狮正盯着我。

被大吉姆逐出家门让我倍受打击，被他抓到我和迪克共处一室很丢人，让妈妈和大吉姆失望，我感到很歉疚。他们干涉我的私生活，还像

[①] 塞普尔维达大道（Sepulveda Boulevard），洛杉矶最长的街道，全长68.9公里。——译者注

我不会自己做决定一样对待我,又让我十分生气。

我盯着上铺的床板哭得歇斯底里。

在生命的最初几年里,因为患有言语障碍,我无法与人交流。现在十五年过去了,我学会了说话,却发现要表达我想说的意思还是困难重重。我不知道怎样和妈妈或者大吉姆交流,好像每次我做出尝试的时候他们都置之不理。如果争论起来,我总没有自信去坚持自己的立场。有一部分的我感觉他们不会尊重我的意见,但更重要的是,我不确定自己是否有足够丰富的阅历,能做出对自己而言正确的抉择。这完全与迪克·伊迪比蒂无关,他不过催化了我内心澎湃多年的某种东西。我的生活逃出了自己的掌控,这是一个缓慢的过程,但现在失控的感觉已经让人难以承受,就像置身于一个没有出口的房间、水流不断涌入一样。

我想掌握自己的生活,我想证明我还是懂点事的,妈妈和教练应该听听我的意见,但是穿过家里的客厅、去和妈妈认真地谈一谈,好像比在半夜里独自横穿全国还要困难。

我开始计划一场"伟大的"出走。因为爸爸去世了,我可以领到社会保障金,保障金会一直发放到我满十八岁,或者高中毕业为止(看这两个时间哪个比较晚)。严格说来,因为选修了函授课程,我还是一名注册在校的高中学生。两周之前我刚满十八岁,所以现在寄来的支票上写的是我的名字。我去银行给自己开了个账户,把支票里的钱直接存进户头里。

一攒够钱,我就买了一张飞往纽约州最北部的机票。我想我可以在吉姆·赫贝克(Jim Hrbek)的俱乐部里训练,住在我朋友莉莉的家里。早在妈妈还在参加比赛的时候,赫贝克就已经是国内最优秀的教练之一了。我希望等我现身的时候,他们至少可以容忍我的存在,可我不敢冒着让妈妈发现出走计划的风险走漏消息,就只告诉了莉莉一个人。

接下来的几周过去,妈妈慢慢消气了。

一天早上——那是我回家之后两周,是我预定出发日期之前的一周——妈妈醒来,一点都不生我的气了。

"我们去逛步行街吧。"她提议。

"好。"我说。我很高兴不用再被她吼了。

我们走过六个街区,去了我逃学摔伤了脚的那天去的那个商业区。妈妈建议我们去看看阿玛尼休闲装。在一架一架的衣服中,她的目光集中到了一件白色皮夹克上。

"这件看起来像是你会喜欢的款式。"妈妈说。

那件夹克棒极了。

"试一试。"她催我。

我套上那件夹克,非常合身。我感觉不可思议。

"得给你拿下这件。"妈妈说。

我看了看标价签。

"求你了,太贵了。"我说。

妈妈抱了抱我。

"你配得上它,"她说,"再说,你过生日的时候在大吉姆那儿,我们欠你一份礼物。"

她拿着夹克去了收银台,收银员用薄纸把它包了起来,塞进一个袋子里。我的眼睛好像针扎一样,胸口疼了起来,出走的决心开始坍塌。但这时我想到妈妈是那么不理解我,我想掌控自己的生活,我还想向妈妈和大吉姆证明我可以掌控自己的生活。我知道我必须得走,但我多么盼望她还在生我的气,这会让离开变得容易一点。

出发前夜,我等全家人都睡着了才收拾行李,每听到一点响动心里都一惊。之后我就坐在床上,等时间过去。早上 4:55,我溜出房间下楼。我给妈妈留下一张纸条,说明我必须得这么做,希望她能够理解,然后就出门了。

外面的世界很安静,太阳还没有升起来,这里离大海只有几个街区,空气凉爽而湿润。我想从包里把新夹克拿出来,却不敢停下脚步。我把 2004 年奥运会代表队那只海军蓝的行李袋扛到肩上,又拿起黑色行李袋拎在身边。我逼着自己直视前方,一路走下去,好像往后看一眼就会把妈妈弄醒一样。

  我拖着行李走过了四个街区，在一个公交车站坐了下来，但公交车还要晚点才会开始运营，我就叫了出租车。几分钟后，一辆黄色的士停在我面前。出租车向机场驶去，我等着自己慢慢放松下来，期待着那种终获自由的感觉，我很清楚它将陪我走完出走的旅程。

  我并没有获得胜利的快感。我觉得自己像个脱逃的懦夫。或许我原本可以赢下比赛，但我却忙着去争取得分了。我没有为荣耀而战。

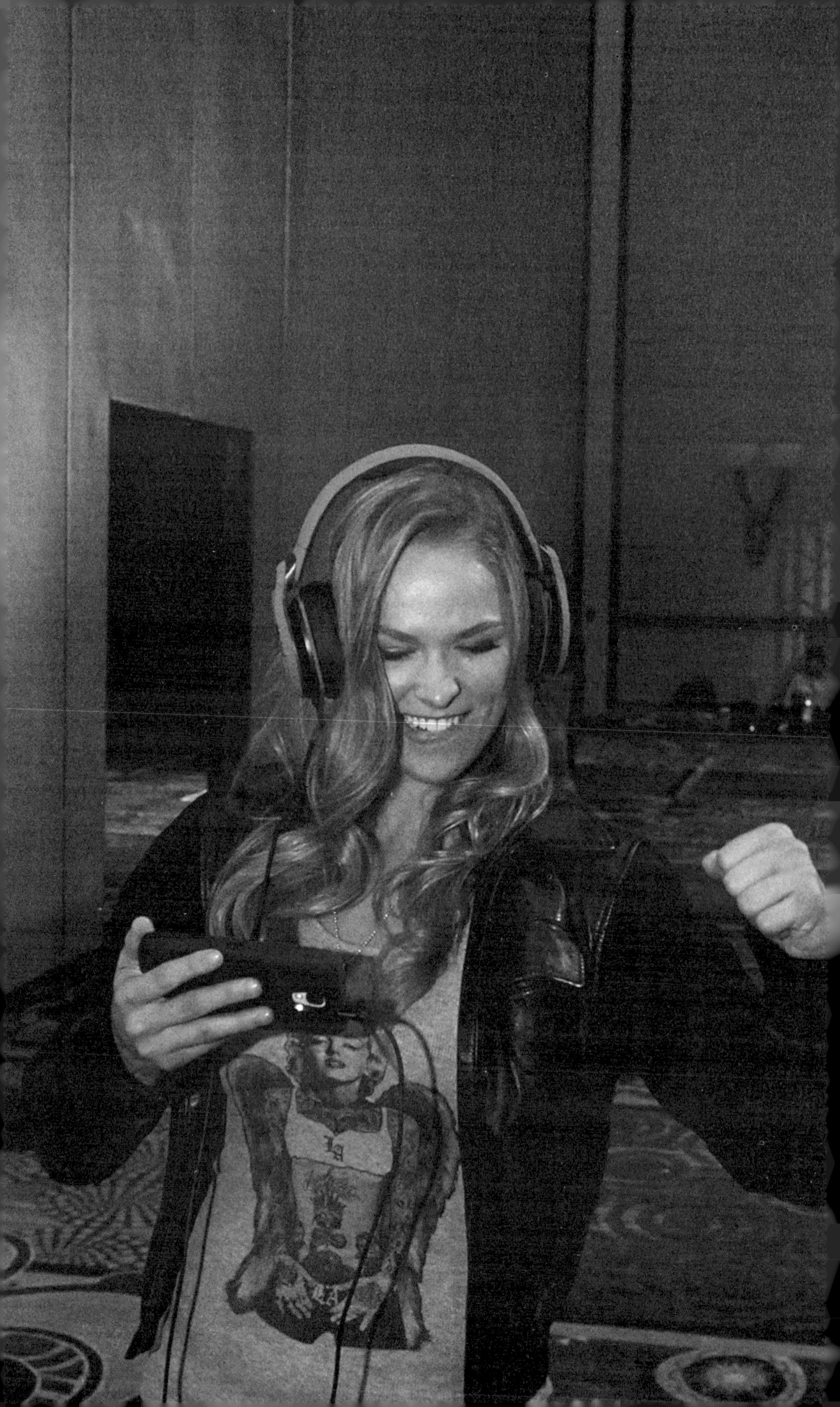

不要让别人帮你做决定

以前我有个队友，总要靠教练告诉她该做什么，她会把教练的指令执行得无可挑剔。但问题在于，她只能达到指导她的人的水平，只能达到她所接收的指令的标准。

自始至终妈妈都有意让我独自去参加比赛，不带教练。站在垫子上的时候，我必须得靠自己思考。如果计分出错，不会有人帮我纠正。如果判罚对我不利，也不会有人帮我说话。我只能一次一次地做得更好。如果身处逆境，我就必须解决问题，走出泥潭。

我从洛杉矶出走的行程经过了精心的规划，可是关于之后要怎么办我却没多想。当我出现在莉莉家门口时，莉莉的家人大吃一惊，但她的爸爸妈妈同意让我住下。我拖着两只行李袋上楼，去了她的房间。

刚到纽约的时候，我总是在说自己碰到了多少不如意的事：妈妈和大吉姆待我不公，生活中所有的事情——从饮食到训练——都被别人严加管控，没有人看好我的感情，从来没有人问过我的意见，所有人都像对待小孩子一样对待我。我说得越多就越生气。我不是小孩子了，我已经成年了，是美国政府承认的成年人。见鬼，我还是个奥运选手呢。莉莉就这么听着。有很多很多个夜晚，我们会在同一张床上聊到很晚。其他时候，我们就像两个参加过夜派对的小孩一样，不睡觉，看浪漫喜剧，被里面的笑话逗得咯咯直笑。

莉莉在锡耶纳学院（Siena College）[①]上学，她有课的日子我就陪她去学校。我在书店买了一件锡耶纳学院的帽衫，穿着它去健身房。管理员以为我是学生，就会放我进去。莉莉上课的时候我就去锻炼。骑在椭圆机上的时候，我试着理清楚一切都是怎样离开正轨的。为什么我跑了出来，如果我还要回去，该怎么向所有人证明我的出走与迪克无关，他和我分别会碰上怎样的未来，我下一步该去哪里。我一个答案都没有。

我在他们家的第三个周四，我和莉莉正要去训练，玛丽娜·沙菲尔（Marina Shafir）打来电话，说她去不了了。玛丽娜是她那个级别中最优秀的选手之一。在柔道这行，我真正欣赏的女选手寥寥无几，她和莉莉都在其中。在顶级运动员中，极少有人不关心体坛政治，她就是其中之一。我们走到半路，俱乐部的另一个女孩尼娜也打来电话，说她不能去了。

"如果没什么人去的话，训练的节奏会很慢的。"莉莉说。

"见鬼。我们别去训练了。"

"那你想做什么呢？"莉莉问。

我看见窗外有个熟悉的橙色和粉色的标志。

"我们去唐恩都乐[②]吧。"我说。

轮胎发出尖利的摩擦声，莉莉向右来了个急转弯，我们把车停到一个废弃的停车场上。

"我想要四打小不点[③]。"我对店员说。

"要哪一种呢？"他问，手指向身后的金属架。

我停了一下，感觉自己将要做出一个重大的决定。

"就每种都来几个吧，"我说。

"就这些吗？"他问。

我看向莉莉，她耸了耸肩。

[①] 锡耶纳学院（Siena College），美国一所著名的私立文理学院，创建于1937年，位于纽约州劳顿维尔（Loudonville）。——译者注

[②] 唐恩都乐（Dunkin' Donuts），美国快餐连锁品牌，在全球共拥有上万家门店，主要出售甜甜圈、其他烘焙产品、咖啡、冰淇淋等。——译者注

[③] 小不点（Munchkin），唐恩都乐的甜甜圈产品之一，有多种口味。——译者注

"再要两盒巧克力奶。"我说,顺手从柜台旁的冰箱里抓过牛奶。

他按响了铃,递给我两只带把手的纸盒,里面是我要的甜甜圈,还不止四十八个。我和莉莉在一张桌子旁坐下,一人打开了一只纸盒。

我把一只甜甜圈塞进嘴里,它又软又甜,味道很好。我大笑起来。莉莉用询问的眼光看看我,好像她错过了笑点一样。

在这里,坐在唐恩都乐店里。店员在我们身边擦着地板,我好像找到了我一直在寻找的自由。我感觉自己获得了控制权,这是我有记忆以来第一遭。

我感觉自己一下充满了动力,很可能是因为我的血液里突然涌入了二十五个甜甜圈的糖分。

我爱柔道,我之所以想练柔道是因为我热爱柔道,我想为了自己而练柔道。顿悟席卷而来,我很长时间没有过这种感觉了。

第二天我去训练了,因为我想练。我好久好久没有练得这么卖力过了。

我不仅向往训练,还想尽可能多练练。除了赫贝克的俱乐部,这一地区另一家顶级俱乐部由贾森·莫里斯(Jason Morris)经营。贾森在1992年奥运会上获得过一枚银牌,他还是美国国家队教练组的一员。他开办了自己的"俱乐部",雄心勃勃地想让参加奥运会的运动员住在这里训练,至少他是这么跟运动员的父母宣传的。

柔道道馆其实只是他家的地下室,地上铺着柔道垫。这里的空间非常狭小,如果大家都上垫训练,就会不断撞到别人,还得当心不要撞到墙上。不过,训练的水平还是相当不错的,而且每天都可以练。

吉姆·赫贝克曾是贾森的教练。正是在他的指导下,贾森不断进步并取得了成功。后来两人分道扬镳。

有一天训练结束后,吉姆把我叫到一旁。"我听说你在贾森那里训练。"他说,"你可以自己选。但如果你要去那里训练,你就不能再在这里练了。"

这是一份最后通牒。我不太会应对最后通牒。

"明白。"我说。其他的话我什么也没说,脑子里只有一个念头。我想去哪儿练就去哪儿练。

我完成了训练。

我把吉姆的话告诉了贾森。

"我是不会跟你说该去哪儿训练的。"贾森说。

两天之后,我正在贾森的俱乐部里训练,莉莉来了。她脸上的表情很别扭。

"怎么了?"我问。

莉莉低着头,看着她脚上的匡威运动鞋。

"就是吉姆还有贾森那一摊子事。我们已经跟着吉姆一起练了很久了。"她的声音里带着歉意。

"我把你的东西带来了,在车里。"她告诉我。

"你要把我赶出去了?"我问。

"我们不知道你究竟打算待多久,我妈妈……"她停下不说了。

"我明白了。"我说。

我把东西从她的车里搬出来,搬到贾森的俱乐部里。我环顾四周,没有什么地方可去,也不知道自己接下来该干点什么。

与何人为伍，便有何种生活

当你和周围所有人都被框定在一个小圈子里的时候，你很容易误认为这就是整个世界。然而一旦你从中跳了出来，就会意识到在这个小圈子之外，根本没有人会在意曾经被你看得无比重要的蠢事。如果你能理解这一点，就会发现一个广阔得多、美好得多的世界。

莉莉把车开走了，我拖着行李袋进了贾森的家。

贾森家的房子有三层。贾森夫妇住在三楼，二楼有一些卧室，每间住着两到三个运动员，还有两三个人挤在客厅里。柔道训练馆在地下室。

作为这里最新的房客，我被分配在了客厅，睡在地板上的一个蒲团上。

贾森对外宣传说，他的俱乐部是一个提供给精英运动员的训练中心。要想获准加入，你需要有较大的潜力（非必需）和财力雄厚的父母（必需）。我的室友们是这样一群人，他们水平还不错，但算不上顶尖。他们希望获得奥运会的参赛资格，但相比起来更向往喝酒、厮混、谈恋爱。在我看来，他们不过是俱乐部的客户而已。另外，和以前一样，好像每个人都在利用别人。我和贾森当然是在互相利用——因为我在国际比赛中有所斩获，所以我加入他的俱乐部会给他加分。作为交换，我有地方可住，有地方可以训练。

我也没有免费享受这些。我是纽约运动员俱乐部的赞助对象之一，他们给我发一笔小额补贴。美国柔道协会也在给我发补助，金额更少。

所有的信件都会先落到贾森手里。他有一把长长的银质拆信刀，寄给每一位房客的信他都会拆开。

"我这么做是因为这样回收信封时可以放得平整一些。"贾森解释道。"如果让大家自己把信封拆开，堆起来的时候就放不平了。"

每天早上，住在房子里的运动员会抢着出门取信，想率先拿到自己的信，但贾森常常赢过我们。所有寄给我的支票都会被他拿去充作我的住宿费和杂费。我住在贾森那里的时候，美国柔道协会和纽约运动员俱乐部寄给我的每一张支票都被他扣留下来，存入账户。我甚至连入账多少、每一项开支是多少都不知道，只能他说什么就是什么。

更糟糕的是，我觉得自己在贾森那里并没有取得进步。他希望每个选手都完全像他一样去打比赛——这是他的执教策略。他恪守立姿，极少使用寝技，更重视出手的时机而非力量。我擅长寝技，力量是我在垫上搏斗时的优势之一。我试图在这两种风格之间找一个平衡点，但贾森的方式不适合我的体型，不适合我的个性，简单来说就是它不适合我。

在大吉姆那里，不管我提什么意见都不会被采纳。在贾森这里，我的意见不仅不被采纳，还会被他嘲笑。他对待我的方式就好像我是个傻瓜一样。

"你在干嘛呢？"有一天训练时贾森冲我吼。

我停了下来。我正在做"o-goshi"，一个相对基础的过臀摔。我是个左撇子，应对惯用右手的对手时这招很管用。

"做'o-goshi'。"我说。

"哦——是'o-goshi'呀，"他摆出高人一等的样子说。他声音又高又轻快，脸上挂着丑角般的笑容，开始在空中比划双手。

"再做一个'o-goshi'。再来一个。做一天'o-goshi'吧。"

其他运动员都笑了。

全给我滚，我想。我练了一整天的投技。

在贾森的俱乐部里，我很少一个人待着，但内心却无比孤独。自从三个月前离家出走，我再没有跟妈妈说过话。迪克·伊迪比蒂和我还在一起，但他身处一千英里之外的芝加哥。之前我有莉莉，但在他们家把我赶出来之后，我们的关系变僵了。贾森的俱乐部里有一个叫碧的女孩，从我来到这里开始她一直对我很好，可是她不是莉莉。

我和室友们之间还算友善，但关系并不热络。我从来没有真正融入他们。我比他们所有人都年轻，又是一个水平更高、更投入的运动员，我的成功正反衬出这些人的缺陷。可是不欢迎我的俱乐部正在快速增加——佩德罗的俱乐部、赫贝克的俱乐部、洛杉矶的俱乐部——现在要轮到贾森的了。

那年五月，迪克从芝加哥搬到纽约，来贾森的俱乐部训练。我正在当地一所高中的体育馆里摆垫子，为莫里斯杯做准备（莫里斯杯是一项一年一度的比赛，贾森根据自己的姓氏为它取了名字），这时迪克走了进来。如释重负的感觉笼罩了全身，我的脸上绽放出灿烂的笑容。我感觉自己脸红了。

迪克和我一起睡在客厅的蒲团上。在贾森家里，他很快就和大家打成了一片，成了我和房子里其他运动员之间沟通的桥梁。

迪克来了一个月之后，我去计划生育部门做避孕。几天之后，我的电话响了。

"你的检查结果出来了，不太正常。"护士说。

我的脸火辣辣的。

"你的意思是我得性病了？"我问。这些词我几乎说不出口。

"这可能是多种原因造成的。"

"比如某种性病？"

"你需要来做一下后续检查。"

"好。"我说。记下预约日期和时间的时候，我的手在发抖。

一放下电话，我就冲进另一个房间里。迪克正坐在沙发上。

"你和谁上床了？"我大吼。

他呆若木鸡。这个表情证明我最害怕的事情发生了。我怒火中烧，每一块肌肉都绷紧了。

"呃……呃……呃……"他结结巴巴。

"你、和、谁、上、床、了?"

"只有一次,我真的很抱歉。那说明不了什么。是好几个月之前了,不是我到这里之后。真的对不起。"他的呼吸变得急促起来。

"你和谁上床了?"我的声音冷若冰霜。

"真的对不起,对不起。哦天哪,我想杀了我自己。我是那么爱你。"

我没心情把刚说的话再重复一遍。

"是谁?"我的声音小到近乎耳语。

"是碧。"他说。

我突然觉得口干舌燥,脸上烧了起来。我又愤怒又尴尬。

"所有人都知道这事,对吧?"我问。

他点了点头。

我必须走出房间。站在院子里,此刻我最不想做的事情就是回到那座房子里,但又无处可去。我已经毁掉了所有退路,现在我被困在了一座孤岛上。

迪克哀求我原谅他,求了好多天。我觉得自己别无选择,好像我除了他之外一无所有。很快我们就又一起睡在蒲团上了,就像什么都没发生过一样。但事情再也不是原来的样子了。现在我知道他不是什么好东西,我也知道我正在欺骗自己。

一周之后,在我又去过计生部门之后,我打电话去问检查结果。

"结果没什么问题。"护士说,"有些时候检查的结果出来会显示异常,我们再做一次,就又正常了。"

我松了一口气。我躲过了一劫,但我的生活状态离"正常"还差得很远。

在贾森的俱乐部里的那段时间,生活中能暂时解救我的只有外出参加比赛和训练。我在美国柔道锦标赛、泛美柔道锦标赛、the Rendez-Vous和美国公开赛上都夺得了冠军,但获胜并没有给我带来快乐。低谷出现在2005年埃及开罗世锦赛后,当时我输给了一个毫无取胜机会的以色列运动员。

除了这些之外，我还在竭力控制体重。我正在逐渐确立自己作为本级别世界一流选手的地位，但自从十六岁那年首次参加成人比赛以来，我又长高了两英寸。把体重减到 63 公斤变得越发困难。

一天晚上，我正躺在迪克身边，另一个睡在旁边沙发上的室友伸了伸懒腰，他的腿伸到沙发外面，踢到了我。我和一个背叛了我的人在一起，一屋子的人都知道这事，却一声不吭。我正跟着一个不能忍受的教练训练，他还在拿我的钱。我正在挨饿，水平没有进步。

"我到底在这儿干什么？"我高声问自己。

第二天我给妈妈打了电话。

"喂？"听到妈妈那熟悉的声音，我真想哭。离开家的这八个月里，有好多次我很想跟她说说话。

"嗨，妈妈，"我故作轻松地说，"好久不联系了。"

"嗯，我猜你一定很忙吧。"

从我离家开始，妈妈一直借助她的柔道八卦线人网络关注着我的动向。她已经听说迪克偷腥的事情了，她不会轻易放过这个的。

"我在考虑假期的安排，"我说，"感恩节后一天就是安大略公开赛，不过也许我可以比完赛再回家。"

"家里随时欢迎你。"妈妈说。我不确定这是不是她的真心话，但还是松了一口气。之前我都没意识到自己有多想家。

几周之后，我夺得了安大略公开赛的冠军，坐飞机回到洛杉矶。妈妈来机场接我。我曾经期待她看到我会很高兴，可她却一脸不满地皱起了眉头。

"谢谢你来接我。"我说。

"是啊，玛丽亚为了上班只能搭红眼航班回去了，詹妮弗今晚就要飞回旧金山去上学了，只好由我来跑一趟。"

"还好路上看起来不太堵。"我试着开启话题。

"现在路上的车肯定比你半夜里溜出家门、离家出走那会儿多多了，不过也不算太好。"

"嗨，关于那事我真的非常难过，但当时我觉得自己必须这么做。"

"哦，你这么一说一切都好多了。"妈妈语带讽刺。"你知道一觉醒来发现你走了，我有多难过吗？就这么丢下大家走了？我，你的姐姐妹妹，还有猫。"

"反正北京一直都不太喜欢我。"我半开玩笑地说。

"也许是因为她知道你正准备抛弃她。"妈妈不肯放过任何一个攻击我的机会。

到家了，我抓起我那两只行李袋，拖到门口。"我到家咯。"我一边欢欣鼓舞地说，一边打开房门。

家里一片安静。

我本来以为小妹妹朱丽娅会在家。我猜其他每个人都会生我的气，但才七岁的朱丽娅会很高兴看到我回来。

詹妮弗正在客厅收拾行李，她停下来瞪着我。

"你穿着我的衬衫呢，把它脱了。"她冷冷地说。

"见到你真高兴。"我硬挤出一个笑容。

"把我的衬衫脱了。"詹妮弗又说了一遍。

"天哪，詹妮弗，你为什么一副婊子样！"

"至少我没得上尖锐湿疣。"詹妮弗说。那份检测结果异常的报告寄到了我的永久居住地址，詹妮弗自己得出了结论。她一脸自得地看着我。我心里的什么东西一下子断裂了。

"我没得尖锐湿疣。"我大喊。

詹妮弗只有唯一的一条路可逃，她奔向厨房，那里没有出口。我追过去，詹妮弗尖叫起来。妈妈就在我身后两步远的地方，她冲进门，一把从后面抓住我，给詹妮弗留出足够的空间逃出厨房。我对妈妈使了个过肩摔，又去追姐姐。管家露西娅在我们家干了好久，她是个小个子墨西哥妇女，这会儿她正拿着要洗的衣服走进来。她扔下装衣服的篮子堵住我的去路，不让我去追詹妮弗。詹妮弗冲上楼，躲进了浴室，锁上了门。这时妈妈赶上了我,抓住我的肩膀,使劲摇着。

"你他妈出什么问题了?"

"我?都是她挑起的。"我抗议道,"你知道她跟我说什么了吗?"

"那你要怎么办?打她一顿?你不能因为不喜欢别人的东西就打人啊。"妈妈火了。"要是这么个道理的话,那大家都在不停地打架了。"

露西娅看起来像是受到了惊吓,她拎走了装着脏衣服的篮子。

"抱歉,露西娅。"她走过我身边的时候我说。

她看看我,又看看妈妈,又看看我,好像是要确定我们已经停战。

后来,妈妈把下午发生的事情说给丹尼斯听,我从来没见过他这么生气。"朱丽娅不在这儿,没看见这些事,算你走运。要是再有下次,你就别住在这里了。"

你说对了,我想,我绝对不可能住在这里。

那天晚上我给身在芝加哥的迪克发了短信。

"来这里吧。"他回复说。

"也许吧。"我回答。但心里已经打定了主意。

我们全家圣诞节期间要去圣路易斯见亲戚。临出发前两周,我告诉妈妈我会从圣路易斯直飞芝加哥。

一直到我出发去芝加哥,妈妈都不满地皱着眉头。这次离开家感觉不太一样了,至少我有勇气告诉妈妈我要走了,虽然她一点都不想听到这句话。

我搬到了迪克父母的房子里。(我知道,这是被我忽略的又一个巨大的、发出嘟嘟报警声的警示牌;一个二十五六岁的男的,和十多岁的女朋友住在一起,却栖身在父母家的地下室里,这样的男人不该成为你的约会对象。)

他的父母十分热情地接纳了我。他的妈妈是一位理发师,会带我去她的沙龙,给我做头发,还会帮我化妆,给我挑衣服。她常常策划恶作剧,富有幽默感,爱讲荤段子,总能引人发笑。在家里,她每天都把我逗得气都喘不上来。

他的爸爸也是个热心而体贴的人，虽然他已经罹患晚期癌症。

"没问题，我会教你开车。"他说（对这句话我的理解是：反正我很可能快死了，我也就不怕死了）。他会让我载着他四处跑，车上放着海滩男孩（The Beach Boys）[①]的歌。就算是我们差点撞上对面来车，或者我拐错了弯、还开上了单行道的时候，他也镇定而冷静。他把我作为未来的儿媳妇介绍给所有人。

我们相处就快满两年了，我在迪克身上看到了越来越多以前没有注意到的东西。我第一次发现他竟然这么蠢。我还记得当时我想，我才十几岁，你都二十多了，可是天哪，我比你聪明那么多。不管我怎样费尽口舌给他解释 woman（"女人"的单数形式）和 women（"女人"的复数形式）之间的区别，他都理解不了，总是把两个词混在一起用，这几乎要把我逼疯。后来我发现他讲的笑话都不是原创的，而是没完没了地引用电影里的台词，还会一遍又一遍地引用同样的台词。他要讲的故事都在一个"播放列表"上，只要有一个没听过这些故事的人出现在听力可及的范围内，他就会把这些故事抛出去。几乎他说的每一句话都会激怒我，我简直没法待在他身边。

之后我还发现了一些别的：他冷酷无情。"天哪，她真性感。"他会在我们看电影的时候这样感叹，甚至会在我们一起出去玩的时候这么说。"看她的身材，"有美女走过身旁的时候他会说。起初他不会直接做比较，但很快，他就开始告诉我她们的身体要胜过我的身体，她们比我瘦，而我是那么胖。

他会捏起我腰间的皮肤说："孩子，你又长胖了。"然后咧嘴一笑，好像这是个完全无害的笑话。

当时我控制体重已经很艰难了，他还来加重我的不安全感。我从来都不觉得自己长得漂亮。我长着一对招风耳，常常长皮癣——一种看上去很恶心，但在摔跤和柔道选手中很常见的真菌感染（因为某些原因，

[①] 海滩男孩（The Beach Boys），美国摇滚乐团，1961 年在加利福尼亚成立。——译者注

我的皮肤似乎特别容易染上皮癣）。我体形结实，虎背熊腰，尽管那些都是肌肉。中学时我曾因为"太大的"肱二头肌而遭人嘲笑，现在我又有了一个告诉我"你差不多能穿六号①"的男朋友。我也想和机场报刊亭里那些杂志的封面女郎一样，有娇小的身材啊。

但最困扰我的是他严重的"两面派"作风。我们和其他人一起玩的时候他没什么意见，可一等别人走开，他就开始说人家的坏话。这样的事情越积越多。每次一看到他，我就忍不住要想，哇，你还真是不要脸。

我们刚刚在一起的时候，我曾经有一种特别的感觉，现在我只觉得这件事很蠢。我把将近两年时间花在了一个彻头彻尾的混蛋身上，而我现在还和他在一起。

我在比赛中找到了安慰。我进行高强度的训练，下定决心要变得比以往更凶猛、更强壮、更专注。正是在那个时候，我开始怀着前所未有的自信心走上柔道垫。

2006年4月，我在英国伯明翰夺得世界杯赛的冠军，这是九年来首次有美国女子选手获得柔道世界杯。三周之后，我回到国内，在休斯敦拿下成年组全国比赛的冠军。五月，我在阿根廷举办的泛美锦标赛上夺冠。

七月，我和迪克飞到佛罗里达，参加一系列赛事，包括在劳德代尔堡（Fort Lauderdale）②举办的美国青少年公开赛和迈阿密青年国际赛。我决定和他分手已经有一段时间了，但我不知道要怎么做。在佛罗里达的时候，机会出现了。我和迪克住在赛事主办方提供的酒店里，我的朋友玛丽娜也在。我们最初在吉姆·赫贝克的俱乐部相识，这年春天，我们作为队友一起参加了在比利时举办的一场比赛，之后关系慢慢密切起来。

第一轮比赛之后，我和一位异性朋友一起去海滩散步。走着走着我冒出了一个念头。我觉得我有点喜欢这个人，我想试一试。我必须甩掉混蛋迪克。我就只需要这么一点推动力。

我给玛丽娜发了短信。她是"支持甩掉迪克"阵营中的一员（谁不

---

① 六号，在美国通用的服装尺码体系中，六号大致相当于中国的大号。——译者注
② 劳德代尔堡（Fort Lauderdale），佛罗里达州南部城市。——译者注

是呢？），然后去了我和迪克同住的房间。我的东西散落各处，我把它们全扔进行李袋里，然后搬到了玛丽娜的房间。

迪克外出了，我给他发了一条短信。等你回来我们谈一谈。

你要和我分手了吗？他回道。

你回来就是了。我回复他。

你要和我分手了，对不对？

我又发了一条，对。

然后我就躺在玛丽娜房间的床上，无视我新任前男友发来的几十条消息，直到这些充斥着恐慌和歉意的短信让我不堪重负。

"我得去处理一下。"我恼火地对玛丽娜说。

我们住的酒店是圆形中空的结构。如果你站在圆心位置，抬起头来往上看，就能看到周围都是带阳台的房间。

"求求你别这么做，"迪克哀求道，"你不能和我分手，我不能没有你。一想到要失去你，我就不想活下去了。"

我翻了个白眼，他哭得更凶了。我忍不住了。

"你给我滚！"我大喊。"别他妈的开自杀的玩笑，你背上的伤根本没有恶化，你根本不会死。你是要瘫痪了吗？不是，你只是个软蛋而已。"

他哭得更凶了。我无法忍受和他待在同一个房间里，就离开了。

他下楼去了酒吧。那趟行程剩下的时间里，他就一直待在那里。

现如今，如果我做了个糟糕的决定，妈妈只会提醒我，"你看，你这辈子做过那么多错误的决定，可能犯那么多错，可是至少，你没有嫁给迪克·伊迪比蒂啊。"一下子，我就又能客观地看待一切了。

一招失利便是下一招的起点

十六岁时,我迎来了寝技方面的一次顿悟。此前,我只是在记忆不同的动作。我会想,好,对手人在这儿,我来试试这个。对方用了这招,我来试试那个。所有招式在我头脑中是独立存在的。

有一天,我准备用一招十字固,结果对手换了位置,十字固没法成型了,局面对我有些被动。此时我发现,对手为了防守,恰好将我置于可以使用另一种十字固的位置,这就好比我直接切入到了另一招的中段,于是我从中间开始用了这招。我给它起名叫"柔术紧压卷"。

那是我第一次在实战中将两个不同的招式连在一起用,我很快意识到这种做法广泛适用。从那时起,我就总会设法将看似独立的招式连接起来。大多数人眼中的"失败"不会令我心灰意冷。相反,我将它视作一次创新的机遇。

甩掉人渣是我一生中最正确的决定之一,但我也因此从"没有其他地方可去"变成了"无处可去"。

在迈阿密时,我遇到了科里·帕克特(Corey Paquette)。科里代表加拿大参加比赛,我和他一起参加过许多次训练营并因此相识。我跟他提起现在我没有地方可住,他说他要在蒙特利尔租住一个宿舍房间,正在寻找室友以分摊房租。

之后我要留下来参加下一项比赛，科里回家了。几天之后，我在 Facebook 上给他发消息："你上次的提议还有效吗？"等我在蒙特利尔着陆时，他已经给我准备好了一个床位。

我承担的房租是每月 200 加拿大元。房租在我可以承受的范围之内，这一点很重要。此时我已经不再符合领取社会保障金的年龄要求，我依靠的是美国柔道协会的资助，他们许诺每个月给每位在 A 级赛事中夺冠的运动员发 3000 美元。问题在于很多年以来都没有人夺冠，然后我出现了，美国柔道协会只好开始兑现这笔钱，但是他们的支票常常迟到，得靠我一遍一遍打电话去问，确认什么时候能收到钱。2006 年春天的某个月里，我打去电话，接线员告诉我："我们这个项目上的钱花完了。"

"花完了？"我觉得不可思议。

"我们之前没想到会有人在 A 级赛事中夺冠。"她说。

让美国柔道协会滚，让所有这些美国教练滚，让迪克滚，我想。我要北上加拿大，靠自己解决好自己的问题，打出比以往更辉煌的战绩来。

我已经存下了一笔数目可观的钱，但还不足以支撑很长时间，把美元拿到加拿大去花可以用更久。

到蒙特利尔的第一天上午，我找到了离住处最近、带桑拿的一家健身房——桑拿浴对减重至关重要。就算是这家，我也得先坐一班公交、再赶一趟火车才能到达。科里早上起床之后会去上课，我起床之后就去健身房。我先用椭圆机，再练举重，之后洗个桑拿浴。锻炼过之后，我洗个淋浴，步行去最近的赛百味。我会点一个六英寸的清淡的蔬菜三明治、一杯健怡可乐和一块带巧克力片的甜饼——这是一天中我允许自己摄入的唯一甜食。除了赛百味的午餐，我的食谱还包括麸麦片配牛奶，雀巢巧伴伴[①]、小麦面包加能多益巧克力酱[②]，还有花生酱、口袋面包加

[①] 雀巢巧伴伴（Nesquik），雀巢公司的一款速溶巧克力饮品。——译者注
[②] 能多益巧克力酱（Nutella），意大利费列罗公司（Ferrero）生产的榛子巧克力酱。——译者注

鹰嘴豆泥。

每天晚上，我会和科里一起坐火车去士道馆。士道馆就像是加拿大的奥林匹克训练中心，但它和美国的训练中心的区别在于，加拿大最优秀的柔道运动员真的会在那里训练。之前我曾几次到那里参加训练营，他们会放我进门，每个人都带着典型加拿大式的友好态度，但没有一个教练能指导我，因为我来自他们竞争对手的国家队。我不只是一个"美国人"，我还总是在比赛中打败他们所有的女运动员，而加拿大女子63公斤级和70公斤级的选手都是很强的。从这个意义上来说，如果我每天去士道馆，她们可以和我一起训练，还能研究我的习惯，这对加拿大队是有益的。和优秀的女选手一起训练会激发我的好胜心，促使我不断努力。

士道馆的训练比我在国内体验过的任何一种训练都更辛苦。他们会按照"黄金得分"的规则练上一整天：在两个小时的时间段里不间断地对打，直到有人取得得分为止。未得分者出局，得分者继续留在场上。我可以一直在场上待一个小时，没有人能在我身上得分。

没有任何教练能指导我，我就加大训练量来弥补。我会考虑我需要做什么，而不依赖外人给我下达指令。我会问自己：我现在可以做些什么来提高水平？以前，我从来没有这样考虑过我自己的训练安排。

训练结束后，大家都去洗澡换衣服，迈克·波皮耶（Mike Popiel）和我会花上几个小时在垫子上"瞎倒腾"。我们会尝试一些从未有人在比赛中用过的招式——不会有哪个教练会放过这样出招的运动员。大多数招式都是完全不可用的昏招，但有时我们会撞上一些效果极佳的动作，其中有一些是可以真正用在比赛中的。等到大家都要回家的时候，我们还在问"这个怎么样？这个怎么样？"

晚上训练结束之后，我和科里乘火车回到寝室。到家之后，科里会给他的女朋友打电话，聊上好几个小时。我则躺在自己的床上，想出更多好用的套路，第二天训练之后去试一试。

在健身房里胡乱折腾、编造招式，培养了我为自己考虑的能力。以前，教练说什么我就做什么。现在，我学会独立思考了。在一场比赛中，我就可以随时制定战略。有些运动员才华横溢，但只会按照教练的指令行事。他们自己不会思考。

有价之物得来皆不易

刚开始练柔道的时候,有些国内比赛是我可以轻松拿下的。可是妈妈说"我们不去",她说我练得还不够刻苦,配不上参赛的荣誉。当时我很生气,但与她带我去参赛、我夺得冠军相比,没有去参加那些比赛反而让我学到了更多。

永远不会有人把有价值的东西送给你。你需要为之努力,为之流汗,为之拼搏。与送到手上的荣誉相比,自己拼出来的成功要珍贵得多。通过努力获得的东西永远不用你费心去证明自己配得上它。

在加拿大停留期间,我获得了"美国秋季精英赛"(US Fall Classic)和"加拿大 Rendez-Vous 比赛"的冠军。这些成绩让我又一次成为了 2006 年青少年世锦赛的夺冠热门。那年 10 月在圣多明哥,起初的几轮我轻松过关。半决赛中,我面对的是一位古巴选手。那场比赛没有人得分,眼看时间就要耗尽了,我决定用一个舍身技①,这样我就用背部触垫了。裁判没有看清楚,认为是对手摔倒了我,判给了她一个"一本"。

对手知道她没有摔倒我,但她站了起来,开始蹦蹦跳跳,好像是她做了什么才赢了比赛一样。我气得手直发抖,拼尽全力才克制住,没让自己尖叫起来。这实在太不公平了,我气冲冲地下了垫子,狠命把我的

---

① 舍身技,柔道术语,施技者先主动倒下,背部着地,再设法制服对方。——译者注

柔道服往地上一摔。

因为别人搞砸了，我损失惨重，既丢掉了冠军，也无缘成为首个卫冕青少年世锦赛的美国运动员。

祸不单行。美国柔道协会认为我不守比赛礼仪是他们杀一儆百的好机会。美国柔道协会的大佬们无意把我树立为成功美国运动员的典范，相反，他们总在寻找机会教训我。

我刚走下垫子，美国柔道协会的官员就凑到了一起，决定对我禁赛六个月，但他们需要师出有名——比如如果有某位德高望重的裁判出来指责我就很好。于是美国柔道协会的代表去找了卡洛斯·查韦斯（Carlos Chavez），来自委内瑞拉的大牌裁判。他们问卡洛斯，该如何处罚我。

卡洛斯看着他们，简直不敢相信，他不明白为什么一个国家级管理机构会这么迫不及待地想要处罚自己最有前途的运动员。以前，如果有类似美国柔道协会这样的组织来找他，一般都是要为某位运动员申诉。卡洛斯圆滑地顿了一顿。

"龙达觉得她被冤枉了。"卡洛斯说，"不管真相如何，这是她的判断。她对柔道充满热情，求胜心十足。她现在很难过。这正是我们柔道运动所需要的：热爱这项运动的运动员。她还年轻，我们不会采取任何措施。"

输给古巴选手之后流的眼泪还在脸颊上没干，我就在复活赛阶段重回赛场，并在铜牌战中击败了一位以色列选手——前一年我正是输给了她，从而无缘世锦赛冠军。我成为了史上首位在青少年世锦赛上两度夺牌的美国运动员。美国柔道协会里没有一个人来跟我提处罚的事。在所有官员向我道贺之后，我才听说他们曾想让我禁赛。

一周之后，我在迈阿密夺得了 2006 年美国公开赛的冠军。接着，我又赶赴大西洋彼岸参加瑞典公开赛，并获得了冠军。瑞典公开赛的冠军奖金是 1000 欧元，这真是笔救命钱。取胜让我充满动力，我临时决定参加之后一个周末举行的芬兰公开赛，还预订了船票。当时我还处在欢庆胜利的兴奋之中。

不知道怎么回事，那天晚上，回到我在布罗斯①的酒店房间里，我突然被想回家的情绪笼罩了。我坐在酒店房间里，想家的心情无法遏制。

是时候了，我想。我感觉自己做成的事已经够多了，我可不会夹着尾巴回家。我为自己独立创造的成绩感到骄傲。我打了个国际长途电话回家。

"喂？"妈妈接了电话。我停了一秒，想算算看我们之间的时差。

"我拿了瑞典公开赛的冠军。"我告诉她。

"太棒了。"听起来她是真的为我感到高兴。

"我想再回一趟家，"我说，"把所有的事情都说清楚。我还要去芬兰参加一项比赛，但我想在那之后回家。你觉得怎么样？"

"当然可以，你随时可以回来。"我没想到她会这么热情地欢迎我。我重新被家人接纳了，这让我更加坚信，把握对的时机很重要，我感觉情况已经发生了变化。

芬兰公开赛上我得了第三名，但这是头一回我没有因为失利而沮丧。我感觉充满希望。我带着两只旅行袋飞回了洛杉矶，妈妈来机场接我。

"嗨，宝贝，路上怎么样？"我坐进副驾驶座的时候妈妈问我。

"挺好的。时间有点久，但挺好的。"

我厌倦了打斗、愤怒、伤痛。我想念妈妈。

去加拿大的时候，我感觉所有人都在和我作对，我要去证明他们都是错的，我要完全靠自己去赢得全胜。那时我是在与全世界对抗，我冒险前行并顺利过关。现在我觉得自己无所不能。

---

① 布罗斯（Boras），瑞典西南部城市。——译者注

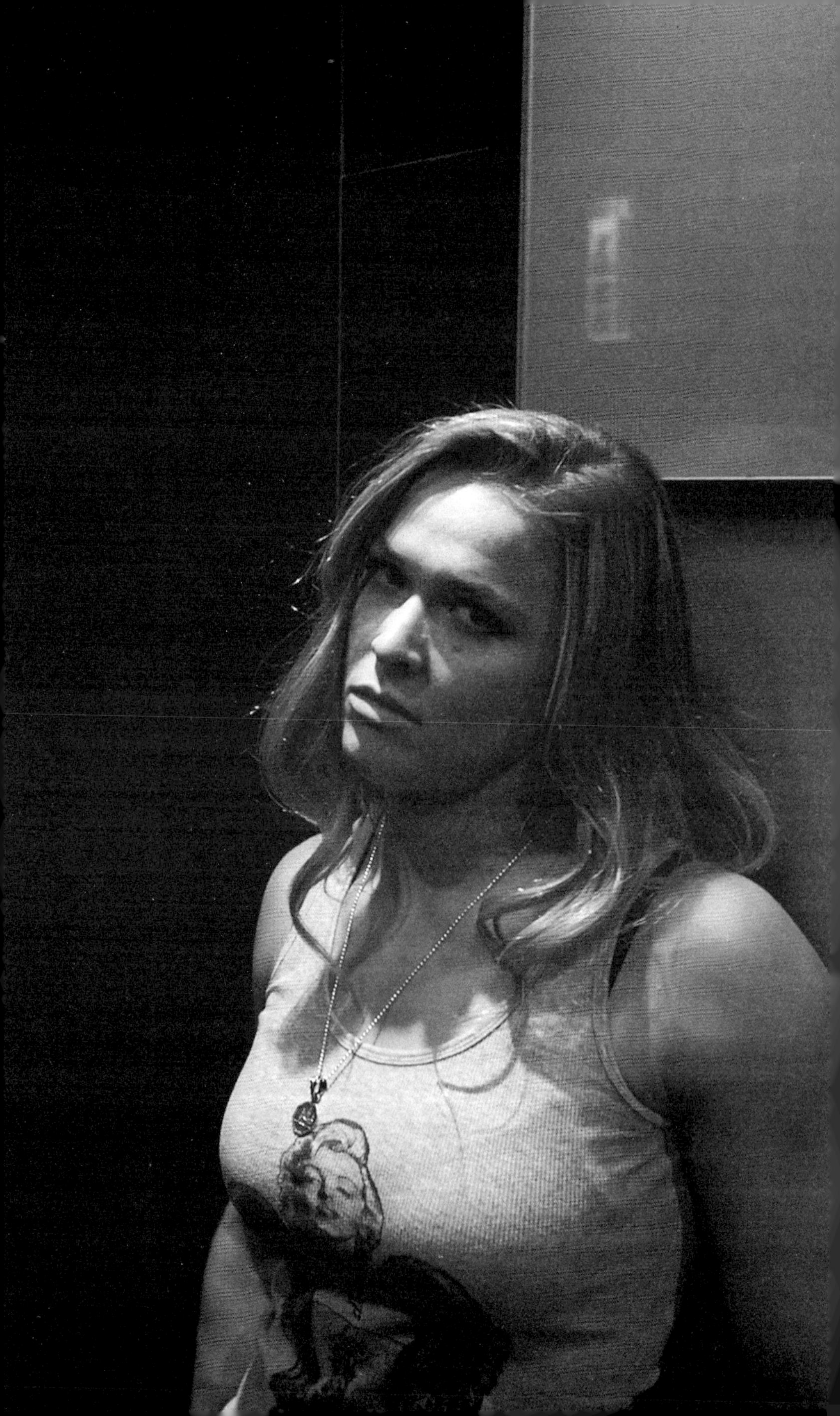

无非是一个决定而已

在我的历任前男友中，只有个别几个不是彻头彻尾的蠢货。其中一个人给我讲过下面这样一个故事，这个故事改变了我的人生。

假设你正坐在格子间里。你讨厌自己的工作，它糟透了，周围每个人都是混蛋，老板是个自以为是的人，你的工作内容会麻木头脑、吞噬灵魂。不过，再过五分钟，你就要去度假了。这是你五年以来的第一个假期，你要去美丽的博拉博拉岛[①]，在海滩上的小木屋里住上两个星期。毫不夸张地说，这是你迄今为止干过的最奢华的一件事了。

你感觉怎样？棒极了。

现在想象你正身处博拉博拉岛。你在美丽的海滩上，和一群神奇的人待在一起，玩得特别开心。还有五分钟，你就得扔下安着小伞的椰林飘香（pina colada）[②]、跟周围的人道别了。你要回去接着做那份讨厌的工作，而且之后五年都不会再有休假的机会了。

你感觉怎样？糟透了。

现在来想一想。你坐在格子间里，做着自己讨厌的工作，觉得棒极了。你坐在海滩上，手里拿着饮料，却感觉糟糕透顶。你的

[①] 博拉博拉岛，度假胜地，位于南太平洋的火山岛，属于法属波利尼西亚，独特的热带海洋风光素有盛名。——译者注
[②] 椰林飘香（pina colada），由朗姆酒、菠萝汁和椰汁调制而成的一款鸡尾酒，杯口处饰有樱桃和菠萝片，好似前文提到的"小伞"。——译者注

感受完全在大脑中形成,与你所处的环境和周围的人都没有一点关系。决定权完全在你手中。

改变生活很简单,就是做个决定、行动起来,如此而已。

回到洛杉矶之后没多久,我在最后一刻决定要参加美国柔道协会冬季冠军赛(USJA Winter Championships),都没有费心去减轻体重。比赛那天早晨,我站上秤,秤上显示73公斤。我知道自己的体重一定超过了63公斤,但此时我居然超过了上一个级别的体重上限(70公斤)。我参加了78公斤级的比赛,这比我平时参加的级别重了33磅,不过我还是得了冠军。

小吉米恰好出现在赛场上。去德国参加比赛之前,大吉姆把我赶了出来,在那之后我再也没有见过他。

"龙达,"他说,给了我一个大大的拥抱,"你在场上的样子看上去好极了。"

"谢谢。"我说,觉得有点出人意料。

"好久不见了。"

是啊,可能是因为你们把我赶出来了吧,我想。不过,虽然想发作,但我已经厌倦了与所有人斗气。

"你最近的表现真的很不错。"吉米说,"我一直在关注你的战绩。"

"谢谢。"我说。

"现在俱乐部里的情况和以前大不一样了,"吉米说,"有很多优秀的选手在我们这里训练,我们准备了一套房子,所有运动员都住在里面,情况很不错。我们希望你能回来,和我们一起训练。"

我的脸上浮现出一个笑容。这和我曾经想象过的道歉场面不一样,没有人匍匐在地、泪流满面地说"我们真是大错特错",但能让吉米请我回去,也足够令人满意了。我觉得得到了承认,我靠自己出去打拼,成绩比跟他们在一起的时候更为出色。

"那样挺好。"我说。

但我对于回到马萨诸塞州还有些犹豫。

我的整个生活围绕着"吃"展开——说得更准确些,是围绕着"不吃"展开。我总在想,在不增加体重的情况下,我最多能吃多少东西?通常答案都是"一点都不能吃"。我尝试了各种办法来抑制食欲:喝水、喝黑咖啡、吸吮冰块。每天,我生活里最大的亮点就是吃什么。这并不是因为我缺乏自律、不会控制自己或者意志力薄弱,而是因为我对自己的生活太过失望,一天之中最好的部分就是我吃到的东西。现在情况有了起色,但生活并没有彻彻底底地好起来。

从两年前我住在大吉姆家的时候起,我就一直在和暴食症做斗争。当时我可不会承认这一点,也不会用上这个称呼,但我确实受苦于进食障碍。

16岁时,我开始参加成年组的比赛。当时我参加的是63公斤级(138.9磅)。四年之后,我的身高已经从5英尺3英寸长到了5英尺7英寸①,但我还在参加同一级别的比赛,只是体重秤上的读数越来越大。

此时我的实际体重已经达到了160磅左右,比赛之前我需要减掉22磅②。要减掉这么多体重,对我的精神和身体都造成了巨大的负担。

不管我怎样刻苦训练,减到标准体重是越来越困难了。先吃下去再全部吐出来不是个好办法,但在减重和维持体重的时候特别常用,在轻量级的柔道选手和摔跤手中间尤其如此。

为了达到要求的体重,我同时使用了断食和清理肠胃两种办法。比赛之前,我会在长达一周的时间里连一顿像样的饭都不吃。这样我会一直觉得很累,不仅身体上疲惫不堪,还会昏昏欲睡。想要进食的念头非常折磨人。平时,我会在吃完之后逼自己吐出来。即使用了这些极端的办法,我减到63公斤也很困难。

自从离开大吉姆家,我一直掩盖着这个秘密。有一段时间,我试着不用催吐的办法,可是到头来却发现这好像是最简便的做法。我实在太

---

① 5英尺3英寸约折合160厘米,5英尺7英寸约折合170.2厘米。——译者注
② 22磅折合约10千克。——译者注

饿了,就又坠入了催吐的深渊。

不过这一次,情况发生了变化。回家之后,我开始和一个叫鲍勃的男孩约会。(鲍勃不是他的真名,但妈妈管她女儿的所有男朋友都叫鲍勃。男孩只有在结婚、成为家庭中的一员之后,才会被妈妈以真名相称。"如果他不会一直在这儿待着,为什么要浪费时间记他的名字呢?"妈妈如是说。)

有一天我饿得难受,又筋疲力尽。我瘫坐在鲍勃身边,之前我们从未讨论过我的饮食问题,但他把一切都看在眼里。他问我为什么不停止节食。

"没有这么简单。"我为自己辩护。

"无非是下定决心,决定不节食而已。就这么简单。"

然后他给我讲了博拉博拉岛的寓言,我脑袋里好像有个转换开关被"啪嗒"一下打开了,我当时就决定不再催吐。就我的健康而言,这样的改变是最好不过了,但在减重这方面,情况开始变得更糟。不再清空肠胃之后,我的体重变得更加难以控制,但我自信可以减重成功。

2007年1月,我回到了佩德罗家。我搬进了运动员住的那座房子,觉得自己真正融入其中了。我长大了一些,而且在马萨诸塞州这里训练的运动员也要比贾森带的那一拨人更专注于柔道。大家都欢迎我加入,大吉姆似乎很愿意让我回到他那儿,他有自己独特的方式来表达这种情感。之前在比赛中相遇时,我们只是简单地互致过问候。房子里住着七个人,其中六个是练柔道的,四男两女,还有一个是米奇·佩德罗的朋友。我有自己的房间,还有一张货真价实的床。我的生活好起来了。

我的一位室友里克·霍恩(Rick Hawn)在家得宝(Home Depot)[①]工作,他们公司的一个项目会聘用有追求的奥运选手。我也去报了名,获得了一份家得宝公司的工作。

鲍勃和我正在尝试异地恋,我离开家的时候和家人关系不错。好长

[①] 家得宝(Home Depot),美国家居建材零售商。——译者注

时间以来，这是第一次所有事情都顺风顺水。我很开心。

一月底，我去欧洲参加欧洲巡回赛中的一系列比赛。

第一场比赛是英国公开赛。

欧洲巡回赛中的称重过程都是一团糟。在奥运会或者世锦赛上，每天只有一个或者两个级别的比赛，但在其他顶级比赛中，每个级别里的所有选手都在同一天参加比赛。这就意味着将有来自不同级别的好几十个姑娘，她们个个饥肠辘辘，都想马上称完体重，现场没有任何礼节可言。我站在一个不封闭的房间里，室内满是一丝不挂、只有护照可以遮羞的姑娘。选手们都在等待，有的人在准备自己称完体重之后要喝的饮料、要吃的食物。大家都在等着赛前称重正式开始。

一位女负责人宣布开始称重。

屋里所有裸着的女孩都冲向体重秤，四处都是乳房和护照。

一大群选手都在空中挥舞着自己的护照。工作人员开始抓过护照，念出它们主人的名字。女孩子们一个推一个，我被吵吵嚷嚷的人群裹挟，好不容易才挤到了前面。

我曾经羞于在公共场合裸露身体，但在这一类的场合中，你的自我意识很快就烟消云散了。如果你挨饿已经一个星期，脱水到了生不如死的地步，而你和一瓶水之间只剩下了一帮赤裸的姑娘，为了率先站上体重秤，你不会介意跟随便哪个国家的人摩肩接踵、蹭来蹭去。

我成功达到了级别要求的体重，一口气喝下了好几瓶水和佳得乐。冰冷的液体让我有些发抖。后来在场馆里，我裹着毯子，还在发抖，队友贾斯丁·弗洛雷斯（Justin Flores）和我在一起。

贾斯丁在垫上来来回回地冲刺了几趟，想让自己暖和起来。突然他转过身，跑向通往室外的侧门。

"你怎么了？"他回来的时候我问他。

"我吐了好多回，"他说，"不过现在感觉好点了。你怎么样？"

称完体重之后呕吐再常见不过了，这是因为禁食、脱水好多天的运动员吃得或者喝得太多太快。但我从来没有在赛前称重之后吐过。

"我没事，我没事。"我说。我的身体还在颤抖。

"好吧，你看上去很虚弱。"他咧嘴一笑说道。

我感觉的确很虚弱。工作人员喊到我的名字了，我把所有东西一股脑儿推到旁边。前三轮比赛我都赢了。按规定，半决赛之前应该有场间休息。谢天谢地，我想，我真需要一点时间来恢复一下。但当我查阅赛程时，我发现有一场半决赛被移到了场间休息之前，那正是我的比赛。"混蛋啊！"

我的下一个对手是来自英国的莎拉·克拉克，她是当时的欧洲冠军。大家都知道减重几乎要了我的命，这次比赛之前减轻体重的过程尤其艰苦。英国公开赛的组织方认为这是一个好机会，可以让他们的选手占据优势。

半决赛进行到一半，我们俩倒在了垫子上。我腹部触垫，克拉克则压到了我身上。我感觉就好像有人跳到了我的肚子上一样。还没等我咬紧牙关，我就吐在了垫子上。我害怕我会因此被取消资格——如果选手在垫上呕吐，就会被逐出比赛。但当时我正脸朝下趴在自己的呕吐物上，双臂交叉。我设法在别人看到之前把它擦干净了。

比赛一直进行到"金分加时赛"（又叫"骤死"）[1]，我最终赢得了胜利。我走下垫子，贾斯丁伸开双臂来拥抱我。

"我之前不知道你这么厉害。"他一边把我拉过去一边说。

他皱了皱鼻子，又补了一句："你身上有股呕吐物的味道。"

"是啊，我吐了。"我胆怯地说。

之后一场比赛我又赢了，我获得了英国公开赛的冠军，却根本没法享受胜利的喜悦。之后一周就是比利时公开赛，我已经开始为减重的事担心了。

在之后的几天里，我裹着塑料薄膜制成的运动衫（可以增加流汗量）跑过了相当于好几个马拉松的路程。我让自己挨饿、脱水。我坐在桑拿

---

[1] 金分加时赛，柔道比赛若双方在常规比赛时间内得分相等，就将进行加时赛，任意一方取得得分后比赛即结束，得分一方赢得比赛的胜利。——译者注

房里，看着火苗从加热的石块上窜起来。我冲出桑拿房，想躲开火焰，却听说这只是中暑导致的幻觉。

在比利时，我成功减到了要求的体重，却根本没有取得任何名次。身体垮了，可我拒绝放弃。

"超级世界杯赛"（The Super World Cup）将于之后的一周在巴黎举办，这是本次巡回赛中最重大的一项赛事。我提前几天到了巴黎，到那时为止，我已经整整一周没吃过一顿正常的饭了。每天我只是喝几小口水。我站上秤，想看看自己的体重。66.6 千克。我盯着这个读数，万念俱灰。

我上了楼，打开热水朝浴缸里加水，想试试再出一场大汗。可是整个宾馆都没有热水了，因为所有来参加比赛的运动员都在减重。

我找了一家健身房的桑拿房，坐到最高的地方，尽可能挨近加热器，头抵着木头墙板。我都能闻到头发烧焦的味道了，可是并没有出汗。

我放弃了。我给正在家里的吉米·佩德罗打了个电话。

"我做不到，"我一遍一遍地说，"我减不到级别要求的体重了。"

"不，你会减下来的。"他说，"你得减下来。回去，你得再来一次。"

在整个运动生涯中，我只有这么一次说过我减不到级别体重，我甚至从来没有承认过我在减重过程中吃过什么苦头。我终于让自己鼓起勇气说出实情、接受失败。

见鬼去吧，我想。我根本不可能减掉 3.5 公斤。

我解决掉了所有原本准备留到称完体重之后再吃的零食——水果、什锦果仁、格兰诺拉燕麦棒，然后去见鲍勃。鲍勃为了看我比赛飞来欧洲，住在巴黎的一套公寓里。他已经买好了一些食品杂货。我给自己做了一个奶酪三明治，没有去称体重，也没有去参加比赛。这时我已经开始考虑之后的打算了，都没办法好好享受大餐。失败让我觉得羞耻、尴尬，但我相信，如果我能赢下在奥地利举办的下一轮比赛，之前的种种都是可以被原谅的。

这天下午我到了林茨（Linz）①。一年一度的奥地利世界杯已经在这里举办了几十年了，妈妈也曾经在这里参加比赛。我办理了入住手续。还有不到 24 小时，我需要减掉将近 10 磅，还要为比赛做好准备。

作为柔道选手，你需要安排好自己的日程，在没有教练的情况下独自旅行，自己给自己筹钱，去世界各地代表国家参加比赛。有时美国柔道协会会在几个月之后给我报销，有时则不会。我在一家酒店订了房间，在过去几年里，赛事接待酒店都是这一家。

我早早抵达林茨，到了我预订的酒店。我推开玻璃门，在大厅里寻找其他国家队的运动衫、印有国旗的行李袋和其他选手，可是前台旁边空空荡荡。

太好了，也许我可以早点住下来，我想。

前台接待示意我走近柜台，"您好，欢迎来到林茨。"她说话带有浓重的奥地利口音，把字母"w"都发成了"v"。

"谢谢，"我说，"我用鲁西这个名字订了一个房间。"

她往电脑里打了点什么。

"没错，您在我们这里订了六天的房间。"她说。

"对，我是来参加比赛的。"我说。

"真好。"她说话的口气表明，她完全不知道我在说些什么。

好吧，不是所有人都关心体育。我悄悄地想。

她把房间的钥匙递给了我。

"有往返的班车吗？"我问。

"班车？"这下她好像糊涂了。

"对，一般来说会有班车送我们去比赛场地。"

"我不清楚您指的是什么。"她说。

"呃……好吧，也许你可以问问别人。"显然我们之间存在着某种语言障碍。我已经有将近 48 小时没吃过一点东西了，我的耐心已经消磨得

---

① 林茨（Linz），奥地利北部城市。——译者注

所剩无几。

"没问题，"她微笑着说。她转向另一个前台接待员，他们用德语简单地交谈了几句。她同事耸了耸肩，这个动作全世界的人都看得懂，意思是"我完全不知道你在说些什么"。

"抱歉，"接待员对我说，"我不知道有这个比赛。"

我感觉心往下一沉，有什么地方出问题了。

她把房间钥匙递给了我。

"希望您在这里住得满意。"她欢快地说。她看我的眼神像是在看一个精神状态不稳定的人。

上楼进了房间之后，我把行李袋扔在地上，拿出笔记本电脑，用谷歌搜索了"奥地利世界杯"，除了足球网站之外什么都没有。

我又输入"奥地利世界杯柔道"。我点击其中一个网页，页面边加载我边往下看，比赛的举办地是维也纳。

"见鬼了！"我用尽全身力气尖叫起来。

我开始鬼哭狼嚎。我给妈妈打了电话。

听声音她现在晕乎乎的，我把她吵醒了。但即便是在这个时候，她的头脑也和捕兽夹一般犀利。她刚巧看到一篇文章，说在这个周末的比赛中，比我更大体重的级别里没有一个美国选手参赛。

"你接下来该这么办，"她说，"你去给瓦莱丽·戈泰（Valerie Gotay）打个电话（瓦莱丽去参加比赛了，她是女子轻量级的选手）。你跟瓦莱丽说，让她今晚去参加教练会议，把你转到70公斤去。林茨离维也纳并不远，你早上去机场买票就行。你可以去参加比赛，一切都会顺利的。"

"可是她们都比我块头大。"我说。我还在哭。

"不会，她们肯定都是70公斤，也就是你现在的体重。"妈妈说。

我不知道该说什么。

"你可能会觉得这很糟糕，但这还不是可能发生的最糟糕的事情。"妈妈接着说。"你在63公斤级占据前十已经好多年了，所有选手都会以你为目标进行训练，可是70公斤级里没有人知道你会来参赛。只管出场打就是了，反正也没有人对你抱有期待。"

她的逻辑有镇静效果。

"去找点东西吃，你为了减重都快把自己逼死了。"她又补了一句。

我挂了电话，然后吃掉了迷你吧里所有的东西，味道真不错。

忽然之间所有压力都烟消云散了。我花了那么多时间去内疚，内疚我让所有人失望了，内疚我输掉了比赛。现在，我意识到我始终都有这个机会去做出改变，我要做的只是下定决心。

第二天早上，我吃了早饭，飞赴维也纳，赶到了比赛现场。我达到了级别要求的体重并一举夺冠。那是我参加过的所有比赛中赢得最漂亮的一场。

我走上垫子时，还有几秒钟第一轮比赛就要开始了。那时我意识到，这些女孩并没有比我强壮啊。她们比我之前的对手要重15磅，但并不比她们更强壮。直到那时我才发现，待在较低重量级让我折损了多少精力。

更重要的是，我是在享受比赛，这是我记忆中的第一回。我意识到为了比赛而减轻体重已经占据了我的整个参赛体验。一旦体重的问题不复存在，我需要关注的事情就只剩下了打好比赛和玩得开心。其实，赢下奥地利世界杯的那天我就非常开心。我对自己或者其他任何人都不抱什么期望。我没有觉得我必须努力争取去对得起什么东西，我只需要做到我的最好水平就可以了。

我以前总是说"改变没有那么容易"。

但其实它就和下定决心一样简单。你随时都可以做出决定，如果这个决定效果不好，你还可以再做一个决定。

我们在何时丢掉了梦想？

孩提时代，我们都被教导要有远大的梦想，要认定一切皆有可能：你可以在奥运会上夺冠、可以当选总统。后来，你长大了。

人们总在说我是多么高傲，但他们没有意识到我付出了多少努力才走到今天。我这么刻苦，就是为了能让自己看得起自己。当有人说"噢，你太自大了，你太骄傲了"的时候，我觉得他们的意思是我太高看自己了。我想问问他们，"你们觉得我对自己的评价应该降低一些，你们有什么资格来让我这么做？"

人们总想把自己的不安全感投射到别人身上，但我拒绝让他们把不安全感施加给我。你觉得自己不能成为世界最强，并不意味着我不该有这种自信、不该相信自己无所不能。

从维也纳回来的时候我心情很好。我不再让自己挨饿，我赢得了比赛，我有一个特别棒的男朋友，我和一群自己喜欢的人住在一起。尽管训练很辛苦，但有些内容十分有趣。

我特别期待每周四的训练，而等周四那天真正到来的时候，我会倒计时数着还有多少时间能开始训练。自从退役之后，小吉米就不怎么来俱乐部了。大吉姆每周四都在消防站下班，所以这天成年组的训练由里克·霍恩负责。有一个周四，里克建议我们在结束之前练一组不穿柔道服的格斗（用的是寝技，但运动员没法在打斗时抓住对方的柔道服）。那是我们有史以来练得最开心的一次。从那次开始，我们每周四只练无柔道服格斗。我们到体育馆之后，里克会放起音乐来，我们几十号人那个晚上就练格斗。大吉姆知道我们每周四在练无柔道服格斗，但我们练习的很多内容会在比赛中反映出来，所以只要我们是在练习，他就不怎么在意。

之后，我们会去Chili's。我刚刚满21岁，会点上一杯草莓玛格丽特，慢慢小口啜饮，一边享受又甜又凉的饮料，一边陶醉在同辈友情之中。

我们刚从欧洲回来，在佩德罗这里训练的一个男生便邀请我们去他家看格斗比赛。娱乐时间电视网（Showtime）[①]转播了一项重要的综合格斗赛事，当时我们不在，他就把比赛录了下来。我们偶尔会聚在某个人家里看格斗比赛，以此放松身心。他家里有啤酒有比萨，我拿了一块比萨。开始放比赛录像了，我们全挤进了客厅。那是2月10号的比赛，我对综合格斗没什么特殊的感觉，但我的柔道队友们都十分热爱这项运动。在场的除了我和同住在佩德罗家的阿斯玛·沙里夫（Asma Sharif）之外都是男生。我们不时大笑，气氛轻松。

垫场赛正在进行，这种比赛看上去很有意思，但没什么值得记住的东西。这时吉娜·卡拉诺（Gina Carano）和朱莉·科德兹（Julie Kedzie）走进了八角笼。我惊呆了，之前我不知道女运动员也参加综合格斗赛。

格斗开始了，整个房间安静了下来。这是一场不遗余力的对决，室内沸腾了。我盯着她们的一招一式，不断看见这两个女选手犯下错误、错失良机。那时我就知道，虽然我从来没有试过综合格斗，但她们两个我都可以击败。

不过比起两名女选手当晚的场上表现，对我触动更大的是屋里男生的反应。他们心存敬意。这些女孩很漂亮，没错，但他们谈论这些女孩的语气与他们谈论拳击宝贝时大不一样——那些穿着比基尼、举着标示当前轮数的号码牌的女孩，他们说起那些人的时候就好像是在议论脱衣

[①] 娱乐时间电视网（Showtime），美国付费有线电视网，隶属于哥伦比亚广播公司。——译者注

舞女。而当男生说起女格斗手的时候，会带着一种欣赏的态度去谈论她们的外形。在他们脸上，我看到了敬意。虽然我每天都和他们一起训练、一起流汗，可我从来没有从他们那里获得过这种反应。

经过三轮较量，裁判们一直认为吉娜·卡拉诺获得了胜利。到对决结束时，房间里每个男生都在议论这些女选手有多了不起。她们很棒，但我相信我可以把她们俩都打趴下。

我不敢把这话大声说出来。我知道所有人都会嘲笑我，所以我把它藏在了心底。

我正在为北京奥运会做准备。折戟雅典一直让我耿耿于怀，这一回，我要带金牌回家。醒着的每一刻，我的注意力都放在训练上。所以当参加综合格斗的念头闯进脑海的时候，我直接把它赶了出去。

2007年春天的一个早上，我正在去马萨诸塞州韦克菲尔德那家家得宝的路上。一般情况下我会搭里克的车，但如果我们轮值的时间不一样，我就一边听音乐一边走这段一英里半的路。树上的嫩芽刚开始萌发，但新英格兰地区的冬天还没有彻底过去。虽然太阳已经升起来了，可空气还是凉飕飕的，我把运动衫的帽子扣到头上。家得宝店标志性的亮橙色围裙在我手里，不到非穿不可的时候我总不愿意套上它。走在I-95高架桥①下的时候，我随着"Peanut Butter Jelly Time"的旋律快速点着头。我脑子里正想着Youtube视频中那只跳舞的香蕉，"花生黄油果冻爽，花生黄油果冻爽"（"It's Peanut Butter Jelly Time. Peanut Butter Jelly Time"）的词儿从耳机里传出来。不知不觉中，我已经开始给自己编起了综合格斗赛获胜的庆祝舞蹈。我欢庆胜利用的曳步舞和那只打满马赛克的香蕉的摇摆舞大同小异。"你人呐？你人呐？"（"Where ye at? Where ye at?"）②

汽车从我的头顶上疾驰而过。我加快了脚步，以跟上歌曲的节奏。

---

① I-95，又称95号州际公路，贯穿美国东海岸，北起美加边境，南至佛罗里达州境内。——译者注
② "你人呐？你人呐？"（"Where ye at? Where ye at?"）和上文的"花生黄油果冻爽，花生黄油果冻爽"（"It's Peanut Butter Jelly Time. Peanut Butter Jelly Time"）均为搞笑动画视频"Peanut Butter Jelly Time"中的歌词。——译者注

这种感觉真好。在柔道比赛中,你不可能通过跳舞来庆祝胜利,只能彬彬有礼地微微鞠躬,上天也不允许你在取胜之后挥拳。要是跳上一曲胜利之舞,那全场的人估计都得得冠心病了。但综合格斗大不相同。综合格斗看上去就属于那种懂得欣赏高质量的胜利之舞的运动。

我想象着上场角斗、赢得胜利,与我的助理们拥抱。

我又一次试着把这样的念头从脑子里驱逐出去。这是一个荒谬的奇幻故事,我把自己的想法拉回到更现实的事情上来——夺得奥运会的冠军。我专心想着站在领奖台最高处、脖子上挂着金牌的场面。

我想象着美国国旗升起、《星条旗永不落》的旋律回荡在体育馆里,但脑子里的旋律刚播放到铍声带出的那句"在勇者的家园上飞扬"("And the home of the brave"),我却情不自禁地跟着耳机里真正放着的"你人呐?你人呐?"摇晃起来。

我放弃了与这样的念头对抗,任我的思绪飘回想象中站在八角笼正中的时刻,我举起手来,周围的观众正在欢呼。我想象着我的队友在电视上观看我的比赛,在屏幕那头为我欢呼。

如果你不敢有远大的、荒谬的梦想,做梦又有什么意义?

卓越终会受人赏识

我曾经在三十个国家被人喝倒彩，甚至在赢得无限制格斗赛之后被人喝倒彩。比起喝彩声，我对人群中发出的嘘声更为习惯。我从来都不是广受粉丝喜爱的人，在我的竞技生涯的大部分时光里，遇到的大都是满心希望看我输掉比赛的人。

在无限制格斗赛中，我安心接受了自己的反派角色。我不会回避争议，有机会申明个人看法的时候我也不会退缩。这种习惯并不总能讨得大众的欢心。在一个人们总爱支持弱者的世界里，我却总当夺冠热门——而且我总能取胜。

但有些时候，不管你是谁，不管你代表哪一方，人们会为你的表现而深深折服，以至于忘掉其他一切。如果你的表现足够出色，那其他东西就都不重要了。

妈妈说如果你想成为世界上最出色的选手，那在你运气最糟糕的时候，也必须具备每一场比赛打两遍赢两遍的能力。她当然是对的，不过也有一些这样的日子，你一觉醒来，就知道今天没有谁可以跟你闹着玩。2007年里约热内卢世锦赛，比赛那天早上，我一醒来就有这种感觉。我醒来的时候简直已经做好了杀人的准备。

我们几天之前就已经抵达了里约热内卢，住在埃尔旅馆（El Motel）——相当于是巴西的"速8酒店"。有的队友抱怨房间不好，但我不需要任何花哨的东西。再说，和大多数其他比赛不同，这回美国柔道协会至少帮我付了房钱。

比赛那天我起得很早，想搭乘第一趟班车去称体重。我站上秤看了看，正好 70 千克。这有点冒险，但达到体重要求没有问题。下楼去大厅的路上，我遇到了瓦莱丽·戈泰。瓦莱丽体重比我轻，她已经比赛完了。

"你听到消息了吗？"她问。

我完全不知道她在说些什么。

"有个 66 公斤级的男选手要减体重，他昨天晚上跑步的时候被人捅了一刀。"

"哦天哪。"我答道。

"说起来，我正要出门。"我说。

"你知道秤的事了吗？"她问。

我眯起了眼睛。"没有，怎么了？"在称重之前说起这个，一定不是什么好消息。

"我们的秤偏轻。"她说。这就是说美国队的体重秤上的读数要小于实际体重，赛事主办方用的秤要重 0.4 千克，这样我就超重将近一磅。如果你站上称重处的秤，结果不符合级别所要求的体重，那你就不能参赛了。称重没有第二次机会。

"你这是开玩笑的吧！"我大喊一声，把包扔到走廊的地上，大厅里好几个人转过头来。

"你要去哪儿？"瓦莱丽问。

"去我的房间！"我扭过头喊，"我差点都要跑去称体重了，美国柔道协会这群没用的废物。"

我冲进自己的房间，穿上塑料薄膜制成的塑料运动衫。这套衣服可以防止汗液蒸发、为身体保温并促使你出更多的汗。然后我又在外面套上平时穿的汗衫，戴上帽子。我重新出门，穿过大厅，走过准备接运动员去称重的班车，开始跑步前行。从比赛接待酒店到赛前称体重的地方有一英里的路。

在九月的里约热内卢，阳光十分毒辣，汗水滑过我的脸颊。我可以感觉到热气被捂在塑料运动衫下，在皮肤表面凝结成汗液。正当我快速奔跑的时候，我突然想到前一天晚上，正是在这条路上，那个66公斤级的男选手正是在这条路上被人捅了一刀。

如果今天有人敢来捅我，他会死的。我暗自想。我可没有心情受任何人的气。

我转过一个弯，看到赛事接待酒店的标志，还有酒店后面形状不规则的九星级度假胜地。

"这不可能！"我大声喊道。

这是美国柔道协会的官员们给他们自己预订的酒店。我跑过一条长长的、修缮得整整齐齐的车道，跑向大厅门口。服务生拉开了大门，一股冷气迎面扑来。赛前称重的房间还没有开门，但大厅另一侧的房间里有体重秤，运动员可以称一称自己的体重。我走进去，脱掉了汗衫和湿透的塑料运动衫，站到秤上。70.2公斤。

我嚎了一声。要把已经沾了一身汗的塑料运动衫重新穿回去，没有什么比这更折磨身体了。这就好像是套上一个湿漉漉的垃圾袋，只不过从上面往下淌的不是水而是汗，它还会紧紧粘在皮肤上。我把运动衫套在塑料薄膜外面，重新回到室外，回到热带火辣辣的烈日下面，又沿着尚客路（Shank Road）跑了一趟，然后冲回室内。

走进大厅的时候，我看到和我同一级别的日本女选手正从电梯里走出来。日本队就住在这里，里维埃拉丽兹豪华酒店（Hotel Deluxe Riviera Ritz）。她和两个教练走在一起，毫无疑问，她的教练肯定看了好多个小时的对手比赛录像，这会儿正在和她一起讨论。她穿着赞助商提供的设计款运动衫，拿着与之配套的赞助商提供的设计款包，但让我忍无可忍的是她还拿着一把小茶壶，上面套着赞助商提供的设计款茶壶保温套。

我快要疯了。

美国柔道协会只给我们提供了配套的运动衫，所以我当然不会有那个配套的茶壶保温套。即使我有，肯定也不会把它带在身边，而是放在埃尔旅馆。我必须得沿着尚客路跑回去，去拿那个混账东西。我脖子上汗毛直立，全身上下每一块肌肉都绷紧了。我咬牙切齿，攥紧了拳头，指甲都嵌进了掌心。

你是我的第一个对手，我在心里对她说，一会儿来收拾你。

走到那台非正式的秤旁边，我又一次剥下塑料运动衫，站了上去。70公斤。现在我得去大厅那头称体重了。看看丢在地上的一堆汗衫，我绝对不可能把它们再穿回去了。我拿浴巾裹着身体，走进大厅，大厅里面都是人，有运动员、赛事官员、教练、裁判，还有几个游客。我走过的时候，所有人都转过来看着我。我用一只手抓着浴巾，直视前方。如果我可以竖着中指走过这一路，不用担心会因为违反了赛会行为规范而惹上麻烦的话，我一定会这么做的。

我走进房间，正式称重正在进行中。因为这是世锦赛，比赛组织者安排选手排起了队。我站在队伍里接近末尾的地方，紧紧盯着每一个达到体重要求之后走向门口的女运动员，暗下决心要在比赛开始之后把她打趴下。终于轮到我了。我称过体重，喝了一些水，坐班车回到酒店，收拾好比赛要用的东西，准备让那些妞们吃点苦头。

柔道圈里有一个常说的段子，说美国运动员总是抽到最差的签，因为最好先打容易对付的对手，可以热身。当一个美国选手抽到第一轮对阵一个日本选手的时候，人们总会大笑起来。柔道起源于日本，日本人也十分重视柔道。在美国柔道界成为最优秀的选手并不太难，但要想在日本称雄，你就必须有真本事。日本选手几乎总是夺冠。比赛的前一天晚上，抽签结果会在教练员会议上公布。有的人会把他们所有有可能出现的对阵情况都画出来。我每次只看一场比赛，从不提前考虑我也许会碰到谁。

"反正不管怎样，都得把她们全部打败。"我想。

我对日本选手的那场比赛开始得很早，场内才坐了四分之一的人，但日本观众助威的声势不减。他们拉拉队的组织者喊了点什么，和以往一样，日本观众以欢呼回应。我从来不会让自己被观赛的人群所影响，但人群总会影响到裁判。我通常会先得一分，评估周围的情况，了解裁判可能在想些什么。之后我就会屏蔽掉这些噪声。

我盯着垫子对面的她。

让你的茶壶保温套见鬼去吧，我想。

我把比赛变成了一场斗殴，这对于日本柔道选手来说是最糟糕的局面了。他们非常传统，专注于合乎规范的技术。我倒在地上猛拉硬推，转得她失去平衡，把她摔到垫上各个位置。

我们把垫子抹了一遍，我摔倒了她两次，以一个"waza-ari"（半分）和一个"yuko"（约相当于四分之一分）取胜。她一分未得。

接下来，我遇到了伊莲妮雅·司卡班（Ylenia Scapin），一位两次获得奥运会奖牌的意大利选手。之前我们从未相遇过，所以我也不知道该做什么准备。抓住对方的那一刻，你就能感受到她的力量。很明显，在和我交过手的女选手里，她是最强壮的一个。强壮的柔道选手会带来一系列新挑战，被她们抢手之后很难挣脱，她们的防守也要强得多。

说句不好听的话，我从来没有害怕过司卡班，但要抓住她、要用投技确实更困难。身体强壮的对手不一定更具威胁，但身体强壮使得他们更难被控制住。

比赛的头一分钟里，我摔倒了她，获得了一个半分。她在我身上也一分未得。

这之后，我在半决赛中遇到了来自巴西的梅拉·阿吉亚尔（Mayra Aguiar）。她是主场观众最期待的选手。比赛现场不断有观众进来，现在已经有四分之三的人了。和日本观众以及日本拉拉队组织者构成鲜明对比的是巴西观众，那完全是一片混乱。巴西观众是我见识过的最疯狂、最热情的观众群体，他们会吹喇叭、挥国旗。巴西观众举着一面巴西国旗，覆盖了一整块看台。

我走上垫子的时候，他们冲我发出嘘声，用葡萄牙语唱着"你会死去"。我注意到了这阵吵闹声，考虑了一下它会对裁判造成多大的影响。我必须赢得更明显才行。顶着观众席上发出的怒吼声，离比赛结束还有

30 秒时，我将她摔倒在垫子上压住，获得了"一本"。走下垫子的时候，巴西观众恶毒地冲我喝起了倒彩。

我进了半决赛。对手是上届世锦赛冠军埃迪斯·波什（Edith Bosch），她来自荷兰，身高六英尺，有八块腹肌。站在她身边，我就像是一个霍比特人。

波什和我第一次交手是在一个月之前的德国公开赛上。冠军判给了我，她因为对我违规使用"十字固"而被取消了成绩。使用"十字固"时，她把我的肘关节弄脱臼了。

如果说我参加 70 公斤级比赛时有一个劲敌，那她就非埃迪斯·波什莫属。你记得电影里有这样的场面么，一个英雄人物打掉差不多五个对手之后嘲讽地说："你就只有这么点人了吗？"话刚说完，他一转身，发现自己正面对着一个巨人，他的头才刚刚能够到巨人的肚脐眼。埃迪斯·波什就是这个巨人。

我知道波什一定对这样的对阵很满意，她觉得自己抽到了一个好对付的对手。我希望确保这是她最后一次因为遇到我而感到开心。

裁判一说"Hajime"（开始），波什做了什么？又是害她在德国被取消了成绩的那招，她还又一次把我的肘关节弄脱臼了。不过这一回，裁判没有看到这一幕。

我瞥了一眼自己软绵绵的手肘，又把目光移回到波什身上，用眼神说："你这是在逗我玩吗！"我不相信她又使出了这种阴招，也不相信她可以逃脱惩罚。我又看了看裁判，什么都没有发生。

我真想尖叫一声，但争执毫无意义。一阵刺痛马上将我拉回了现实。我这辈子从来没有放弃过一场比赛，我也百分百不会在世锦赛半决赛上退赛。

我打起精神来，收紧左臂肌肉并深呼吸。我用右手抓住紧挨着脱臼的关节的那段小臂，用尽力气一推，"嘭"的一声，关节复位了。这个复位手术疼得我龇牙咧嘴，但肘关节归位之后，伤处的剧痛也平复下来，变得可以忍受了。

我瞪着垫子另一头的波什，她看上去毫无悔意，这让我愈发愤怒。我直直地盯着她，抖抖手臂，心想，去死吧，混蛋，我还要继续前进。

五分钟的比赛进行到大约一半时，波什在我身上得分了，她占据了领先。接下来两分钟里，她尽量避免和我发生任何身体接触，想拖延得久一点，把时间耗尽。她的策略很有效。

还剩三十秒，我念了大概一千九百万遍祈祷词。我抬起头来盯着房梁，与上帝对话。我觉得这场对话持续的时间长得不可思议。

"求你了，上帝，帮帮我。"我恳求道，"求你帮我破这个局，就这一场比赛。"

时间一秒一秒地消逝。

29秒。求你了，上帝。我上前抢手。

28。求你了，上帝。波什把我推开。

27。求你了，上帝。我又一次上前去抓她。

26。求你了，上帝。波什移动脚步，好像要使用投技。

25。求你了，上帝。她没有半点可以摔倒我的机会。

24。求你了，上帝。我动手了，时机极好。

23。求你了，上帝。我用单手抓住了波什，之前她弄脱臼的正是那一侧的手肘。

22。求你了，上帝。我转过身去，在杠杆作用下，波什被从地上掀起，越过我的头顶。她从空中划过，当着上帝和所有人的面。

21。求你了，上帝。砰！她背部触垫。一本，我直接赢下了比赛。

20。谢谢你，上帝！

波什脸朝下在垫子上趴了一会儿，好像不敢相信自己输掉了比赛。

场馆里沸腾了。之前全场都在看我们的比赛，看到我以弱胜强的一幕，所有人都疯狂了。人群中爆发出欢呼声。

观众的掌声与我是谁、我来自哪里毫无关系。在那一刻，他们并不介意这些，因为他们见证了令人惊叹的一幕。

我和波什那场比赛是我唯一一次在柔道赛场上享受观众的欢呼。那是我柔道生涯中最激动人心的一刻，但这种兴致转瞬即逝。我试着忽略掉阵阵作痛的肘关节，迅速把注意力集中到了决赛上。

在冠军之争中，我的对手是法国的热夫丽丝·埃马内（Gévrise Émane）。比赛的第一分钟里，我被判了一个愚蠢的罚分，一下子就落后了。几秒之后，她凭借一个投技动作得了分，但那次出手是不是应该得分，至少是有待商榷的。比赛进行到半程，我使用投技得了分，这下我离追平比分只剩下非常小的分差了——可是裁判们商量了一下，把分数改判给了我的对手。在分数上占据明显的领先优势之后，比赛剩余的时间里她一直试图躲开我。还剩不到一分钟时，她因为拖延时间而被罚分。比赛进行到最后几秒，她飞快地跑开了。

我和世界冠军擦肩而过。每当我闭上眼睛，甚至只是眨一下眼，我都能看到埃马内兴高采烈挥舞双臂的样子。我不能怪任何人，只能怪自己，是我让这场比赛落到了要比拼得分的地步。我输掉了比赛，现在我觉得连呼吸都痛。

那天的比赛结束之后，我走上了看台。几个小时之前，坐在这里的人们曾经那么响亮地为我加油。我必须打个电话给妈妈，但是现在我还做不了这事，打这通电话需要我有力气把"我输了"说出口。我的五脏六腑都扭曲了。我爬到坐席的最高处，运动场内几乎全空了。我在一排座位的尽头坐下来，靠着墙角，抱起膝盖来顶住胸口。那是爸爸去世之后我哭得最凶的一次。

输也要输得光彩

我总是瞄准终场，尽我所能直到最后一刻。保守求稳最终失利对我来说真是太可怕了，我就是无法接受不倾尽全力的做法。我宁可冒比较大的风险，念上一句"万福玛丽亚"、祈祷这招管用，也不愿意因为在最后几秒钟里求稳而断送前程。"要是我在最后关头疯狂尝试了一把就好了"，从这个念头中生发出来的后悔是我没法忍受的。我不能把希望押在裁判的有利判罚上，我得趁自己还能掌控命运的时候把所有看家本事都使出来。

我永远不会安心接受失利的结局，但如果以错误的方式结束比赛、带着后悔输掉比赛，这将伤及我的自尊。我从来不曾选择以这种方式落败。

里约热内卢的比赛结束之后，我的全部精力都转向了北京奥运会。还有不到一年就是奥运会了，如果我不在为奥运会训练，那我就是在脑子里考虑奥运会的事情。我知道我这个级别里没有谁是我赢不下来的，但有些选手会比其他人更难战胜，波什就是其中一员。古巴运动员也常常构成挑战。古巴队比较神秘，在他们公布奥运代表团名单之前，我都不会知道我将会面对谁。不过古巴队70公斤级的女选手个个都很强。让古巴队出名的是她们会一次又一次朝你的腿扑过去，试着把你摔倒。她们的强项恰好对上了我的弱项，我把精力都放在了补齐短板上。

从在雅典走上垫子的那一刻起，我心里就只有一个目标：夺得奥运冠军。这个想法很耗神。

从我首次登上奥运赛场至今，情况已经发生了巨大的改变。2004年去雅典时，我只有大约四个月的时间在精神上和身体上做好准备。那时，我在国际赛场上还基本不为人知。当我在那年4月夺得成人组全国冠军，并从膝伤手术中恢复过来之前，我一直被认为是以黑马姿态加入国家队的。而这次，我花了四年时间备战北京奥运会。作为本级别中世界前五的选手，我再也不是神秘的无名小卒了。我在国际赛事中战绩辉煌。在美国柔道史上，我创造的记录只有一位女运动员可以匹敌——我妈妈。

2004年，人们问的问题是"龙达能在奥运预选赛上夺冠吗？"到了2008年，问题变成了"龙达能在奥运会上夺冠吗？"从柔道1992年被列入奥运项目起，还没有一位美国女选手夺得过奥运奖牌。我是美国队里最有希望夺冠的人。

到中国之后一出机场，我注意到的第一样东西就是雾霾。吸气的时候你能感觉到这里的空气比其他地方更厚重，一天下来，好像能感觉到皮肤上覆盖了一层看不到的烟尘。天气炎热，情况变得更加糟糕。

每座场馆、每座建筑物都反映出最先进的水平。在雅典，很明显他们在很多地方都不得不草草了事。本来该是一个小花园的地方留下了一块土地，地图上标着的人工河只是一条挖了一半的沟渠。北京的奥运村古色古香，里面连一片凋零的花瓣都看不到。运动员宿舍是壮观而让人赞叹的高层建筑，看起来像高级公寓。

有时环境似乎布置得太过完美、太刻意了。如果你在城市里走一走，会看到有些大型广告牌树立在奇怪的地方。往广告牌后面偷偷瞄一眼，可以看到在光鲜亮丽的门面背后隐藏着废弃的空地，那里满是垃圾。

举办开幕式的那天又湿又热，美国奥委会决定让我们穿上运动夹克、系纽扣的长袖衬衫、长裤、报童帽和宽领带。当我和队友想把"围巾"摘下来的时候，美国代表队的一名官员批评了我们。

"把它们戴回去,拉夫·劳伦看着呢[1]。"她冲我们发出嘘声,好像我们是犯了错的小孩子一样。

"说真的,他设计这套东西的时候难道不知道我们是要在中国穿吗?"我问。

她狠狠瞪了我一眼,我真的一点儿都不在乎。我来这儿不是为了交朋友,也不是为了拿时尚大奖。我是来争奥运金牌的。

我第一场比赛的对手来自土库曼斯坦。我从来没有听说过她,不过这样也可能有危险。我们和各自的教练还有帮忙拿篮子的人站在一起,伊斯雷尔·赫尔南德斯(Israel Hernandez)转了过来。在美国柔道协会教练组中,我只对他一个人心存敬意。

"Todo es fe[2],龙达。"我只会一点点西班牙语,但我经常听他说这句话:信念就是一切。

"我明白。"我说。

开场没几秒,我就把她摔倒在地并牢牢压住,直到我以一本获胜。这时时间才刚刚超过一分钟。我还只是热了个身。

第二轮,我的对手是来自波兰的卡塔日娜·皮洛奇克(Katazyna Pilocik)。我不会让她阻挡我前进。

比赛开始两分钟后,她上前使用投技,我出手反制,她想要阻挡我,于是迅速地跪了下来。我看到了机会,就扑到她身上去。这下她四脚着地,我还压在她背上。我伸手下去抓她的左臂,她知道我的意图,将手臂收了进去,紧紧贴住身体。

我滚到一旁,把她翻过来,让她背部着地。她试图反抗,想要站起身来摆脱我的控制,但我没有放手。她把身体转了过去,脸部冲着垫子。她试着站起来,我猛地把腿架到她的胸口上。她扭作一团,我用力坚持。她又一次试图挣脱,我推开她的腿,又把她翻过来,让她回到仰卧的姿势。情知即将告负,她试图将双手紧紧地扣在一起。我把一条腿架在她

---

[1] 拉夫·劳伦(Ralph Lauren),美国著名时装设计师。——译者注
[2] 原文为西班牙语。——译者注

脖子上，另一条腿横在她的胸口。我抓起她的左臂，她的双手开始松动。我又加了点力气，她的手松开了。我向后一躺，把她的手臂夹在我的双腿之间，开始向上拱起背部。她很快就敲击垫子认输了。

我进入了四分之一决赛。

我走下垫子，去看我下一场的对阵情况。对手的名字用粗体字写着：埃迪斯·波什。

我们上次在里约热内卢世锦赛上的决战已经过去十一个月了。

我们又见面了，我暗暗地想。我在尽力模仿詹姆斯·邦德电影中大反派的嗓音。

裁判刚说完"Hajime"，波什就抓住我的衣领，径直冲我脸上打了一拳。这一下很疼，不过我知道该如何应对。她装得好像要走上前来使用投技，却对着我的脸来了一记重拳。接着她又朝我脸上打了一拳，然后又是一拳。裁判们并不介意，任她发挥。她又走上前来，我抓住她的手，从我的脑袋边上把它推开。我们的比赛正在进行。在之后五分钟里，我使出了浑身解数，毫不留情地对波什发动攻击。

常规赛中双方一分未得，我们进入了金分加时赛。加时赛时长五分钟，任何一方一旦得分，即可获得比赛的胜利。如果金分加时赛不分胜负，就将由裁判来决定比赛结果。

计时器上还有略多于一分钟的时间，赛况胶着，我不相信裁判会把胜利判给我。内心深处，我听到妈妈在说："如果拖到了由裁判决定的时候，你就活该输掉，因为你把命运交到了别人的手中。"

剩下的时间还够进行一两个回合，我上前进攻，波什躲开。我继续上前，这次试着用投技。

波什试图反制。

我们摔到了垫子上。

人群沸腾了。我一度觉得自己占据了上风，这时裁判把分判给了波什。我们鞠躬结束比赛，转身走下垫子。她以胜者的姿态挥起了拳头。我走了几步，想让双腿支撑住身体的重量。走到垫子边缘的时候我停住了，不知道自己还能不能再往前走。伊斯雷尔伸开双臂，我走下垫子，倒在他怀里。

　　我回到热身室，啜泣起来，滚烫的泪水从脸颊上滑落。我感觉好像有人把我的心脏从胸膛里扯了出来。这时我突然回过神来，从颓丧不已变得怒气冲天，好像我体内的所有细胞都被重新排序了——一切都变了。

　　我决定绝不空手离开这个鬼地方。

　　我在复活赛中一路前进。我的第一个对手来自阿尔及利亚，她在常规赛中因为得分不及波什而被淘汰。我不想让我们之间的比赛拖那么久。在第一分钟里，我摔倒了她，获得了一个"yuko"，也就是小半分。我取得了领先，但这不能让我满意，我上场就是为了赢下比赛。30秒之后，我把她放倒在垫子上，并压住了她。她扭动着身体想要逃脱，但我成功地让她背部着地，平躺下来。她又蹬了几下腿之后就放弃了。之后五秒钟里，她躺着不动，没等裁判判分就接受了失利的结果。这时裁判喊出了"一本"。这场胜利并没有减轻输给波什带来的痛楚，但它的确强迫我把注意力集中到了比赛上。

　　之后的一场比赛算是通往铜牌之路上的半决赛。我把匈牙利姑娘摔在地上的时候非常用力，每个指关节都淤伤了。我用了那么大的劲，妈妈坐在场馆另一侧都能听到她落地的声音。我不只想获得"一本"，我想让她觉得疼，丢掉金牌之后我有多疼，我就想让她有多疼。

　　我和铜牌之间只剩下最后一个人了，德国的安妮特·波姆（Annett Böhm）。波姆在雅典得了铜牌，毫无疑问她还想再次夺得奖牌。这场比赛的结局只有两种可能：要么我登上领奖台，要么我死在垫子上。我就像一个坏心眼的机器人，上场的时候，给我预设的任务就是毁灭。我把目标锁定在波姆身上。通过许多欧洲比赛、国际比赛和训练营，波姆和我对彼此都很熟悉了。裁判说"Hajime"（开始）时，我们不需要再经历相互试探的阶段，直接切入正题。

　　比赛开始34秒之后，我用一个过臀摔摔倒了波姆，得到了一个"yuko"，这原本至少该是一个"waza-ari"的。我领先了，但比赛还远远没有结束。如果要做一个"争分斗士",现在就是时候了。我和奖牌之间还有 4 分 26 秒的时间,我只要在垫子上跳来跳去,先凑合着摆出要用投技的样子再跪倒就可以了。可是先取得小小的领先,然后想办法守住优势,这种做法完全违背了我之前的行事风格。在追求这块奖牌的途中我失掉了一部分灵魂,但我并不会为了得到这块奖牌而出卖灵魂。在之后的 4 分 26 秒里,我还像刚开场的时候一样不留情面,侵略性十足。我根据自己的规矩守住了优势。还剩七秒时,裁判把我俩拉开了。我瞥了一眼计时器,在心里算了算。如果我跪到地上、被罚分,就可以把剩下的时间耗完,确保拿下胜利。而如果我和波姆争斗,就有可能在她最后挣扎时被她抓住。裁判示意我们继续比赛。

我跑开了。

也许我不会把利用规则的漏洞作为整场比赛的战术策略,但我也不允许自己犯傻。还剩三秒,我因为拖延时间吃到了罚分。这时时间到了。

计时器发出蜂鸣声,喜悦和如释重负的感觉袭来。我跪倒在地。我突然回过神来,好像这才重新回到了运动场上。我能听到观众的欢呼声。看台上传来"美利坚!美利坚!"的呼喊声,大概只有十一个人在喊,但在我听来却震耳欲聋。赛场上好像更明亮了,就像有人把场馆里的灯打开了一样。

裁判向着我举起了右手,我和波姆握了握手。对手走下垫子之后,我高举双手庆祝胜利,又弯下腰去亲吻垫子。我跑下来,兴高采烈地扑进了伊斯雷尔的怀抱。

我望向看台找妈妈,发现她正在赛场对面挥着一面美国国旗。国旗太大了,她几乎没法把它展开。

十三年过去了,那面曾经在葬礼上覆盖着爸爸灵柩的国旗终于被重新展开,在妈妈的双臂之间飘扬。

爸爸一直坚信我会在全世界最大的舞台上熠熠生辉。看着妈妈举着那面国旗,有那么一会儿,我觉得我们三个人好像正站在一起。

我没能拿下金牌,但我没想到一个第三名也可以带来成就感。在我职业生涯拿到的所有第三名里，只有奥运会的铜牌让我获得过些许慰藉。

可是这仍然留下了一个空白，我没有拿到那块梦寐以求的金牌。

奥运会的失利一直折磨着我，它会跟随我一辈子，不过我并不会因为自己出局的方式而羞愧。我不会想我原本可以做些什么。关于那场比赛我没有什么好后悔的，最后关头我必须得全力出击，这是个正确的决定。不过有些时候，正确的决定不一定能带来满意的结果。

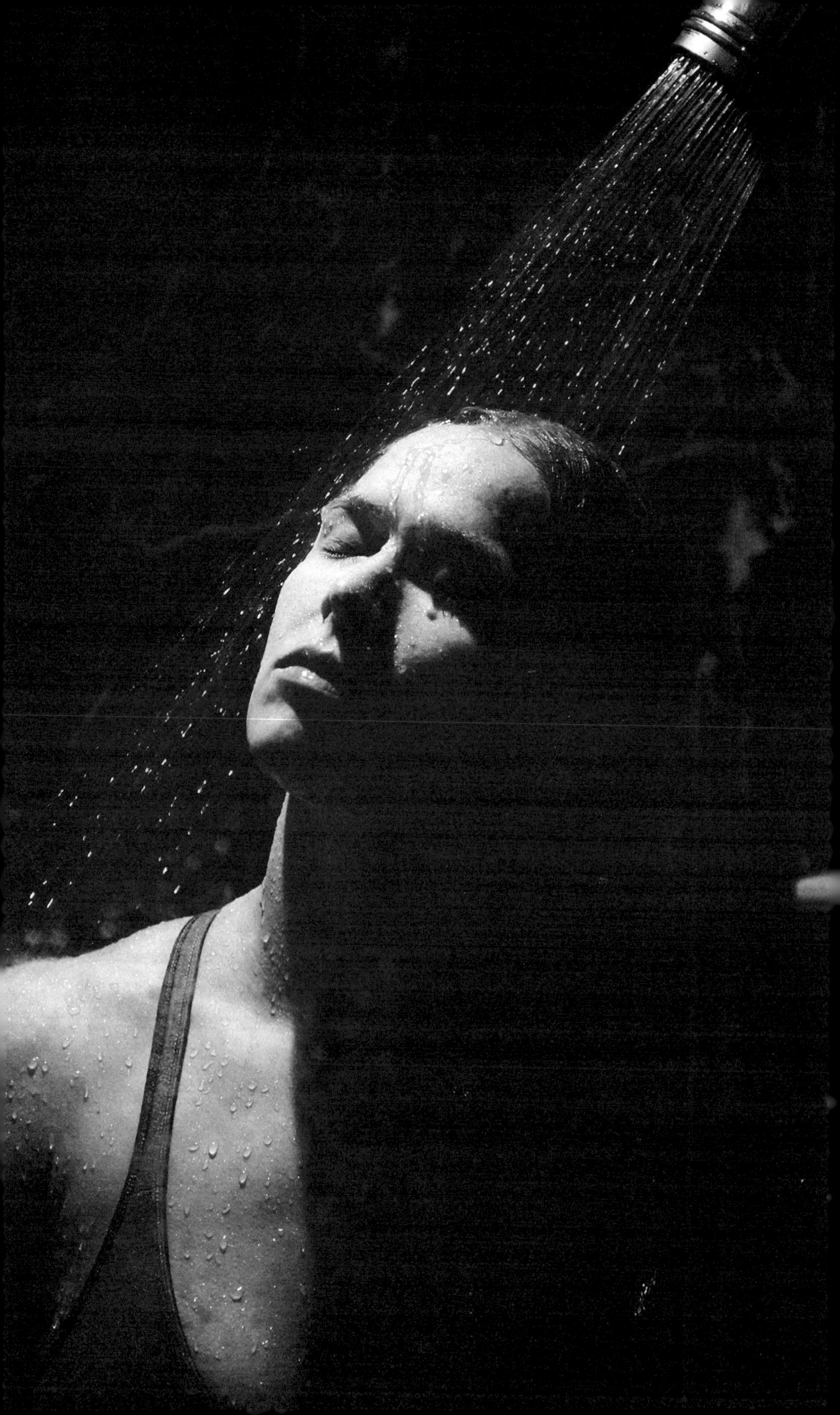

这是我的境遇，不是我的人生

当你身处一片兵荒马乱之中时，总有这样一些时刻：你的生活一团糟，你投入了那么多精力，却没有一点可以拿得出手的东西。我说的不只是遇到困难的时候，还有那些让你不得不忍气吞声、收敛起自尊心的时候。如果这样的遭遇落到了别人的头上，你会默默地感谢上帝，谢谢他没有让你受这种罪。我说的正是这种情况。有时我知道自己的境遇非常糟糕，但我也知道这样的局面不会一直持续下去。这种时候你得提醒自己，你正在经历生命中具有决定性作用的时刻，但你不会被这些时刻所框定。

我站在领奖台上，看着美国国旗升到第三的位置上。我的奥运会之旅结束了，但奥运会这道坎我还没有跨过去。

获得铜牌之后的某一天，我正坐在运动员村的房间里。那是一个上午，我坐在床上，突然莫名其妙地心跳加速，喘不过气来，感觉自己要被内疚和焦虑压垮了，但我不知道这是为什么。我觉得自己好像做了什么特别糟糕的事，却又想不起来具体是什么事。这一阵恐慌过去了，可我还是没法摆脱好像出了大事的感觉，我还是觉得自己是个混蛋。

我从北京回来的时候除了一块铜牌之外一无所有，没有家，没有工作，也看不到前途。我很快发现，我连男朋友也没有了。

鲍勃和我在奥运会之前分开了。是他提出来的，这完全出人意料。

他说异地恋走不下去了，等我回到洛杉矶，我们就回到分手之前的状态继续交往下去。我万分沮丧。到家之后，我给他打了个电话。他告诉我，他和他的女朋友曾一起为我欢呼。我感觉像被一阵风掀翻在地。

这实在太不公平了。

因为我获得了一块铜牌，美国奥委会发给我一万美元，税后大概还剩六千美元。我买了一辆二手的金色四门本田雅阁，花掉了全部的奥运奖金，还需要自己负担一半的钱。找工作期间，我借住在妈妈的房子里。

我终于在一家名叫"红杉"的海盗主题酒吧里找到了一份服务生的工作。这是一份不错的工作，但在前两周里我如履薄冰。有一天我迟到了，于是我那一周的班都被取消了。经理让我周末来上班，他的用意很明确：如果不来，就走人。

之前我答应了鲍德温公园（Baldwin Park）①一家柔道俱乐部的主管，要在当地一次游行中充当总司仪。那是我第一次练柔道的俱乐部，那位主管是妈妈的朋友，我拗不过他，就答应去参加游行。

我不想被解雇，更不想因为一场我原本不想去的游行而被解雇。我跟经理说我会去上班，跟组织游行的人则什么都没说。每当他们的电话号码出现在我手机上的时候，我都直接接到语音信箱。我希望他们就此放弃，结果我的第一位柔道教练布林奇·伊利萨尔德（Blinky Elizalde）打来了电话。我跟他解释了情况，他能理解我，但其他人都不能。

周六下午下班时，我的手机上有六个来自妈妈的未接来电。正当我把手机放进口袋时，妈妈打来了第七个电话，我犹豫了一下，还是接了。她把我大骂一顿，问我为什么要放游行组织者鸽子。

我心里堵得难受，没法回答她，她大发雷霆。看到她如此生气，我就不想回家了。我开车到好莱坞，去了一家酒吧，一个人喝闷酒。我意识到我不能回到妈妈那里，可我又没有别的地方可以去。

我是一个无家可归的奥运会奖牌获得者。我暗自地想。

---

① 鲍德温公园（Baldwin Park），位于洛杉矶圣盖博谷地区的一座城市，人口七万五千余人。——译者注

喝了几个小时之后，我走出去买了一个披萨，坐在车的后座上把它吃掉了，之后我就蜷在后座上睡觉。第二天一早，整辆车都是披萨味儿，我还落枕了。

中午时分，我躺在后座上，汗流浃背，眼睛直盯着天花板。

我在车里住了好几天，直到拿到工资。我把钱存到银行里，开始去给自己找一个"不在汽车里的家"。不到一天时间，我就在一间公寓的租约上签了字。

从住在车里到住进这间公寓算是朝高处走了一步，可能是婴儿所能迈出的一步。我的第一套公寓是一间 12 英尺见方的工作室，位于底层。唯一的一个水槽在浴室里，水总是会流到墙外面来。

为了贴补开支，我又找了两份工作，即使这样仍然捉襟见肘。我在克伦肖（Crenshaw）[①] 的 The Cork 做鸡尾酒女招待。每周日我会一直工作到黎明时分，草草睡上几个小时，再去格拉德斯通（Gladstone，位于马里布的一家高级餐厅）上早班，当调酒师。

有好几次，污水从马桶和淋浴间里漫了出来。我下班回家，发现公寓里四处都是粪便。

我不觉得自己还能过得比这更惨。有时我回到家，四处看看，会许诺自己眼前这些都是暂时的，我会提醒自己，我比此时此刻的自己要好得多。我知道自己可以有所成就，我只是需要确定我要做些什么。

[①] 克伦肖（Crenshaw），洛杉矶西南部的一个区。——译者注

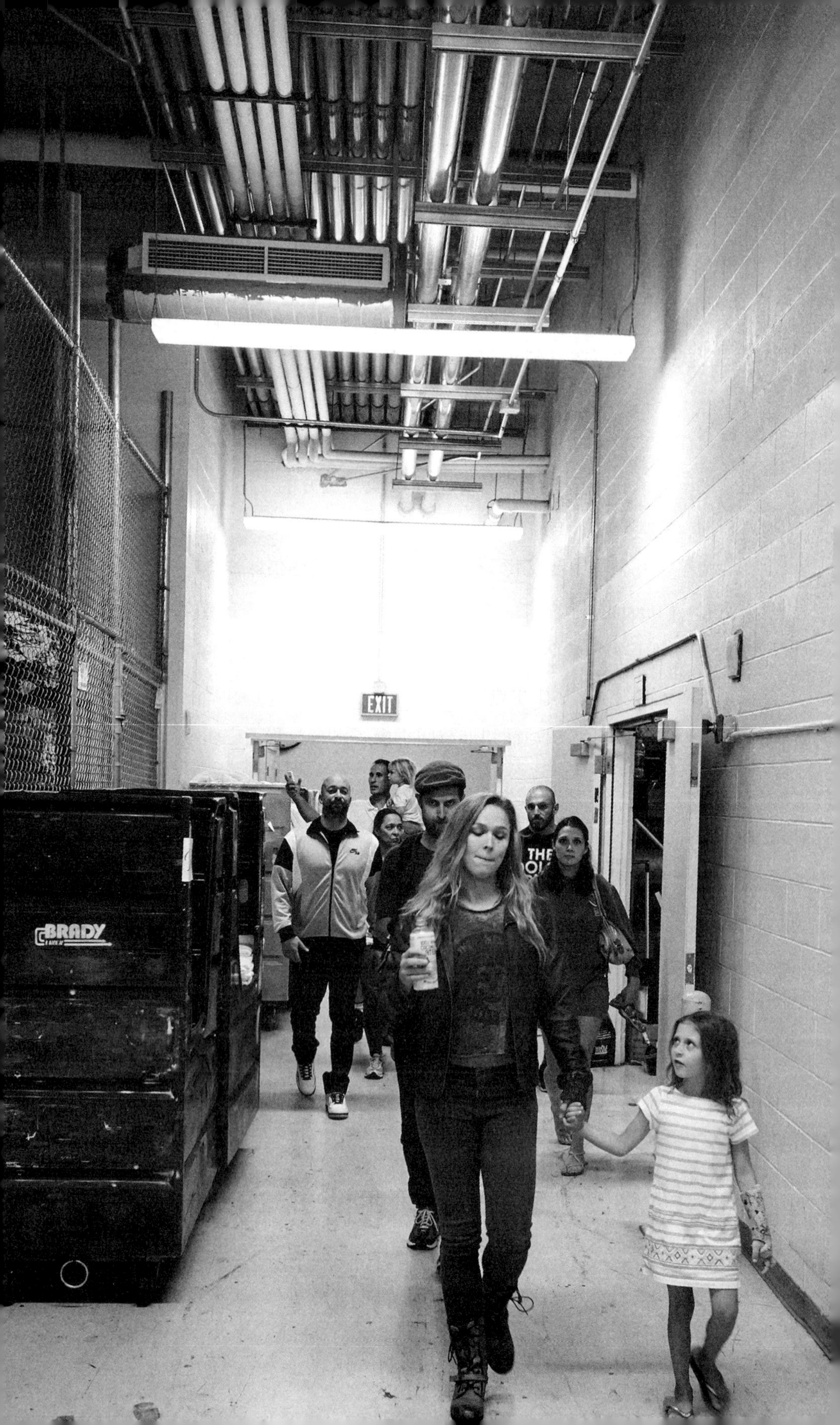
EXIT
BRADY

快乐不能只有一个来源

  在 2004 年奥运会上被克劳迪娅·海勒击败之后的几年里，我对她都满怀敌意。我告诉自己，如果我拿下了那块奖牌，一切都会好很多。

  几年之后，克劳迪娅跳楼自杀。她的死对我来说是一记重击。我之所以那么恨她，主要是因为我觉得她不仅夺走了我的奥运奖牌，还抢走了我的快乐。输掉比赛之后，我觉得那份胜利、那些快乐就在那里，就在抢走我的奖牌的人的身上。可是虽然克劳迪娅获得了那块奖牌，让她不开心的事情却仍在困扰着她。到她去世的时候，我已经摘得了属于自己的奥运奖牌。但我很快就发现，它能带给我的快乐少得可怜。

  从北京回来之后，我决定休息一阵。我花了一年时间，尽我所能把我锻炼身体的成果全都毁掉。我不知道自己到底想要什么，但我知道我需要改变。锻炼身体、追逐奥运梦想弄得我很不快乐。我想过正常人的生活。我想养一条狗，想租一间公寓，还想参加派对。

  我从 2008 年底到 2009 年都毫无"追求"可言。我打算多喝酒、不锻炼，在尽可能短的时间里把曾经错过的事情一一补上。我打算在这一年里不碰柔道、不去塑身，不考虑自己承担的义务。我要改变一下，去做我自己想做的事。

我想要的东西包括一条狗。我中意的是阿根廷杜高犬或者叫阿根廷獒，这个品种的狗体型较大，毛色雪白，长得很漂亮。如果你在半夜去上厕所时不小心踩了它一脚，也不用担心它会受伤。我没有太多要求，只要是一只母狗就好。

圣地亚哥一对养狗的夫妇给我发来一封邮件，附上了最近出生的一窝狗崽中的两只小母狗的照片。它们的个头太大了，不适合上狗展，正打折出售。

我点开了第一个附件。

"就是这只了。"我说，"这是我的狗。"

另一张照片我连看都没看。一点怀疑都没有，我就是知道。那天下午，我出门去给她买了箱子、床、最好的狗粮和几个狗咬棒。

三天之后，我开车去圣地亚哥接她回来。饲养她的人住在郊区的一片住宅区里，他们正在一处户外停车场里等我。小狗的妈妈也在，她看上去十分惹人喜爱。

女主人把我的狗狗抱了出来，我情不自禁地"唔"了一声。就是她，这绝对是我的狗。

"你可以抱着她。"养狗人说。

我把小狗捧起来。她睡眼朦胧，睁了睁眼，用鼻子蹭了蹭我的胸口，又睡着了。她是只胖胖的白狗。

"你才没有长得太大呢，"我轻声对她说，"你绝对是最好的。"

我给她起名叫莫基（Mochi）。那原本是一种日本食品的名字，是由糯米团包裹的冰淇淋球。这真是名副其实，她是最讨人喜欢的狗狗，而且忠心耿耿，富有爱心。她成了我生活中最可靠、最让人舒心的一份子。我一下就喜欢上了莫基，但要让我为另一个生命负责，我需要花一段时间才能适应。

我带她回家那晚是小家伙第一次离开妈妈，她叫唤了一整夜。我大发慈悲，允许她在我的床上睡觉。

"你可不能养成这个习惯，莫基。"我说。

之后的几周她都睡在我床上。一天早上,我迷迷糊糊地翻了个身,睁开眼睛。莫基在我旁边,头枕在爪子上。她已经醒了。

"我的小狗狗感觉如何?"我像对婴儿说话一样问她。

她发现我醒了,就抬起头,张开嘴,吐出一条我的内裤来——她在放脏衣服的篮子里找到了这个,把它吞了进去。

开始养狗的时候,我完全不知道那是一份多么重大的责任,但我把每天上班赚到的头35美元都拿去交狗狗日托机构的钱了。养狗应该是我那一年中唯一一个负责任的决定。

我的每个早晨从上班路上的一支烟开始,我抽的是骆驼薄荷烟(Camel menthols)。我沿着太平洋海岸高速公路(Pacific Coast Highway)[①]开车去马里布,一路上抽着薄荷烟。到格拉德斯通之后,我站到吧台后面,先调一杯我称之为"巴拉克胜选夜"的酒——当时奥巴马刚赢得大选,而用于调制这种酒的原料有深色有浅色。它尝起来像是往最香醇的摩卡里加了伏特加。一整个早上,我都会坐在那里喝这种酒。

巴拉克胜选夜配方

两小杯浓缩咖啡

一小杯(或两小杯)苏连红香草味伏特加(Stoli Vanilla)

一小杯甘露咖啡力娇酒(Kahlua)

半小杯百利酒(Baileys)

一汤匙可可粉

两小杯冰淇淋牛奶(两者各半,也可以用简易糖浆替代)

将以上原料混合并加入冰块,摇晃以混合。请享用。(不要学我,饮酒请负责。)

来自酒吧女招待的提示:一小杯要花多少钱?倒酒请三思。

---

① 太平洋海岸高速公路(Pacific Coast Highway),位于美国加利福尼亚州,北起旧金山以北,南至洛杉矶以南,沿美国西海岸线延伸1000余公里。——译者注

每到周日，有两个嘻哈音乐的制作人会来店里。他们骑的像是环法自行车赛用的车，点的是海鲜牛排和精品玛格丽特。他们会给我三十美元现金做小费，还会给我捎来够我兴奋好几天的大麻。酒吧有位老主顾会把维柯丁（Vicodin）[1]卖给服务员。他会塞给我一两片，让我帮忙在他和服务生之间传递现金和药片，不要告诉老板。

维柯丁药性上来的时候我会盯着窗外的海水，在大中午喝着威士忌，看着浪头间的海豚。酒吧里悬挂着的电视循环播放着世界体育中心（SportsCenter）[2]的节目，我的目光总被综合格斗赛的精彩回放牢牢吸引。

"我完全可以像他们那样。"我大声说。

酒吧里所有人都顺着我的意思点点头，显然没有人相信我。大家都看得出来，我正在挥霍生命，无所事事。

为了参加奥运会，我承受了很多很多。一路走来，我一直告诉自己我努力的结果会令世人惊叹，所有的付出都是值得的。然而事实是，虽然结果令人惊叹，但它和我的付出并不相称。这一点让我倍受打击。还是一个小女孩时，我就梦想踏上奥运会的赛场。我夺得了一块奥运奖牌，却感到怅然若失。

这种失望的情绪挥之不去，我不知道该如何应对。我试着从酒精中寻找慰藉，却发现自己还是不快乐，我也不明白为什么会这样。整整一年我都处于迷失的状态。我感觉自己好像丢掉了什么东西，虽然我不知道它究竟是什么。

---

[1] 维柯丁（Vicodin），一种止痛药，主要成分中含氢可酮，可成瘾。——译者注
[2] 世界体育中心（SportsCenter），美国娱乐与体育节目电视网（ESPN）制作的电视节目。——译者注

忽略无关紧要的信息

在一场对决中,我的大脑同时接收到的信息数以百万。观众呐喊的音量、场馆内灯光的明暗、赛场上温度的高低、八角笼内的每一点动静、身体上的每一丝疼痛,一个经验不那么丰富的选手会被它们淹没。

我会捕捉到所有这些信息,但只会对事关重大的信息加以处理,比如我背部离笼子的距离、对手的一举一动、她呼吸是否费力、我一拳击中她面部产生的效应。任何无关胜负的事情都被彻底忽略。

世界上所有的东西都在传递信息,对某条信息是接收还是忽略取决于你自己的选择。你可以让超出自己控制范围的外部因素分散你的注意力,也可以让疼痛的肌肉制约你的发挥,也可以任由场上的静默把你弄得心神不宁。而如果把注意力集中在必要的信息上,你将可以屏蔽掉一切干扰,实现更大的成就。

我正在努力寻找人生的出路。我也想让自己安于做一名酒吧服务生,但把接下来几十年都花在调鸡尾酒上,绝对不是我该做的事。

练柔道没有给我带来快乐,但不练柔道后我也没有开心起来。我开始担心是不是永远都没有东西能让我感到快乐,我是不是已经失去了寻找快乐的机会,只是在努力熬过每一天。不再练习柔道之后,我很快弄清了哪些人是我真正的朋友，其中一位就是曼尼·加布里安。从我11岁时起我们就一起练习柔道。我做完膝盖手术之后，是曼尼帮我开体育馆的门，还陪我几个小时几个小时地练习。他柔道水平不错，但没有继续在这条路上走下去，而是转去参加综合格斗了。奥运会之后，曼尼会时不时打来电话，问问我的情况。

"你应该过来跟我们打。"曼尼说。

"好，我会来的。"我说。我需要锻炼身体。我整个人就像充了气的轮胎一样，已经大了一号。

"我在哈亚斯坦等你。"曼尼说。几年以前，做完前十字韧带手术之后，我和曼尼正是在那家俱乐部练习，帮助我提高了寝技。它现在搬家了，不过一走进去，还是让人觉得很亲切。俱乐部里还是熟悉的味道——汗味混合着浓重的古龙水的香味。地方是翻新了，但还是有很多老面孔。几个我之前在青少年柔道比赛中认识的男运动员在练习综合格斗，他们正拿亚美尼亚语你来我往地逗趣。我把包放在垫子旁边，东看看西看看。正在练格斗的男运动员已经有十几个了，但室内连一个女孩都没有。

"龙[①]，你来啦！"曼尼说。他拥抱了我。"你准备好了吗？"

"我时刻准备着。"我说。我们搏斗了一个多小时，曼尼进攻时使出了全力，我应对时也用上了相同的力道。练习结束时我满身大汗，还添了几处正在迅速扩大的淤伤。

"不差嘛，龙，"曼尼说，"算你走运，我手下留情了。""想得美。"我大笑着说。回到垫子上的感觉真好。

第一次练习过后，我决定重新开始定期和曼尼练格斗。我还是和以前一样热爱这项运动。

每周二我都会去练格斗，但在下班之后、去位于好莱坞的哈亚斯坦之前，我会绕到狗狗日托所去接莫基，带她去狗狗公园。

莫基现在四个月大了，我刚开始带她去公园。大多数时候我都能看

[①] "龙"是曼尼对龙达的昵称。——译者注

到"狗狗公园大帅哥",但我从来没和他说过话。他又高又帅,皮肤黝黑,身上有纹身,是个冲浪选手。一看到他,我心里有个小小的声音就会用一口法国腔感叹"哦啦啦"。如果我意识到自己正盯着他看,就会迅速扭转目光,假装自己的眼神从来没有离开过莫基。

有一天,他的狗跑过来骚扰莫基,莫基逃到我的脚后面躲了起来。狗狗公园大帅哥别无选择,只能朝我走过来。我在心底尖叫道,哦上帝啊,狗狗公园大帅哥要过来了。

我们聊了聊自己的狗,又说了点别的,就是那种事后你会想不起来内容的对话。最后,他邀请我一起去冲浪。没错,他很帅,但说真的,我确实想学冲浪。这写在我的愿望清单上呢。喝酒抽烟的日子过了这么多个月,我无比渴望让身体经受一次挑战。大海看起来有足够强大的力量,可以满足我的愿望。

"好,"他说,"我们早上五点出发。"

我连话都说不出来了,我害怕自己一张口会冒出一句"早上五点?你他妈的在开玩笑吗?"

"好啊。"我一边答应着,一边已经在心里跳起了欢快的舞蹈。

第二天一早,太阳还没升起,我就到他家了。我很紧张,也很兴奋。我们坐着他的一辆旧的探路者(Pathfinder)[①],沿着太平洋海岸高速公路北上。车窗玻璃开裂了,空气又潮又凉。一路上我们谁都没有说话。

他知道我对冲浪一窍不通,可当我们到海滩之后,他递给我一块冲浪板、一套冲浪衣,说了一句"可以了",就没有下文了。他出发下水了。我看着他划着水向海洋进发,也拖着自己的冲浪板走过沙滩,走进冷得要命的海水里。

"砰。"一个浪头把我撞倒,我试着重新爬上去。刚刚趴到板上,又是"砰"的一下。冰冷的盐水涌入我的鼻窦,我探出头来,不住地咳嗽、喘气。又是一个浪头,"砰"。

---

① 探路者(Pathfinder),日产汽车公司的一款商务车。——译者注

我觉得自己好像是在一台洗衣机里,脚踝上绑着一块冲浪板。

我被大海上下折腾了一个多小时。这时狗狗公园大帅哥最后冲了一趟,开始划向岸边。为了不至于显得太急着离开海水,我又等了一两分钟,才狼狈地拖着冲浪板向岸边挪去。

我们把冲浪板放回车上,然后开车回家。路上没有人说话,但是感觉很舒服。我完全不知道他对我有没有兴趣,但我对他兴趣十足,我也真的很想学会冲浪。我们计划两天之后再去冲浪。

我仍然不知道自己想做什么,但喝酒抽烟的日子我过腻了。应该在八月里重新开始训练,我提醒自己。可是可能要复出的念头并没有让我充满动力,一想到要回归那项我一直专注投入的运动,我就大为苦恼。尽管如此,我还是下定决心要恢复体形。

我们无对话的冲浪约会进行过六七次之后,我邀请狗狗公园大帅哥和我一起练山地短跑,他答应了。但在我们约好要见面的那天晚上,他却没有出现。我等了差不多一个小时,不时看看手机,安慰自己他可能是堵在路上了。有一阵我差点就要让自己自哀自怜起来了,但后来我给另一个男生打了电话——我最近刚拿到他的号码——约好下个周末见面,然后我就开始跑步。每跑过一座山,我都会经历一种全新的心情。

第一座山:否认。他会来的,他只是迟到了,也许是车出故障了。

第二座山:难过。我真的很喜欢他,难以相信他竟然没有出现。

第三座山:疑惑。会不会是我误解了他给的信号?他是不是把我当作朋友了?我是不是说错话了?

第四座山:被拒绝。他不喜欢我,我居然会以为他喜欢我。

第五座山:恼火。你知道么,让他见鬼去吧。

第六座山:淡漠。随便吧,我走出来了。

我刚想完这些,就看到狗狗公园大帅哥把车开到山顶停了下来。他的车里堆满了白色的塑料垃圾袋,看起来袋子里面像是匆匆忙忙塞满了各种东西。他养的狗罗克西挤在袋子中间。他根本没法从后车窗向外望。我那时刚跑到半山腰。他从车里出来,站在车旁等我。我到了山顶,双手扶在腰上直喘气。

"我被从住的地方赶出来了。"他说。他并无歉意，只是在解释情况。

之后狗狗公园大帅哥不辞而别。两周之后，我在狗狗公园里见到了他。他朝我这里看的时候，我就假装他不存在。他还是走过来了："我那时是想跟你道歉的。我最近的生活过得特别不顺。"

"嗯哼。"我冷淡地说。

"你还想出去玩吗？"

我想去，我忍不住，他深深吸引着我。于是我们约好了时间，就这么发展起来。我们开始花时间共处。我再也没给我的候补约会对象打过电话，也一直没有给他一个解释。

狗狗公园大帅哥又和我一起去冲浪，但这一次我们不再沉默了。他现在和一个朋友一起住，我开车去他家的时候一路上都是笑着的，就要见到他了，真的很开心。去海滩和从海滩回来的路上，我们聊着天，听着音乐。他带我去他朋友家玩，我们有时会在那里看综合格斗赛。他总是很想知道我的看法。他会问我问题，也很尊重我的分析。我提到我有兴趣去参加综合格斗赛，"好啊姑娘，去吧，你应该去参加的。"他说。

我们去乔氏（Trader Joe's）①把食品买回家，他下厨烹制。我们带莫基和罗克西去城里各个狗狗公园，等回到家，他俩都会筋疲力尽地瘫在地板上。不过大多数时候，我们会躲进他的小房间（他称之为"山洞"），把门反锁，躺在床上聊天。我们会讨论乐队和电影，我们有相似的"笑点"，可以笑上好几个小时。我们会聊各自的生活，他告诉我他儿子的故事，我告诉他爸爸是怎么去世的。他告诉我他是怎样戒掉海洛因的——他已经五年没有复吸了，我向他坦承输掉奥运会比赛之后的万念俱灰。和他在一起，我觉得自己是被人理解的。

有一天，我在狗狗公园大帅哥身边醒来。我望着他棕色的眼睛，那双我已经爱上的眼睛，意识到我就是没法离开他。我给酒吧打电话说我

---

① 乔氏（Trader Joe's），美国著名连锁超市之一。——译者注

病了。格拉德斯通的规矩是如果你周末请了病假，就得在下次上班的时候上交医生开的假条。我去上班的时候没有假条，结果他们说要交了假条才能接着上班。我再也没有回去过。

我用了一年的时间寻找能让自己开心的事情，也许最终算是找到了。和狗狗公园大帅哥在一起，我们俩那么快乐，根本意识不到时间正一天一天、一周一周地过去。我们把外界所有的东西都屏蔽掉了。

易毁的关系不值钱

我觉得如果有人无意中看到我这一段宝贵而又至关重要的人生旅程，并把它视为我职业生涯的缩影的话，他们就不会小瞧我。

你需要一位真正在乎你、而不是只关心自己能取得何种数据的教练。许多人找到的教练把本职工作做得很出色，但并不在乎所带选手个人的成长。面对将会影响人生的抉择，如果听任不在乎你的人帮你做决定，一般都不会有好的结果。

身处一段关系中的时间越长（无论是和教练还是和随便什么人），从这段关系中抽身也就越困难。许多人在原地待得太久，就是因为他们不想进行一场艰难的对话，或者不想冒毁掉一段关系的风险。但如果你周围的人不愿意接受对你而言最好的选择，那你们之间的关系就不如你想象中那么有意义。一段堪比无价之宝的关系能够经得起这种考验。

我决定回归柔道赛场，不过得按我的路子来。之前我跟所有人说的都是我只休息一年，现在这一年结束了。丢掉在格拉德斯通的工作并没有让我感到焦虑，因为我就要回去参加柔道比赛了。为柔道选手提供的资金甚至够让我参加综合格斗的训练。

有整整四个月我四处参赛，这是我柔道复出计划的一部分。有一次去日本，我正坐在运动员宿舍里，对着一台训练用的设备。这时我突然想到自己现在过得很惨，接下来三年我每天都会做着跟现在一样的事，过得跟现在一样惨，直到下届奥运会到来。我回想起获得铜牌的场景，想到相伴而来的快乐是多么短暂，我不相信一块金牌能带给我比这多得多的快乐。我不想再这么悲惨地过下去了。我中止了日本之行回家了。

到家之后，我制定了一份堪称疯狂的训练计划，它与综合格斗或者柔道的训练安排都大不相同。按照这一计划，我可以每天变换训练内容。这个计划两周为一个循环，我会确保自己练到所有的项目，但我也有机会调整训练内容，换换口味。例如，在任何一个 14 天里，我会练八次柔道、四次拳击、四次格斗，会做两次力量训练，还会做几次广义上的"训练"，从沙丘跑步到冲浪都可以。如果某一天我觉得自己不想练柔道，我就可以做点别的。如果想冲浪，我就可以去冲浪。只要在一个循环之内把各种练习做够数，那不管我是连续练八天柔道，还是每隔一天练一次柔道，都没有关系。现在我训练的方式可以由自己来决定了，这在我人生中是头一回。

休战一年之后我已经不一样了。这一年的时间我都在为自己而活，试图靠自己的力量来解决问题。我是那个做选择的人——并非都是好的选择，但却是我自己的选择。现在，我选择不让事情回到它们原来的轨道上。

2010 年 5 月，我乘飞机抵达默特尔海滩（Myrtle Beach）[①]，参加成人组的全国柔道锦标赛。那是我在奥运会之后第一次参加重大赛事，但毫无疑问我将获得冠军。所有人都对我的复出充满期待，他们认为这标志着我向 2012 奥运周期的回归。

小吉米和我并排站在热身垫旁边。我还是个十六岁的孩子的时候，他就开始帮忙指导我的训练了。作为体育界的偶像、奥运代表队的队友和教练，他是我生命中大部分时间里一直仰视的人。现在我 23 岁了，我希望小吉米能指导我参加综合格斗赛。

我把转向综合格斗的计划告诉了他，他一言不发。我搬出之前准备

---

① 默特尔海滩（Myrtle Beach），旅游胜地，位于美国南卡罗来纳州。——译者注

好的一套台词，继续说下去。

"如果一个像我这样的柔道选手能在综合格斗比赛中夺冠，就证明柔道作为武术的一种，确实可以起到防身的作用。这将给美国柔道协会带去更大的收益。"我说，"这样的成就比其他任何东西都更能提高柔道这项运动的关注度，连我拿到奥运金牌都比不上它。"

吉米把眼睛眯成一条线，点了点头。我知道我的语速有点快，但我不想等到我的声音——或者我的自信心——开始摇摆的那一刻。我告诉他我不想搬回波士顿，我告诉他我想按自己的训练计划进行训练。

"我想练柔道，但我也想练综合格斗。"我告诉他。

我说完了，吉米看着我，好像是要想想是该大发雷霆还是该疯狂大笑。"你想让我回答什么呢？说我支持你的决定？我不支持。你想让我说我会帮助你完成这个荒谬透顶的计划吗？我不会的。你是在浪费自己的才华。如果不想练柔道，就不要练柔道了，别浪费大家的时间。除非你对这项运动是百分之百的投入，否则你根本拿不到任何柔道方面的资金。我会保证让你拿不到一分钱。"

"祝你好运，"他带着居高临下的口吻说，"运气你用得着，因为你这个计划根本就无法实现。"他转过身去，走开了。吉米就这样不理我了，好像我一无是处一样。

我目瞪口呆地看着他离开。这时，一丝愤怒开始从我心里窜出来，但怒火还没燃起，就被决心取而代之。你会为今天这场对话而后悔的，你余生都会因为没把握住我这个选手而懊悔不已。

我已经做好了离开吉米的准备，但离开柔道还不行。五月，我去了突尼斯，参加突尼斯大奖赛（Tunisia Grand Prix）。我以"一本"拿下了第一轮比赛，但是第二轮比赛输掉了。我回到家，准备去参加在巴西举办的一项比赛。我把护照放在巴西领事馆以换取签证，可就在开车离开的时候，我意识到我对参加比赛已经怀有恐惧心理了。还没等我回到家，我就已经决定要取消这趟行程了。

我和柔道的关系——就像我和小吉米的关系一样——走到了尽头。

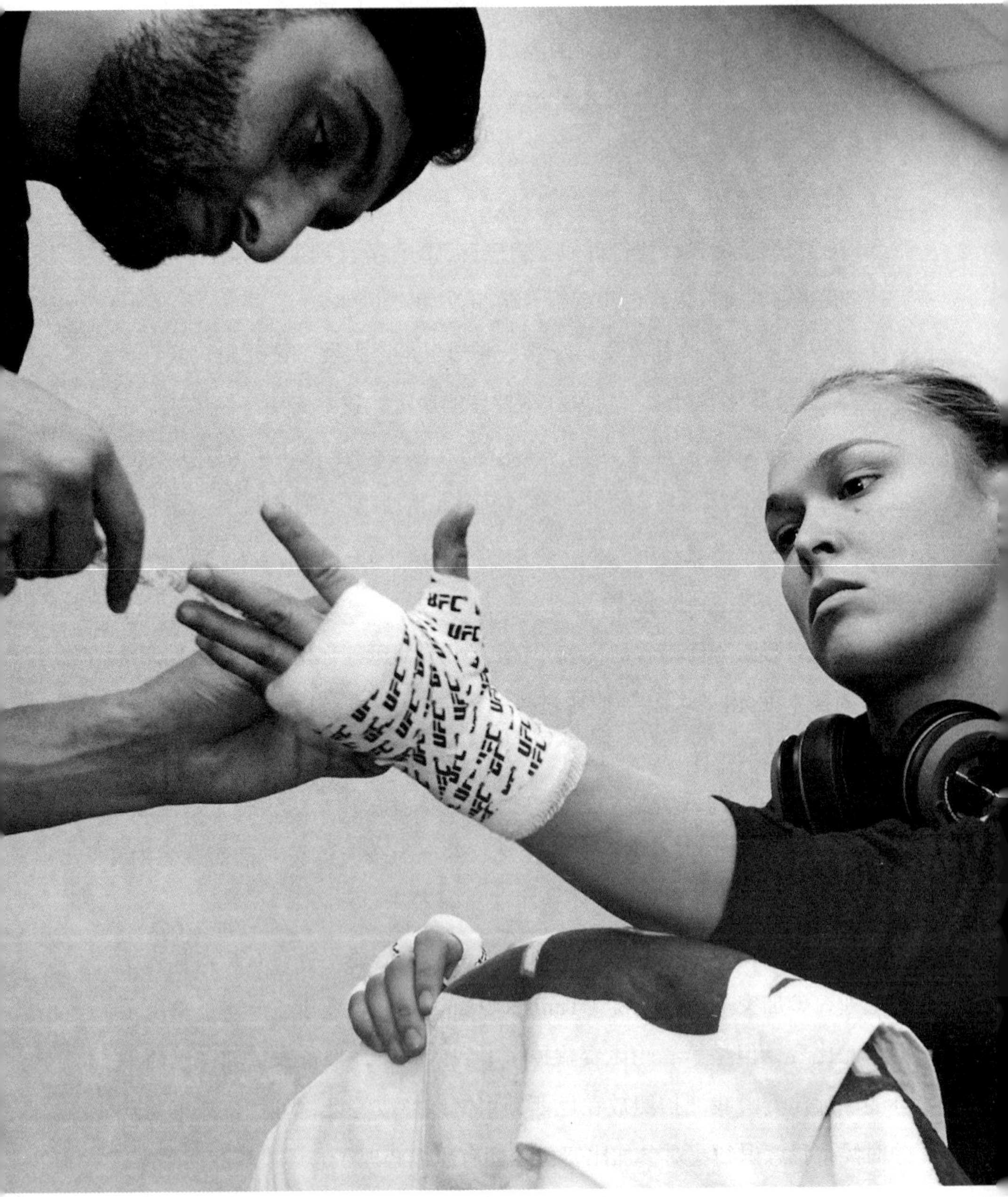
UFC

"总得有人当世界第一，为什么不能是你呢？"

"总得有人当世界第一，为什么不能是你呢？"

每天，妈妈都会用这个问题的各种变式来问我。

"为什么不是你呢？"她说，"我是认真的，为什么不是你呢？总得有人来做啊。他们在分发奥运奖牌，真的是在发奖牌。为什么你不去拿一块回来呢？"

这可不是设问句。她知道成为世界第一需要付出什么，她曾经就是一位世界冠军。成为世界最强的人并不容易，但也不是完全不可能——如果你愿意付出努力的话。是妈妈告诉我，有朝一日我可以成为世界第一。

"见鬼，龙达，如果你参加综合格斗赛，你可以打败这里所有的姑娘。"曼尼说。当时我们正坐在垫子上，那是格斗训练的场间休息时间。

在体育馆的那些人中，我靠技术为自己赢得了尊重。我不只是在女运动员中出类拔萃，我比馆里几乎所有人都更厉害。曼尼说出来的事情，我几年前看吉娜·卡拉诺（Gina Carano）和朱莉·科德兹（Julie Kedzie）比赛的时候就已经知道了。被自己周围的人说破这点，就像是在"大坝"上挖了个口子。之前我甚至不知道有这条"大坝"在。

"你知道吗，我觉得你说得对。"我故作轻松地加入对话，好像之前我从未有过类似的念头一样，"我觉得我确实可以打赢其他女孩子。"

"绝对的。"曼尼说。

我又问了正好在旁边的几个一起训练的男生，答案全都一样，在综合格斗赛里没有哪个女选手能打得过我。

很快我就开始问出这样的问题："你觉得我应该练格斗吗？你真的觉得我应该去吗？"

每个人都说"别去"。每个人都觉得我可以做到，但没有人认为我应该去练格斗，他们都觉得这是死路一条，觉得在综合格斗中取得好成绩对于一个女选手来说没什么价值。人们还不认可参加综合格斗赛的女选手，女选手在综合格斗中也谈不上有什么职业发展的路径。

"你到底为什么想去参加呢？"曼尼问我，"你已经知道自己是全世界最强的选手了，证明这一点对你一点好处都没有。"

他说得也对也不对。我知道自己是全世界最强的选手，我也知道除非综合格斗界发生翻天覆地的变化，否则我不可能靠"最强选手"这个身份养活自己。我们的分歧在于我认为我可以改变整个综合格斗界，而他不相信这个圈子可以被改变。

"总有人能做成这事，"我说，"你总不能说没有可能性吧。那整个地球上有人比我更有资格去促成这个改变吗？"

曼尼耸了耸肩。

下一步是要寻找比赛机会，我需要找一位格斗经纪人。我问哈亚斯坦俱乐部总教练格尔高尔·谢尔维什（Gokor Chivichyan）认不认识什么格斗比赛的经纪人，他推荐了达林·哈维（Darin Harvey）。达林在哈亚斯坦俱乐部租下了一小间办公室，他希望从俱乐部里物色格斗选手并代理他们的业务。达林四十多岁，出身于一个富裕家庭，作为业余爱好练过一段时间的武术，后来他决定从事体育管理工作。他声称自己曾帮助一些格斗选手取得成功，前UFC重量级冠军巴斯·鲁特恩（Bas Rutten）就是其中之一。我问达林是否有兴趣担任我的格斗比赛经纪人，他表示有兴趣。

事情开始有了眉目，但我还有一件事要做：告诉妈妈。有好几个星期我都在左右摇摆，试着让自己鼓起勇气，不过我已经下定了决心，一定要把我的计划告诉她。我希望得到她的祝福。我不想再次离家出走，去做她不赞成我做的事。我花了这么多心思来修补我们的关系，可不想再开倒车。

几天之后，我行动了。

妈妈坐在客厅的沙发上，我站到离她七英尺远的地方，挨着厨房。在保持目光接触的前提下，这是我们俩之间可以容下的最大距离了。站在餐桌和烤箱中间，我意识到如果真的谈崩了，她正好挡在我逃出家门的唯一一条路上。

我们对视了那么几秒钟时间，我就把目光移开了。她不知道我要说什么，但她知道她绝不会同意。我把重心从左脚移到右脚，又从右脚移到左脚，等她率先打破沉默，但妈妈并不准备轻易了事。

"妈。"我叫了一声，然后就停了下来。

"别。"她说。

"我还什么都没说呢。"我说。

"我知道，但肯定是我会反对的什么事。"她说。

她是如何知道的？

我发现自己正屏着呼吸，就吸了一口气。

"妈妈，我知道这听上去不是个好主意，但是你不是总问我我对未来有什么计划吗？我觉得我想出来了。虽然你肯定会反对，但我真的想试试综合格斗。如果一年之后没有取得什么成绩，我就去加入海岸警卫队，或者去上大学，或者去做你想让我做的随便什么事，不过我感觉我可能真能弄出点名堂来。如果失败了，我会心悦诚服，承认你是对的，开始做一个负责任的大人。只要你给我一年时间就好。"

妈妈一言不发地坐了一会儿。她没有生气，但脸上的表情捉摸不透。

"这是我这辈子听过的最最愚蠢的想法了。"她说。她又重复了一遍以强调，"我这辈子听过的最最愚蠢的想法。"

她的声音冷冰冰的，这比听她对我吼还要糟糕得多。

"说'最最愚蠢的想法'的时候我是认真的，你想出来的可真是馊主意。"她补充道。

"但是妈妈，这是我的梦想，"我说，"我……"

她打断了我。"我们看着你参加了两届奥运会，我履行了我这边的义务，尽我所能给你提供支持。八年多了，这个家里每个人都在为你做出牺牲。现在你该安定下来，找份工作，做个大人了。'我的梦想是去参加综合格斗的比赛'？现在不是时候。"

"我不会因为你有一个梦想就让一个三十岁的'孩子'住在我家里，吃我的东西，我才不要做一个那样的家长呢。我也有一个梦想，我的梦想是有朝一日可以退休。我都是一个老女人了，我不会养着一个四肢健全的成年人，这个主意太蠢了。你应该去上大学，去找一份真正的工作，把现在这些傻念头都丢掉。"

她停下来喘口气。我张开嘴想说点什么，可是她还没说完。

"更不用说这事儿本身愚蠢透顶，因为根本就没有属于职业女子选手的综合格斗比赛。"她说，"没错，我知道有男选手以格斗为生，但他们参加的都是终极格斗冠军赛。上回我查资料的时候，终极格斗冠军赛里还没有一个女选手，我也没听说他们准备让女选手进军终极格斗。"

"我没想让你提供财政支援，"我说，"我只希望能获得你的祝福，让我试一试。"

"那你是得不到了。"妈妈说，"不过我知道你还是会按这个荒诞的想法去做的，你已经证明给我看过了，你压根就不在乎我同不同意。"

我两个礼拜没有跟妈妈说话。她给我留了几次言，但我一直躲着不接她的电话。

我查了查语音信箱。

"龙达，是妈妈。我知道你是故意不接我的电话。如果你觉得我已经改了主意，不再觉得参加综合格斗很蠢，那告诉你，我的想法没变。不管怎样，给我回个电话。"

等她出击是没有用的。我邀请她和达林以及我的体能教练利奥·弗林库（Leo Frincu）共进晚餐，想让她看看我关于综合格斗的雄心壮志不是白日梦。

我们约在 Enterprise Fish Company[①] 见面。达林、利奥和我坐在桌旁等她。

"见到你很荣幸。"妈妈到场时达林说，"龙达夸了您很多。"

"这我确定。"

达林冲我微笑了一下，好像在说："不着急，我只是在暖场。"我看了他一眼，用眼神说："你真不了解我妈妈。"

"龙达有成为巨星的潜质。"达林接着说。妈妈翻了个白眼。

"你不相信我吗？"他问。

"我有点怀疑。"她说。她的声音很严厉。

服务员过来让我们点餐，餐桌上的所有谈话戛然而止。妈妈看菜单的时候，我向桌子对面的利奥投去哀求的目光。

"龙达是位十分神奇的运动员，"服务员一走利奥就插了进来，"她是所有和我接触过的运动员里最出色的人之一，而我们的合作还处在最初的阶段。她潜力惊人。"

"我知道在一项运动中出类拔萃需要哪些素质，"他又说，"我曾是摔跤世界冠军。"

"是吗？"妈妈的脸上闪过一丝敬意。

"对，1994年，代表罗马尼亚。"

妈妈点了点头。

"她的巅峰时期还没到，"利奥说，"龙达刚刚进入黄金年龄段，她可以成为世界最顶尖的选手。"

"这我不反对。"妈妈说，"但我的问题在于，'没错，所以呢？'从我的角度来看，综合格斗女选手并没有市场，不是吗？"

[①] Enterprise Fish Company，海鲜餐馆，最初开办于加利福尼亚州圣巴巴拉市。——译者注

利奥犹豫了。达林插了进来。

"目前还没有，但我们将改变这一局面。"达林说，"龙达将成为一颗巨星，我们会为她找到一些参赛机会，情况会由此开始逐渐走上正轨。我有一种很不错的预感，她全身上下充满活力。"

"我是个统计学家，我根据事实和数据来思考问题，不看活力。我希望你理解为什么我心存疑虑。"妈妈说。

"完全理解。"达林点头的动作有点过于夸张。

服务员送上前菜。妈妈开始盘问达林，问他的从业资格、他带过的格斗选手、他的经历。

达林没能包装好自己。他东拉西扯的时候，妈妈不以为然地哼哼着。他抛出几个真人秀电视明星的名字，又说了几个不入流的选手。情况正在急转直下。

"可这些人根本就不是格斗选手。"妈妈指出。

"呃，嗯，确实不是。"

"所以你明白为什么我心存疑虑了吗？"她又问了一次。

"我明白。"达林结结巴巴地说，"但是我们有计划，我们已经全部规划好了。这些事情不会在一夜之间发生，但我认为用不了四年，如果她能够得到恰当的支持……"

他停下来看着妈妈，显然是希望她能接上话，许诺给予支持。妈妈看着她，脸上半是厌恶半是怀疑。

"哦等一等，你的意思是我们应该给她提供资金支持？"妈妈大笑着问道。

"我可以自给自足。"我插了一句。

"我正在为她的职业生涯付出大笔投资。"达林说。

"那太棒了。"妈妈带着优越感说。

我直想躲到桌子底下去。我想逃出这家餐厅，跑得越远越好。

"我不是在质疑龙达作为一名运动员的实力，"妈妈说，"而是在质疑'她会成明星赚大钱'这回事。依我看，综合格斗根本不需要女选手。"

达林沉默了。

"你明白我为什么有疑虑了吗？"妈妈又问了一遍。

达林点点头。

"你从中又能得到什么呢？"妈妈问他。

"我只想看龙达取得成功。"他说。

"你们签合同了吗？"

"我们有一份协议。"他说，"但如果龙达对我的工作不满意，我随时可以离开。"

妈妈眯起了眼睛。

"这与商业利益无关。"达林说。"龙达对我来说就像家庭成员一样。"

"商业永远都和商业利益相关。"妈妈说。她转过来朝着我，"我还发现，只有真正的亲人才能'像家庭成员一样'。如果这真的是你特别想做的事，你可以去参加，但是你得靠自己。我会给你一年的时间。仅此而已，就一年。"

喜悦之情席卷全身，我在心里已经快活得跳起舞来了。这是我能争取到的最接近同意的态度了，她并没有认可我的计划，但这已经够了。

我们吃完之后，达林大张旗鼓地付了账。

"好了，利奥，很高兴认识你。"妈妈说。

"就一年。"她对我说。

她扫了达林一眼，什么也没说。

那天晚上她给我打了个电话。

"嗨妈妈，怎么啦？"

"一年，"她略过所有客套话直接说，"还有，我不信任那个叫达林的家伙。"

真的要开始了，我想。

这是我的梦想，虽然妈妈不相信我能取得什么成绩，但她还是给了我一个机会去追逐梦想。这我可以接受。

如果你说话的时候别人不相信你，那你就必须证明给对方看。我向她保证，我会证明她是错的。

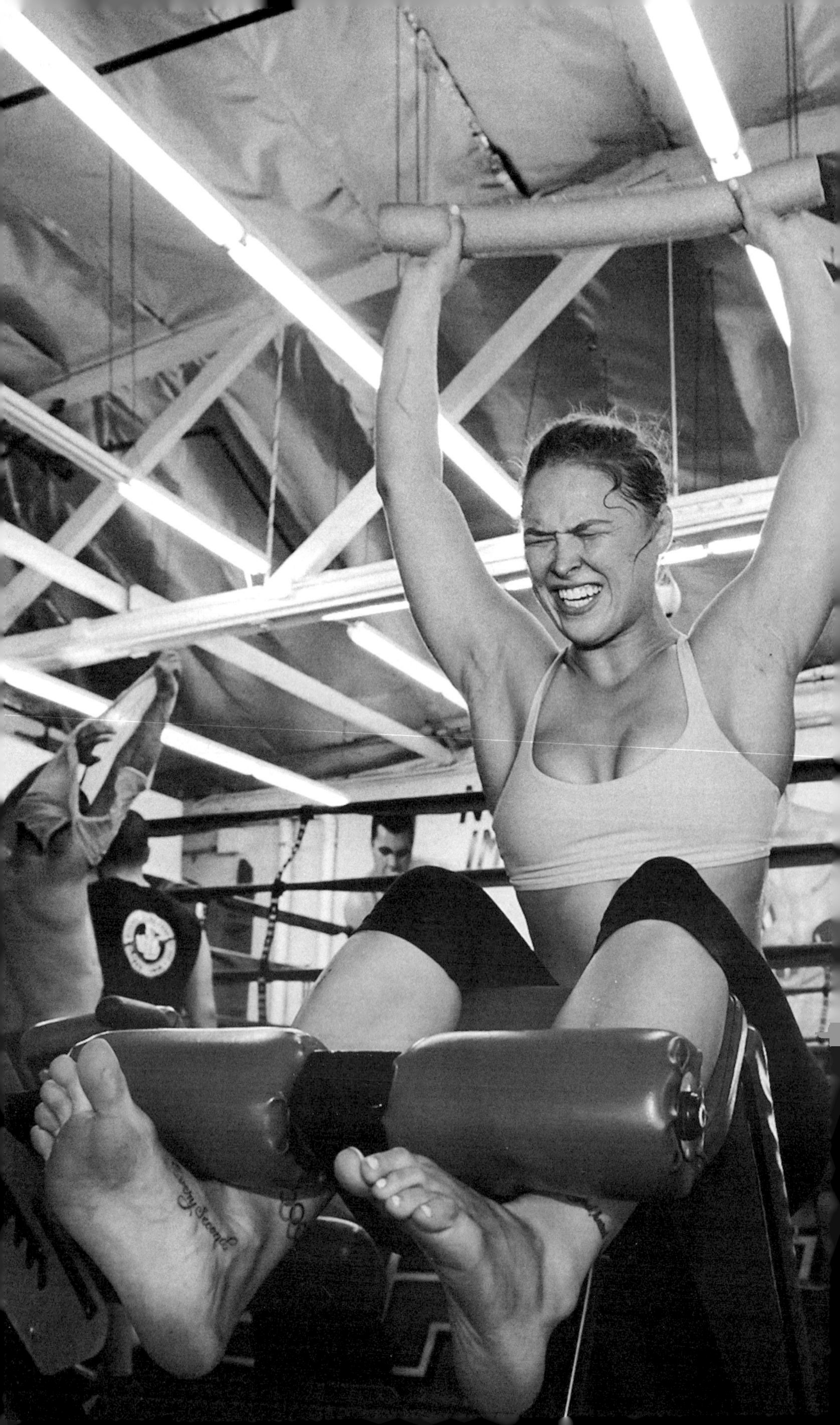

挑教练犹如选男友

寻找教练的时候我会"货比三家"。这个过程和约会很像，有时你可能会遇上一个不错的人，但他恰恰不适合你。当你找到合适的教练时，会发现你们之间有些东西恰好能吻合，感觉就是对的。如果没有这种感受，那你就还没找到合适的教练。

格斗选手必须去寻找具有潜力的教练，就像教练必须去寻找有潜力的格斗选手一样，毕竟这是一段需要长时间经营的合作关系。

我认为职业生涯中非常重要的一点是要跟随固定的教练，不应该换来换去。随着时间的推移，你们会建立起融洽的关系，形成一种沟通的方式。教练工作与沟通息息相关，需要迅速将信息从一个人传递到另一个人。如果你能找到一个同时具备以上素质的人，你们将"一直幸福地生活在一起"。

转去练综合格斗的时候，我知道自己可以击败全世界任何一位选手，但搏击又是另一回事了。我知道任何一次转行都是这样，你可以把原有的技能迁移过来，不过你也需要学习新技能。为了提高水平，我必须找到一位搏击教练。我去了好几家体育馆，但就是没找到和我一拍即合的人。

我还记得妈妈给我的建议，当时我正在寻找能带我迈上新台阶的柔道教练，"没有最好的教练，只有对你来说最好的教练。"

2010年初，几个和我一起在哈亚斯坦训练的人同时也在格伦代尔搏击俱乐部（Glendale Fighting Club，GFC）训练。格伦代尔俱乐部归埃德蒙所有。埃德蒙比大多数教练都年轻，还不到三十岁，但他十六岁就开始管理自己的体育馆、培训格斗运动员了。哈亚斯坦那几个人夸埃德蒙是个不错的搏击教练，我决定过去看看。

第一次去格伦代尔的时候，俱乐部里全是说着亚美尼亚语的人。我一走进门，他们就都转过头来盯着我看，好像我是从外星球降落到地球上的一样。我听不懂他们在说什么，但我可以确定他们心里想的是，这个女孩到底是谁？她来我们的体育馆干什么？他们知道埃德蒙"从未指导过女选手"，他也"永远不会指导女选手"。

尽管如此，曼尼还是把我介绍给了埃德蒙。我想他是介绍我了吧，因为他和埃德蒙之间的对话是这个样子的："【此处为亚美尼亚语】，龙达，【又是亚美尼亚语】。"

埃德蒙都没朝我这个方向看上一眼。

俱乐部里随便什么时候都有十到十五个人，有人打沙袋，有人做套路练习，有人骑单车，有人在拳击场上和埃德蒙一起击打拳套，也有人在练对打。这时我出现了，这个对搏击一窍不通的金发姑娘。曼尼开始练习了，我独自一人站着，听着健身脚踏车车轮的呼呼声、拳套被击打而发出的啪啪声，还有扩音器里放着的亚美尼亚音乐。没有人来跟我说话，不管使用亚美尼亚语还是英语。

我戴上拳击手套，开始击打那个沉重的沙袋。我知道自己的技术糟透了，但没有人会花时间来纠正我。我感觉自己蠢得很，我看上去也好蠢，但我还是弯下腰开始练习。练着练着，我看到埃德蒙在拳击场内指点曼尼。尽管埃德蒙是在场馆另一侧用外语发号施令，可我觉得我可以很好地理解他的意思，他比之前任何一个教练更好懂。我仔细观察他是怎样纠正曼尼的，自己也开始做相应的调整。

第二天我又去了，然后是第三天、第四天。格伦代尔变成了我生活的中心，其他事情都围绕它展开。

我在八点半到九点之间到体育馆，这对亚美尼亚人来说很早了。门还锁着，我没有钥匙。

我给曼尼打了电话，他让我给罗曼打电话，罗曼又让我打电话找埃德蒙，还给了我埃德蒙的电话号码。"嗨，有人来体育馆开门吗？"埃德蒙接了电话之后我问他。

"对，会有人来的。"埃德蒙恼火地说，"塞瓦克快到了。"

我坐在自己的包上，在体育馆后门坐着等。塞瓦克的车开进了俱乐部的停车场。我站起身来，左蹦右跳。

"早啊。"他开门的时候我高高兴兴地说。

塞瓦克帮我扶着门。他21岁，比我小好几岁，但他14岁就跟着埃德蒙训练，已经在格伦代尔教了好几年了。在对付我的时候他基本上听埃德蒙的话，但他至少会表示知道有我这个人存在。

塞瓦克打开灯，在桌子后面坐下。体育馆里一尘不染，这都是因为埃德蒙爱干净已经到了强迫症的程度。我进了门，右手边就是拳击场，场地背后的墙上有一幅巨幅画像，画面上穆罕默德·阿里和埃德蒙正摆出拳击的架势。画上还用大大的红色字母写着"一切皆有可能"。

我用绑带把手缠上。我缠手的技术十分业余，看得我自己直摇头。尽力缠好之后我就去练习打沙袋了。拳手接二连三地进来，这个地方慢慢变得充满生机。

十点到十一点之间，埃德蒙出现了。他先用亚美尼亚语对塞瓦克说了些什么，然后就喊上今天该训练的第一个选手，跳进场内开始练习了。

上完第一节训练课，埃德蒙从场地围栏中间钻出来，边走边从包里掏东西。我迎了上去。

"埃德蒙，你能帮我举着拳套吗？"这个问题我已经问了无数遍了。

"不能，我忙着呢。"埃德蒙说。他连头都没抬。

"也许你可以带我做一组训练，"我说，"我特别喜欢前几天你带我做的步法练习。"

"打沙袋去。"埃德蒙边说边挥手赶我走。

我走到沉重的沙袋旁边开始击打，觉得自己像个傻瓜。场馆另一侧有两个男的在笑，我感觉自己脖子后面变红了。我知道他们是在笑话我的样子。我不停地用更大的力量打沙袋，想让埃德蒙看到我正做着他让我做的事。我练习的时候还盯着埃德蒙看，想学点诀窍，但一心两用很困难。

埃德蒙又回到场上指导下一个人，这个拳手我认识，他叫阿尔特·贺夫汉尼斯恩（Art Hovhannisyan）。我停下手，在场边的一个轮胎上跳来跳去，看场上的情况。

埃德蒙和那名拳手绕场移动。砰、砰、砰，阿尔特打在拳击手套上发出的声音在馆内回响着。砰、砰，埃德蒙溜到左侧，我看着阿尔特跟上去打出一套组合拳，砰、砰、砰。埃德蒙快速穿梭跑动，阿尔特又开始跟进，这时埃德蒙示意他停下来。埃德蒙连珠炮似地说起亚美尼亚语，阿尔特边听边点头，表示他听懂了。埃德蒙又对空打了几拳，嘴里还在指点着。阿尔特用亚美尼亚语答了几句，埃德蒙摇摇头，好像在说"不，这样不对"，他又做了一次。之后阿尔特用亚美尼亚语说了点什么，埃德蒙用力点头。接着，他们两人又在场上摆开了架势，砰、砰、砰，这回打在拳套上发出的声音响得多了。阿尔特又来了一次，砰、砰。

"Shot lava！"埃德蒙喊道。我猜他说的是"对、对，就是这样！"

我朝空中软绵绵地打了几拳，想把刚看到的这套组合拳记到脑子里，一会儿去对着沙袋练。

我正在努力读懂肢体语言。埃德蒙可以拒绝给我单独授课，但仅仅是旁观他和其他拳手的训练过程，我能学到的都比跟着之前所有说英语的搏击教练所学到的多。我重新将注意力集中到场内的训练课上。我紧紧盯住埃德蒙，眯起眼睛，好像如果我足够用心，就能说服他和我合作一样。

这种状态持续了整整三个月。我每天都去，埃德蒙都允许我免费入场。破产让我愈发充满动力。我下定决心，要比所有人练得更刻苦。每天早上我先去阿尔贝托·克拉内（Alberto Crane）开在圣盖博谷地区的体育馆训练，练会儿综合格斗中的拳击。我会稍早离场，这样就能赶去格伦代尔了。

即便这样我仍然会是所有人里最早到体育馆的，也就每天都要给埃德蒙打电话，问有没有人来开门。

这种事发生得多了，埃德蒙很恼火，就给了我一把钥匙。他不愿意教我，但我拿到了钥匙！这让我意识到为了得到我想要的东西，最好的办法就是惹恼埃德蒙。我决定故意激怒他，直到他认输。

我会看着埃德蒙给每个人上训练课，不断要求他帮我举拳套。我每天每天地问，他都会拒绝。

2010年7月16日上午，我打开了格伦代尔俱乐部体育馆的大门。我到埃德蒙的俱乐部已经四个月了，他还假装得好像我不存在一样。拳手一个个来训练了，体育馆里开始活跃起来。埃德蒙和阿尔特一起走进来的时候，我正坐在前台缠着手上的绑带。当时我并不知道阿尔特之后有比赛，当天晚些时候他要去称体重。阿尔特跳上椭圆机，开始做运动。他一言不发。

"埃德蒙，你今天能帮我举拳套吗？"我问。

埃德蒙连看都没看我一眼，只说了一句"不能，我不想出汗，怕把这件衬衫弄脏了"，就走开了。

我嘴巴都张大了。我怒火中烧，心想，什么？你不想为了我出汗、就怕把你的衬衫弄脏了？可是我每天都在为你流汗，想要打动你啊！我每天都先在我训练的体育馆里流汗，之后还要过来哀求你给我一点时间。再说现在我们可是在体育馆里，你可以去把那件混蛋衬衫给换掉吧？这些话我没有全说出来，但我的怒气突然爆发了。"这他妈的全是胡扯！"我站在体育馆中央大吼。整个馆里安静下来了。

埃德蒙转过身来，好像难以置信。他冷冷地说："不准在我的馆里对我说脏话。"

我愤怒地抓起包就走了，一边还拼命忍着眼泪。

凭努力是永远不会赢得埃德蒙的尊重的，我放弃了。在一个不被接受的地方训练让我疲惫不堪。我要想想办法，怎么靠自己来完成训练。

我驾车离开。开出不到一英里之后，我突然发现我把手套落在馆里了。我没钱另买一副，真见鬼。

手机响了，是埃德蒙。我犹豫了一下，还是打开了翻盖。

"喂？"

"龙达，是埃德蒙。把车开回来，带我去银行。我们聊一聊。"

我违章掉了个头，开回了体育馆。我不知道将要发生什么事，但至少我可以把手套拿回来。

让我意外的是埃德蒙对我的车做出的反应。你看过那种空气清新剂的广告吗？拍广告的人会在车里堆满垃圾，把车停到太阳底下，再把人眼睛蒙上，以展示他们的产品有多好用。我的车差不多就是那个样子，但没有那股清新的气味。想象一下一个装满运动过后换下来的脏衣服的篮子，再加上一间狗屋，还到处都是廉价的塑料小玩具——既为了显示一点点个性，也为了冲淡后座上有如僵尸出没的荒原一般的气氛。我一年多没洗过车了，车上只有一扇窗户能开，车里没有空调。现在正是盛夏，格伦代尔那天的温度接近 37 摄氏度。

我把车开进体育馆停车场的时候忧心忡忡。埃德蒙走了出来。一看到我的车，他的脸上滑过一丝厌恶，犹豫了一下才伸手去抓车门把手。他哪儿都没碰就钻进了车里，好像只是盘旋在座位上方一样。

"直走，然后左转。"埃德蒙不情愿地说。

我点点头。我要说的话在体育馆里都说完了。

"你来找我的时候我满脑子想的都是阿尔特的事，"埃德蒙解释时带着一口浓重的亚美尼亚口音。"我说我不想出汗是因为我想帮他减到要求的体重。我没考虑自己的措辞。"

埃德蒙解释说，阿尔特之前生病了，一直在喝水，现在远远超出了体重要求。阿尔特来体育馆是想靠出汗减掉多余的重量，以达到要求体重。如果有人要出汗，埃德蒙希望那个人就是阿尔特。埃德蒙又说他的衬衫不是重点，但他得穿着那件衬衫去陪阿尔特称体重，而他没带换的衣服。

"我不是故意要那么说的。"埃德蒙说。

这样的道歉非常符合埃德蒙的风格，他不可能说他因为冷落了我而感到抱歉。其实他根本没有道歉，甚至没有跟我说他希望我不要离开。埃德蒙只想声明那天他不帮我训练是对的。

我们在银行停了下来。埃德蒙下车的时候我只管看着正前方。他走了几步，又原路折回，靠在副驾驶座的车窗上，窗户开着。

"不要丢下我，好不好？"他说，"我很快就回来。不要开走，行吗？"

他顿了一顿，不确定我会不会就此从路边把车开走。我忍不住笑了一下。

"我会待在这儿的。"

几分钟之后，埃德蒙出现了。他回到车里。"龙达，我看到你一直在练习，"埃德蒙说，"我看到你一直练得很刻苦。"

我点了点头。

"也许我之前没有好好和你合作。"他接着说。

"是啊。"我竭尽全力，才没有让讽刺的话脱口而出。

"但我以后会花更多时间陪你训练的。"他说。

"是吗？"我说。我努力憋着不让自己说出真正想说的话——"这可不难，反正你到目前为止一点时间都没花"——于是只能吐出这么两个字。

"也许可以帮你举着拳击手套。"他说。

"那太好了。"我答道。

"你接下来有比赛吗？"埃德蒙问。

"我业余赛的首秀在下个月。"

"好，我会保证你到时候可以做好准备。"他告诉我。

我们回到体育馆了。埃德蒙迅速推开车门，一下跳了出来，尽可能远离我这辆满是狗毛的车。

"好了，那就周一见。"埃德蒙说。

"周一见。"我答应下来。

开车离开时我笑开了花。等想起我的手套还在体育馆里，我已经开过半程了。我就周一再去拿手套吧。

周一一早，我开车去体育馆的时候一路都在笑。我几乎藏不住激动的心情。就是今天了。

我很早就到了，连塞瓦克都还没来。我开门放自己进去。大概过了一个小时，埃德蒙走进大门。

"嗨埃德蒙，你说过你今天要帮我举着手套的。"这不是一个问句。

"没错，没错，"他说，"等我先给几个人上完训练课。"

如果埃德蒙真的想和一个人合作，他的一节训练课可以持续一个小时。也可能他帮你举着手套，一局都没练完就轮到下一个人了（职业拳击一局比赛时长为三分钟）。这取决于埃德蒙的情绪，以及他是否喜欢你。我不知道他要先给几个人上课，我也不在乎。反正埃德蒙不帮我举一会儿手套我就不出这个馆了。

在接下来的一个小时里，我在一旁等着，做热身、蹦来蹦去。我想让自己保持敏捷，这样等埃德蒙说"好，龙达，过来"的时候，我就可以立刻跳进场内。这时他喊了我的名字。

走进拳击场的时候，我试着让自己不要显得过于兴奋。我希望他知道我认真而且专注，所以我一个字都没有说。从大吉姆那里，我知道如果你闭口不言，按照他的指令行事，教练会很满意。

他带着我练了几分钟的基本步法，又让我出一记左刺拳。

我打了一拳。我尽可能地让自己保持放松，因为如果肌肉僵硬，这一拳将毫无意义。但我当时兴奋不已，实在太僵硬了。我这一拳打得一塌糊涂。他让我又做了几次，我刚觉得自己开始放松下来、表现有起色，埃德蒙就说："好了，我们完事了。"

我们在拳击场上还没待满二十分钟。

多年以后，我听到埃德蒙在一场访谈中说，那天早上我冲他大吼可以算是一个转折点，因为他由此发现我有勇气、敢说话。那一刻让他看到我有多么想训练，也让他意识到我是可塑之才。就在那一刻，我找到了自己的教练。

难免坎坷

> 我曾经输掉比赛,丢掉朋友,失去父亲。当情况不好的时候,我知道自己可以应对,我知道自己可以在事情最糟糕的时候重振旗鼓。我不怕丢掉所有的钱,也不怕中断职业生涯,因为我知道我可以住在自己的车里,我可以东山再起。一旦你挺过了可能发生的最可怕的事,就没有必要去害怕未知的事物。你将无所畏惧。

我的综合格斗生涯开始取得进展了,但在格斗比赛开始赚钱之前,我还需要再打一份工以贴补开支。我急急忙忙地找起工作来。姐姐玛丽亚打电话给她高中时期的一个朋友,帮我找到了一份在24小时健身俱乐部(24 Hour Fitness)[①]值大夜班的活。这个工作烂透了,但每当忿忿不平的时候,我都会想一想住在我那辆本田车后座上的滋味。

几周之后,我在洛杉矶西区找到了第二份工作,在一家俱乐部教柔道。我还找了第三份工作,是在一家动物康复诊所做兽医助理。这都是些零活儿,但已经足够支付我(大部分)的账单。再说,我如此迷恋狗狗公园大帅哥,只要他和我在一起,世界上其他东西都无所谓了。

但一个人只能在泡沫还没破裂的时候生活在虚幻的世界中。

我们难分难舍快一年了。这天狗狗公园大帅哥给我打电话,我正要

---

① 24小时健身俱乐部,美国连锁健身俱乐部,总部位于加州湾区。——译者注

出门去练格斗。

"我得见见你。"他恳求道。

我到他家的时候他正弯着腰垂着头坐在床上。罗克西蜷缩在房间的一角，我从不曾看到他如此惊恐。我把手提包放在卧室门边。

"我喝酒了。"他说。

我不知道这意味着什么。"这又不是世界末日，你今天喝了酒，只是损失了一天而已。我们还可以再往前走。跟我说说你碰到的各种事情吧。"

我到他家之前，他已经喝空了一瓶四十盎司的麦芽酒，还拿出了一箱六罐装的啤酒，我们坐着的时候他就喝酒。他只是今天要喝酒，我暗自想，让他把这些都发泄出来吧，我们明天再重新开始。

几个小时过去，他好像灵魂出窍了。他的瞳孔放大得很厉害，眼睛都变成黑色的了。我没法让他把注意力集中到我身上。

"我要出门去旅行了。"他告诉我。他的声音软弱无力。

"你怎么了？"

做酒吧服务生的时候，喝酒喝多了的人我见得多了，但这种状态和我看见过的完全不一样。我开始害怕了。

"我要出门去旅行了。"他又说了一遍。

"跟我说说话，我在这儿呢。"但他好像已经去了另一个地方。他一直盯着空中，然后起身要走。

"你绝对不能离开这个房间。"我没有抬高声音，但我站了起来，堵住了他出门的路。

他的目光越过我，盯着我身后。他想把我移开，好像我是一把恰好拦住了去路的椅子。我双手抵住他的胸口，把他按倒在床上。他试着起身，我推了他一把，他的头撞到了墙上。我的心往下一沉，以为自己弄伤了他。但他晃晃脑袋，一副镇定自若的样子。他又要起来，我又推了他一把，这次动作轻了一点。他没有反抗，坐了几秒钟又想站起来，好像忘记了刚才发生过什么。我们之间这种奇怪的互动进行了十几次，每当他想站起来的时候，我的肌肉就绷紧了，准备再来一轮。每一回我的心都会沉到更低的地方。狗狗公园大帅哥正在离我而去,我却没有办法把他拉回来。他终于坐到床上了。

我跑进厨房,在台面上找到他的钥匙,藏到橱柜里,然后马上跑回卧室,生怕又得阻截他一次。

我在他身旁坐了下来,又疲惫又伤心。没过多久,他站起来,摆出要去卫生间的样子,突然一个急转弯冲向家门。

我把他拦了下来。接下来的一个小时里,我坐在门口守着,堵住这套公寓唯一的出口。

"对不起,"他终于说了这句,"对不起。我们躺下来吧,躺着就好。"

我已经筋疲力尽。这时已经过了凌晨三点,我守着他已经好几个小时了。我们沉默地爬上床。我看着他的眼睛,他好像已经回到了现实中,好像终于清醒过来了。我们并排躺着,他用满是纹身的手臂搂着我。我慢慢放松下来,终于进入了梦乡。

早晨我醒来的时候已是孤身一人。我手提包里的东西散落一地,狗狗公园大帅哥开着我的车走了。

我给他打了电话,没有人接。

我给所有能想到的人都打了电话。我给他的朋友迈克打了电话,给他的朋友卢克打了电话,给他的朋友杰克打了电话,给他妈妈打了电话,又给我妈妈打了电话。所有人的回答都一样:报警,说你的车被偷了。他们会去找车,这样就能找到他了。

拨出 911 的时候我感觉很不舒服,手也在抖。接线员根本没怎么安慰我。

"如果你报警说这辆车被偷了,他又试图抵抗的话,那你得知道,警方有权向他开枪。"他说,"你希望看到这样的情况吗?"

"当然不希望!"我吓坏了,"我可不希望他们对我男朋友开枪!"

他们派了一辆警车到公寓来,来了两位警官,其中一位比另一位高出一个头。我把他们请进门。他俩人很好,高的那位冲我挤出一个微笑,他的搭档拿出一个笔记本来翻开。我把来龙去脉说了一遍,他们脸上洞悉一切的表情说明，这些事他们之前都听说了。

"你们真的会朝他开枪吗？"我问。

两位警官看上去有点迷惑。

"不会，"矮警官说。"我们会开车去周边各家汽车旅馆，会去停车场看一看。我们会帮你找到他的。"

他的搭档同情地看了我一眼。

"你可以打这个电话找我们。"他边说边递给我一张名片。然后他们就出发去找人了。

我坐在狗狗公园大帅哥家客厅的地板上，靠着墙，一动不动。罗克西躺在我脚边。

"你都让自己碰上了什么混账事儿！"我大声对自己说。

我不知道该做点什么。我不停地看手机，把手机握在手里翻来翻去，想让它响起来。铃声响了，是他妈妈。我们曾经匆匆见过一面，不怎么熟。

"到底发生了什么？"她问。

我把昨晚发生的事情一五一十地讲了一遍。

"你让一个瘾君子喝酒了？"她用责备的语气说，"你怎么能这么做呢？"

"我……我……我想他是海洛因上瘾，跟酒没有关系。"我结结巴巴地说。

"简直难以置信，这些东西都是相通的，"她说，"我知道你不爱听这个，但这是你的错。你鼓励他喝酒了。"

"要是有他的消息就跟我说。"她说完就挂了电话。十五分钟之后，她又打来电话，我直接切换到了语音信箱。

一个小时过去了，我听到门口有人。我一跃而起，罗克西开始疯狂地叫唤。门开了，是他妈妈。

"没有消息吗？"她问。她看起来不那么生我的气了。

我摇了摇头。

"这就是为什么你不该跟一个瘾君子谈恋爱。"她说。

她拿出手机，开始打电话。我坐在厨房里，半天回不过神来。她走进他的卧室，开始把衣服扔到一个包里。这时她的手机响了，我们俩都跳了起来。

"不是他。"她看看来电显示，对我说。

那天下午晚些时候，狗狗公园大帅哥径直走进了门。我一下子如释重负。他看上去狼狈不堪，但是人没事。他瘫在床上，哭了起来。

"实在对不起。"他抽泣着说。我从来没见他哭过。他坦白说他开着我的车去市中心弄海洛因了，但是只找到了可卡因。于是他一个上午都在吸可卡因，然后开车到处转。等他开始平静下来的时候，所有念头突然涌上心头。他心情低落，我从来没见他这么沮丧过。他甚至没法直视我的眼睛。

情况简直一团糟，我都不知道该怎样处理了。他妈妈以惊人的组织能力掌控了局面。她以前经历过这种事。

"上车，"她斩钉截铁地说。"送你去戒毒所。"

他慢慢站起来，没有反驳。她带他出门上了车，那是一辆豪华轿车。我跟在他们后面，罗克西紧紧跟着我。狗狗公园大帅哥坐进后座，我坐在他身旁，罗克西趴在他脚边。去戒毒所要开四十五分钟的车，一路上没有人说话。

"对不起。"我们下车的时候他说了一句。

我想挤出一个微笑，那种告诉别人"一切都会变好"的微笑，可我没法把嘴角抬起来。

狗狗公园大帅哥在入所文件上签了字，他的手在颤抖。

"对不起。"他又说了一次，"实在对不起。"

他妈妈和我上了车，我得去他家一趟，去开我的车。她看上去又累又担心。我们开车出来，上了高速公路。

"我不敢相信你居然让他喝酒。"她又说了一遍。我什么都没说。

"上帝啊，谁会让一个瘾君子喝酒啊。"她根本没朝我这边看。之后几英里路她一句话都没有说。

"他遇到你的时候，我就知道他会回到这个状态，可我还是不敢相信我们又走上了这条路。"这一回她并不是在和我说话。她紧紧攥着方向盘，手指关节都变白了。我回头看了看罗克西，她还趴在后座的地板上。

我们继续往前开。

"你得离开他，"他妈妈打破沉默对我说，"他不会给你带来什么好处，你也不会对他有什么帮助。你不能跟一个跑来跑去干这种破事儿的人待在一起。"

回家的路上她就这样隔一会儿说几句。她的目光从没离开过车道，而我一个字都没有说。

到家之后她把车停下让我下车，连再见都没说就开走了。我和罗克西站在一起，她抬起头盯着我，看上去又恐惧又孤独。我发现这和我的心情一模一样。我俯下身去，挠挠她的背。

"来吧，姑娘。"我说。她跟着我走到我的车旁。我打开后门，把手提包扔到地上。我试着把罗克西弄进车里，但她突然狂躁起来，它跑开了，还沿着路一直往前跑。我猛地关上车门去追她，在跑过半条街之后逮住了她。我紧紧抓住牵着她的绳索，领着她走回汽车旁边，开门的时候却发现车门锁上了，我只好大笑。我根本想不到这一天还能变得更糟糕。我给汽车协会（AAA）[①]打了电话，坐在马路边上等人来。罗克西不肯安静下来，我就猛地拽她的绳索。

"罗克西，静下来。"我坚定地说。

一个陌生人过了马路，朝我这边走过来。

"要是有人对你这么生拉硬拽，你会怎么想呢？"他问我。

"滚！你根本不知道今天发生了什么，别瞎掺和。"我爆发了。他像看一个疯子一样看看我，走开了。

汽车协会的人过了一个多小时才来。

[①] 美国汽车协会（American Automobile Association，简称 AAA），提供包括紧急修车、租车、购车贷款在内的多种服务。——译者注

等他们到的时候，已经过了去狗狗日托所接莫基的时间。我不知道怎么才能付得起在日托所连住两天的钱。终于到家了，我的公寓里很冷。因为钱不够，我决定把水电算作生活的必需品，取暖用的天然气则不属于这一类。

房间很黑，我直接爬上了床。我没有床单（床单要花钱买，我没有钱），只有一个睡袋。这实在太冷了。罗克西爬上了我的床，我用睡袋给她盖上，又把她抱在怀里。她背对着我，我们就这么躺了一夜，互相依靠，互相取暖。泪水顺着我的脸颊流淌。

狗狗公园大帅哥在戒毒所里的时候会给我寄长长的手写的信，里面全是道歉和表白的话。我会躺在我那张没有床单的床上读信，前胸贴着他养的狗的后背，边哭边想，他爱我，这才是最重要的。

我很想念他。几个月以来我一直和他在一起。我刚开始为自己的综合格斗梦努力拼搏，我觉得他是真正对我有信心的人。我想让他回来。

狗狗公园大帅哥进戒毒所两周之后，我在探视日去看他。他看上去比我们送他进去的时候好多了，眼睛里重新有了光亮。我们牵着手在访客区一张小小的沙发上坐了一会儿，后来他又带我去外面散步，那里的草坪修剪得整整齐齐。在戒毒所约会让他觉得很尴尬，但他很高兴我能去看他。我在那里待了一个小时。时间到了，刚走出门，我就意识到自己还没有做好离开的准备，我还没有做好放他走的准备。

几个小时之后，我把车开到了位于托伦斯（Torrance）[1]北部的24小时健身俱乐部的停车场里。我坐在自己的车里，鼓起勇气想走进体育馆去。今天已经弄得我心力交瘁，而在我所有的工作里，这是我最不喜欢也是最吃力不讨好的一份。我闭上了眼睛。

"先等一等。"我对自己说。我搬出了那套自己鼓励自己的话，每当需要让自己振作起来的时候，我都会用上这些说辞。"总有一天我会取得巨大的成功。我会写一本书，那将是一本特别棒的自传，而现在这些就

---

[1] 托伦斯（Torrance），城市名，位于洛杉矶西南。——译者注

是书里常有的故事。现在无非是书里的主角正在经历磨难罢了，这是故事里最糟糕的一段。再往下翻几页，就能看到无比神奇的结局了。"

我做了个深呼吸，走下车，进了体育馆，坐到柜台后面。在接下来的好几个小时里，我不断把头往后仰，防止自己垂下头去打盹。

"我希望你去死。"艾琳朝我啐了一口。我正犯着迷糊，她一巴掌把我扇醒了。

"嗯？"我轻轻地摇了摇头，让自己回过神来。

"我希望你去死。"艾琳重复了一遍。

我尽力摆出接待顾客的微笑。

这是书里最糟糕的一段，我提醒自己。而你，我的注意力转向了艾琳，想道，将是书里的一个反面角色。

我最不想接触的人就是艾琳，一个住在自己车里的女酒鬼。她总是满身酒气，那一头脏脏的金发好像极少梳理。她双眼都挂着眼袋，下巴上排列着一串疱疹。她正一脸怒气地看着我。她大概三十五六岁，但看上去像是快五十了。

离我下班的时间还有不到一个小时。每天早上五点，空调会开始全力工作，把我冻得够呛。我只想熬完自己这一班的时间。

艾琳把指尖——手指和指甲顶端交界处——放在扫描的地方，这样当然读不出她的指纹。每周的这个时候她都想弄死我。嗒，嗒，嗒，我能听到她气急败坏地拿指尖敲击扫描处玻璃板的声音。

艾琳会盯着我看，"不管用！不管用！"她喊着，"快放我进去。"

她老要跟我吵架。她会尖叫着说我笨，我会耐心地给她解释，说她得把手指前端那一块按下去，但这天早上我受不了了，我不愿意再教她做一遍了。

她还在不断地用指尖戳扫描的地方。终于，她意外地放对了位置，机器读出了她的指纹。

"一切就绪。"我的语气欢快得有点过了头。"练得开心。"

艾琳冲向了训练区。

时钟刚从五点五十九分跳到六点整，我就抓起钥匙，在十一月清凉的风里跑向我的车。

"见鬼！"油量表显示为空，这让我大吃一惊。我总是遇上出人意料的事，但把油箱放空是我故意的。洛杉矶加油最便宜的地方就在 24 小时健身俱乐部旁边，405 号州际公路①的入口处。我会计算好时间，这样每次我来上班的时候都是油箱最空的时候。没问题的，我对自己说，现在只有一小段路要开。

我全程保持身体前倾，祈祷这一点点朝前的动能可以帮助我的小本田支撑到 Arco 加油站②。

站着给车加油的时候我又冷又困，把输油管连到车上的时候手直发抖。我把自己按最低工资标准赚来的所有钱都换成汽油加到了油箱里，这让我沮丧不已。工作了一宿之后，我却没有带一分钱回家。我真想蜷起来，就在加油站的停车场里睡一觉。接着往前走，我对自己说，还有二十分钟我就能回到家里、躺在床上了。每周一我要进行体能训练，再过几个小时我就要去训练了。但如果能在六点半之前到家，我去训练之前还可以睡上三个小时。我钻进车里，把热空调开到最大。

我开上高速公路，准备马上赶回家。路上堵得死死的，目光所及之处都是一辆接一辆的车。我忘了这回事了，这个周末连着假期，所有想躲避周日回程高峰的人都在周一清早往家赶。

车流缓缓移动着，暖气开着，我疲惫不堪，车里太舒服了。

砰！

我的脸重重撞在方向盘上。我醒了过来，睁开眼睛。这场车祸没有把我撞得不省人事，它把我撞醒了。

我追尾撞上了一辆银色的丰田凯美瑞（Toyota Solara）。

我把车停到路边，往脸上一摸，满手的血。我几乎要疯了。我呼吸

---

① 405 号州际公路，加利福尼亚州南部一条重要的高速公路。——译者注
② 加州主要的连锁加油站之一，Arco 原为独立的石油公司，2000 年被英国石油公司收购。——译者注

急促，滚烫的眼泪灼烧着眼睛。我没法思考了，我不知道该怎么办。我给妈妈打了个电话。

"我刚刚在高速公路上出车祸了，我不知道该给谁打电话。要打911吗？"她十分肯定地说要。

别的车从旁边蜗行通过，我看到车上的乘客正盯着我看。我们两辆车受损的情况都不严重，但这起事故必须交由保险公司处理。我又开始担心钱的问题了。这下我的保险费率会上涨，我怕自己会没有足够的钱来交房租。

丰田车里的女司机朝我走过来，我看着她，她见到我的时候脸都白了。她不停地问："你还好吗？"

医护人员到了。一个男医生给我做了检查，告诉我："你鼻梁骨折了，可能还有轻微的脑震荡。这太糟了，快回家。"他可能还说了别的医学术语，但大意就是这样。

在我开着车睡过去的那一会儿，我的鼻子撞上了方向盘，鼻中隔撞偏了。现在我的鼻子还有一点变形。之后每当被人击中面部，我的鼻子都会塌，原因之一就是这次受的伤。如果你从下往上看我的鼻子，会发现它的位置是偏的。

因为两辆车都还能开，高速交警说我们可以走了。医护人员离开了，高速交警离开了，丰田的司机也把车开走了。我坐在车里，在高速公路上又坐了几秒钟。我不知道自己在等什么，我只是在等待。我想再一次闭上眼睛，醒过来就能到另一个地方。我想在自己的床上醒来，睡上好久好久以来的第一觉，好久好久以来第一次不觉得肌肉酸疼。我当然也想让自己醒来之后不再是现在这个样子——好像是被球棒击中了面门。

我沮丧不已。我脸上很疼，那一下撞得我心慌意乱。我似乎正摇摇晃晃地走在悬崖边，拼命寻找可以落脚的地方，周围的一切好像正在崩塌。

就是这里了，我可以说我俯下身去、发出了一声尖叫，那种质朴的、净化灵魂的尖叫，好像在喊"你还有什么招吗"。太阳探出了地平线，我领略到了自然的美好，也看到了它的意义。掠过头顶的一只小鸟可以算是上帝给我的一个启示。那我就可以说，在那一刻，我知道一切都会好起来的。但这一切并没有发生。

真实情况是我哭了起来，哭得撕心裂肺。眼泪里的盐分和血液的腥气在喉咙里混在一块儿。从后视镜里，我看到自己脸上有凝结的血块，有粘稠的鼻涕，眼泪从上面滑过，简直一团糟。我都不想去把它擦干净。

"真是太累了。"我大声说。血从脸上一滴一滴地往下流。车辆不断从我身旁开过，我任由它们超车。

我的手在抖。我又给妈妈打了个电话。

"喂？"一听到她的声音，我抽泣得更厉害了。在这个几乎喘不上气来的当口，一句话脱口而出："我真是恨透了书的这一章。"这让妈妈大惑不解。

我正在经受考验。虽然在内心深处我知道自己能通过这道关口，但在那个时候，我感觉自己要失败了。

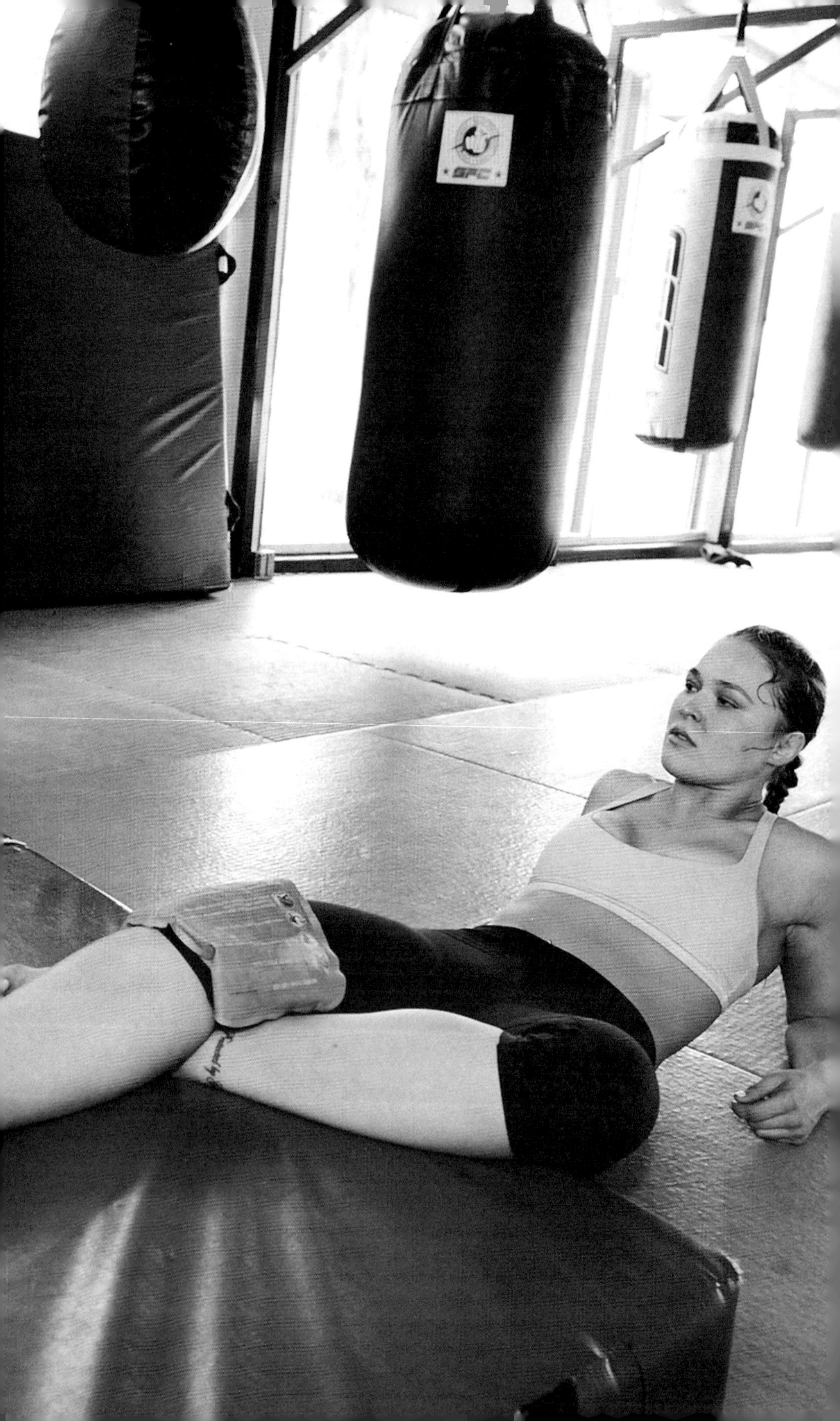

冠军总要付出更多

每次走进八角笼的时候，我都相信自己一定会取得胜利，不只因为我是个更优秀的拳手，不只因为我求胜之心更强，还因为对方永远不可能像我一样努力。这才是真正让我脱颖而出的东西。

在我长大的过程中，妈妈让我牢牢记住了冠军要比其他所有人努力很多很多。如果我因为要去训练而抱怨，或者按掉闹钟、不愿意爬起来去跑步，妈妈就会轻描淡写地说："我敢打赌某某（我当时最主要的对手的名字）现在一定在训练。"

她会让我在训练结束之后留下来，练习套路动作。每当我说没有其他哪个人的妈妈会让他们留下来的时候，她只是告诉我："冠军总要付出更多。"

我恼火地抱怨道："妈妈，我都在这里加练了十五分钟了。所有人都走了，我已经付出更多了。"

她只会告诉我："冠军会比那些自以为付出了更多的人付出更多。"

对我来说，周二是一周中最难捱的一天。

周六和周日，我在24小时健身会所值夜班。周一一早，根据我的疲劳程度，我要么回公寓睡上几个小时，要么去跟着利奥进行体能训练。利奥住在谢尔曼橡树区（Sherman Oaks），不管从24小时健身会所还是从我家出发，那都在洛杉矶的另一头。我跟着利奥训练，举重、跳操，接着在体育馆里洗个淋浴（他们提供免费的护发素！）。然后他会先让我在他家的沙发上睡上几个小时，再开车去练摔跤。我很享受这段安静的独处时光，在这段时间里我不用从一个地方赶去另一个地方，可以好好休息。我们会一起去"SK 黄金男孩"（SK Golden Boys）练摔跤，那是一个还凑合的摔跤馆，地方就在停车场里，由马丁·波波利安（Martin Berberyan）组织训练。那里的训练设施都是拼凑起来的，但对手水平很高，弥补了设备上的不足。我会和所有练摔跤的男运动员交手，当我不占优的时候，至少也会坚持到底。修建那个停车场是为了停车而不是为了练摔跤，所以它通风性很差，闷热极了。室内湿度很大，满是汗味。我在停车场附带的浴室里洗淋浴，可一走出淋浴间就会被热浪笼罩，立刻又开始出汗。等我们回到利奥家，就已经过了晚上八点，我还要在开一个小时的车才能回到狗狗公园大帅哥家里。我几乎每天晚上都住在那里。他没有工作，就帮我照顾莫基。在背靠背值完两个通宵夜班、又进行了两场训练之后，我瘫倒在床。

每周二早上，我和狗狗公园大帅哥七点半起床，开车去圣莫尼卡商业中心的香啡缤（The Coffee Bean）[①]。我喜欢在排队的时候让他搂着我。

之后莫基会跟着我去格伦代尔训练。我先走 405 号州际公路北段，再换到 134 号加州州道，庆幸自己可以逆着车流行驶。我车上的空调坏着，而且只有一扇窗能开。我在后座上放着两只装衣服的篮子，一只装干净衣服，一只装脏衣服。莫基喜欢把脏衣服扯出来，在上面打滚。汗臭味、脏衣服的气味和狗狗口水的气味混在一起，让人窒息。我很确定后座上正在孕育一种全新的超级致病菌。当莫基身上开始长跳蚤的时候，我觉得我找到了证据。

我在早上九点左右到达格伦代尔搏击俱乐部。我比塞瓦克到得早，要自己开门进去。莫基应该待在门口的水泥板上，但她不听话，会在拳

[①] 香啡缤（The Coffee Bean），源起加州的连锁咖啡店，创办于 1963 年。——译者注

击场的角落里往上爬。我的热身运动持续到埃德蒙来体育馆为止。当他走进馆里,看到拳击场里有狗的时候,总是掩盖不住厌恶的神情,不过要等到好几个月之后,他才礼貌地向我提出要求,让我不要再把狗带到体育馆来。

"我今天该练什么呢?"我问埃德蒙。

然后我就按埃德蒙的要求去做练习。

打沙袋,打小速度球,打重沙袋,打双头袋,空拳攻防,跳绳,在轮胎上练弹跳,练实心球,练动作套路,我可以选择的练习内容数以百计。

我会按照埃德蒙的安排一直做,他都忘了我还在练,直到他想起来我才会停下来,练习的时间总会远远超过他的要求。我从来不会偷工减料,降低训练的强度。这之后埃德蒙会让我再做点别的。

我每天在格伦代尔搏击俱乐部待三个小时,偶尔赶上埃德蒙心情不错,他会帮我举着拳套,这个时间连二十分钟都不到。但每到这种时候,我都会充分利用好每一秒钟。

每次他一喊到我的名字,我就会跳起来,俯身钻过场边围着的绳子,站到场上。他会让我出一记左刺拳。刺拳速度快而且犀利,它和那种力道十足的拳法不一样,不能一拳把对手击倒。有好几个月,每节训练课的内容都是刺拳、刺拳、刺拳,有时练的是连续刺拳。在好长一段时间里,这就是埃德蒙在拳击场上让我练的全部内容了。

我们会练习如何出刺拳以及如何在两次出拳之间做衔接。埃德蒙成千上万次打中我,他也会示范给我看如何防守。如果我露出倦态,他就会下手更狠。有一次他一拳打在我身上,打得我透不过气来。我跨了一步,单膝跪地,想喘一口气,他用一只手抓住我,把我拽了起来。

"不能跪下,"他说,"要是你跪下来,我还会接着打你。要不要挨打你没得选。你只有一个选择,要么站起来挨打,要么跪着让我打。"那是我最后一次单膝跪地。

他不停地出拳。我把双手放下,好像在说,冲我脸上打,我能受得了。

埃德蒙盯着我的眼睛看了看，一记刺拳打在我身上。我竭力不往后退。

"我可不傻。"埃德蒙说，"你把脑袋递给我，指望我往脑袋上打。我不，我偏往身上打。"

我由此知道，不应该"期待"对手按我的喜好出招。我只能"迫使"他们按照我的喜好出招。

我必须匆匆跑出格伦代尔搏击俱乐部，赶往我做兽医助理的那家动物康复诊所。我带着三个小时攒下的汗坐上车，在太阳最毒的时候往回开，再次穿过洛杉矶，我的车这时像个烤箱。回家要开四十五分钟车，我把莫基安顿在后排座位上，放着刺耳的独立舞曲，在车里边唱边享受音乐。

我会把车停到我家的公寓旁边，冲进去洗个澡。水压低得可怜，只有滴滴答答的水流。狗狗公园大帅哥就住在诊所那条街上，离我家有十五分钟的路。我在他家停一停，把莫基放下。

"要乖乖的。"我说。我把自己的狗丢下，去照顾别人家的狗。跑出门去上班的时候，我会给狗狗公园大帅哥一个热烈的吻，他则会在我屁股上拍一巴掌。

之后几个小时里，我要把狗狗抱进水池再抱出水池——它们在池子里踩水下脚踏车，还要在做理疗、做针灸的时候帮忙按着它们。我看着受了伤的小动物一点点康复，也有上了年纪的小动物病情越来越严重。我试着在情感上和它们保持一定的距离，但总是做不到。在医生问诊的间隙，我和诊所的顾客们闲聊，聊我怎样为参加综合格斗赛做准备。后来人们总问我比赛怎么样，老板厌烦了，就下令不许我在上班的时候聊除了狗之外的话题。

下午有一段休息时间，我会开车去狗狗公园大帅哥家，他已经帮我烧好了训练餐——蔬菜和烤鸡肉，浇上了我最喜欢的"凡尔赛"调味汁。"凡尔赛"是当地一家古巴餐馆——正在等着我。我狼吞虎咽把东西吃完，在赶回去上班之前还能享受几分钟两个人共处的时光。我会干完这一班，可是我的一天还没有结束。

　　在晚高峰的长龙里堵上半个小时之后，我到洛杉矶西区教成年人柔道课。我一招一招地教，却觉得自己对这项运动有种奇怪的疏离感。之后我还要教一节巴西柔术课。回到狗狗公园大帅哥家里，他会做我爱吃的金枪鱼——原料有金枪鱼、蛋黄酱、帕尔马干酪和意大利香醋，我们拿它配烤面包或者炸玉米片吃。

　　睡觉之前，我脱下又一套被汗水浸透的衣服去洗澡。我明显变瘦了，肌肉越来越紧实。我的身上满是淤伤、垫子擦伤和被狗挠的伤。全身疼痛不过是日常的状态，并不是之前不疼然后疼之类的。疼痛就和我的金发一样如影随形。

　　我走进淋浴间，让热水从头顶淋下来。然后我又换成了格斗的姿势，在淋浴间里练起了空拳攻防，对着水流出拳。

　　我用毛巾擦干身体，倒在床上。

　　每天面对的都是疼痛、汗水、车里的臭味、永远湿漉漉的头发，可是我不在乎。我身处一片兵荒马乱之中，我知道为了成功就得这么做。我需要比世界上所有人练得更多，我需要变得更聪明、更强壮、走得更远，我需要在别人考虑要不要去健身房的时候待在健身房里，我需要超越人们想象中的极限，然后再次超越。每做到一天，我就离自己的目标又近了一点。

　　每天晚上我都睡得很香，我非常确定自己不可能再多做哪怕一点点了。

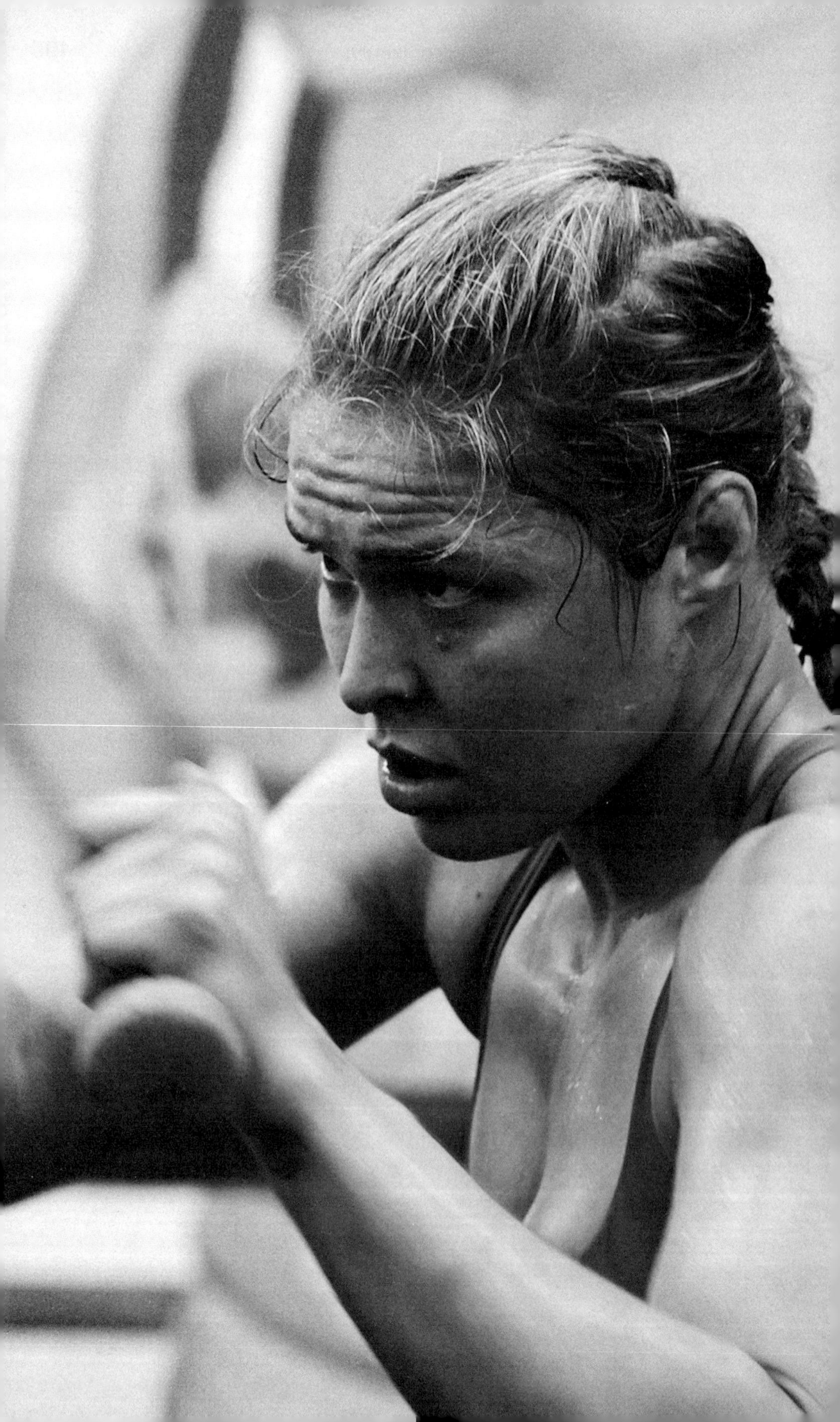

计划好第一招

  人们常常问我，对阵某位对手的时候我的比赛计划是怎样的。我从来没有一个严格的比赛计划。我会想好第一回合做什么，再根据之后的情况即兴发挥。然后我会设想各种不同的场景，如果她冲上前来，我就让她朝前摔，如果她要跑，我就让她往后倒。

  你要能随机应变，要对任何情况都有所准备，但我总会计划好第一回合。第一次出手放出第一招，它将引发之后所有的反应。

我的问题从没人愿意指导我变成了没人愿意和我过招。

刚开始参加综合格斗比赛的时候，最困难的事情就是找到格斗的机会。达林会打电话来，告诉我他安排好了一场比赛，几天之后，他又会打来电话，告诉我那个女孩的教练说她还没有做好准备，或者说我不是合适的对手。

起初我觉得很失望。等到这样的事情第五次发生的时候，我生气了。这些女孩想要成为格斗运动员，却因为不确定自己能不能获胜就不愿意参加一场格斗。我感觉好像永远不会有人愿意和我交手了。

我把所有的挫败感发泄在沙袋上。我疯狂地击打它，一次一次又一次。

我想上场格斗。

我想赢得胜利。

我想把某个人痛打一顿。

我对自己说这不过是时间问题，等时间到了的时候我要做好准备。这些姑娘早晚有一天必须面对我，我会让她们后悔，后悔她们给了我提高的时间。

达林又打来了电话，他约好了一场格斗。

"只有一个问题。"他说，"她只愿意按 150 磅的体重参加比赛。"

我现在的体重大约在 145 磅左右。"跟她说我们答应了。"我说。

离格斗那天还有两周。随着格斗的日子渐渐逼近，我也越来越兴奋，但在失望了这么多次之后，我有点害怕自己会充满希望。

格斗的前一天，埃德蒙在格伦代尔搏击俱乐部里帮我举着手套。他对指导我这事不太热心，但他还是信守诺言，帮我准备比赛。

"有进步。"埃德蒙说。

我点了点头。

"你准备好了吗？"他问。

"生来如此。"我边说边朝手套上打了一拳。

他有点困惑地看着我，不知道我说的是什么意思。自从开始跟我合作，埃德蒙的英语进步飞快，但就和我的搏击术一样，还有很长的路要走。

"不要用搏击，"埃德蒙说，"用柔道。用柔道打败那个女孩。"

我感觉肾上腺素正在迅速分泌。

"你觉得我能赢？"我问。我知道自己会赢下比赛，但听说埃德蒙对我有信心让我倍感骄傲。

"跟女孩子打？这又没什么难的。"埃德蒙耸耸肩说。

埃德蒙没有义务对我花心思。达林说他会给埃德蒙打个电话。

2010 年 8 月 6 日上午，达林和我从洛杉矶出发去奥克斯纳德，两地之间有一个小时的车程。埃德蒙答应要去，但他要晚点自己开车过去。

路上，达林试着找话题聊天，但我在比赛之前更希望安静地待着。这一路我都在为比赛做心理准备。

我们把车开进举办比赛的那座体育馆的停车场里。这是奥克斯纳德一家特别普通的体育馆。因为是业余选手之间的格斗，称重就安排在比赛当天进行。我们登记入场之后站在一旁等着，我的对手还没有到。

只管做好准备就行了，我对自己说。

海登·穆诺茨（Hayden Munoz）走进馆里。业余比赛的称重环节没什么仪式，他们直接让我们站到秤上。她先来。

"155磅。"组织称重的官员宣布。

所有人都看着我，现在该由我做决定了。我可以选择和她格斗，如果我不愿意，她就必须放弃本场比赛。我希望看到她失望的样子，却从她的眼睛里看到了如释重负的心情。这种感觉不会持续太久的。

"我还是会参加。"我说。

迄今为止我从来没有哪一件事准备得如此允分。我在体育馆的更衣室里换好衣服，走到热身区——所谓热身区不过是在地板上划出了一块地方，铺了几块垫子而已。其他格斗选手开始做热身、拉伸、轻轻打上几拳，我则躺了下来，闭上眼睛。观众开始陆续进场，大部分人是选手的朋友或者家人。戈克尔（Gokor）来了，他答应做我的场边助手。我没有看到埃德蒙。

哈亚斯坦俱乐部的几个人在周围转悠，这让我感觉受宠若惊。妈妈、詹妮弗和我以前的教练布林奇都来了。妈妈让我看见了她，又和我保持着距离，她知道要比赛的时候我就喜欢这样。埃德蒙还是不在，我接受了他可能不会来的事实，在这里我不需要他。哪怕跟我对打的女孩比我重四十磅，我也要赢下比赛。离比赛还有一个小时的时候，埃德蒙走进了体育馆。

我一阵欣喜。埃德蒙还是在乎我的格斗比赛的，他会来到现场，会给我充当助手。他帮我举着手套的时候不大情愿，对于指导我训练这件事也不大热情，但他在我身上看到了一些东西。至少他愿意抽出一些时间，到场支持我。

"热身做过了？"他问。

我耸耸肩。我不需要让身体暖和起来,我只要一秒钟时间就能准备就绪。

他把我带到热身区的角落里,帮我把手缠上,又让我出几记刺拳。

我浑身上下充满了能量。我兴奋不已,同时也很沉着。

"放松。"埃德蒙说。

我还想再来几拳。

"你看,这个女孩练的是跆拳道。"埃德蒙说,"她上来就会踢你。走上去,拿住她的腿,把她放倒。用上柔道,别的都不用。就用柔道。"

我点点头。

"穆诺茨,鲁西,下一场轮到你们。"格斗组织者喊了我们的名字。

我走进八角笼。那时好像有个开关被拨了一下,好像在链子围成的围栏之外,整个世界都不存在了,我把注意力集中到对手身上。

我跺了跺脚,跳了跳,拍了拍肩膀。裁判望着海登。

"准备好了吗?"他问。她点了点头。裁判看向我。

"准备好了吗?"他又问了一遍。我点点头。

开始。

我们在笼子中心接近对手。她一脚踢来,我抓住她的腿把她放倒,然后压到她身上,伸手去抓她的手臂。她挣扎着想要逃脱,但一直没有机会。我抓住她的手臂一扭,她就拍打地面认输了。整场格斗持续了 23 秒。

裁判喊了停,整个世界一下就回到了我的意识中,不过这一次,世界变得更美好了。人们在欢呼、尖叫、吹口哨,他们在为我欢呼。我举起拳头,绕着笼子转了一圈以庆祝胜利。

我感受到了一种之前从未体会过的快乐。它不只来自于胜利,这份快乐有更深的根源:因为我知道这不过是个开始。

回家的路上我大肆放着 Matt and Kim 组合的那首 "Don't Slow Down" [①]。

[①] Matt and Kim 是来自纽约布鲁克林的二人独立乐团。"Don't Slow Down"出自该组合一张名为 Grand 的专辑。——译者注

之后我参加的两场业余格斗赛都是业余格斗秀"Tuff-N-Uff"的一部分。这两场比赛在拉斯维加斯的奥尔良酒店（Orleans Hotel）举行，这里距离拉斯维加斯大道（Strip）[①]有一英里的路。我的比赛十分不受关注，甚至没能登上赛事宣传页。我看着宣传页，心想，总有一天我的名字会出现在上面。两场比赛都没打到一分钟。

业余赛首秀之后五个月，我带着"三胜零负"的战绩宣布转为职业选手。结束业余选手生涯之后，我离成为世界冠军的目标又近了一步。下一段旅程即将开启。

总有人问我，当我那天晚上走进笼子的时候，有没有想过后来会取得这么多的成就。听到我毫不含糊地给出肯定答案的时候，人们总会大吃一惊。在我第一次出手之后发生的所有事情都和我那时想象的一模一样。

[①] 拉斯维加斯大道（Strip），拉斯维加斯地区最繁华的路段之一，两侧分布着许多赌场和餐馆。——译者注

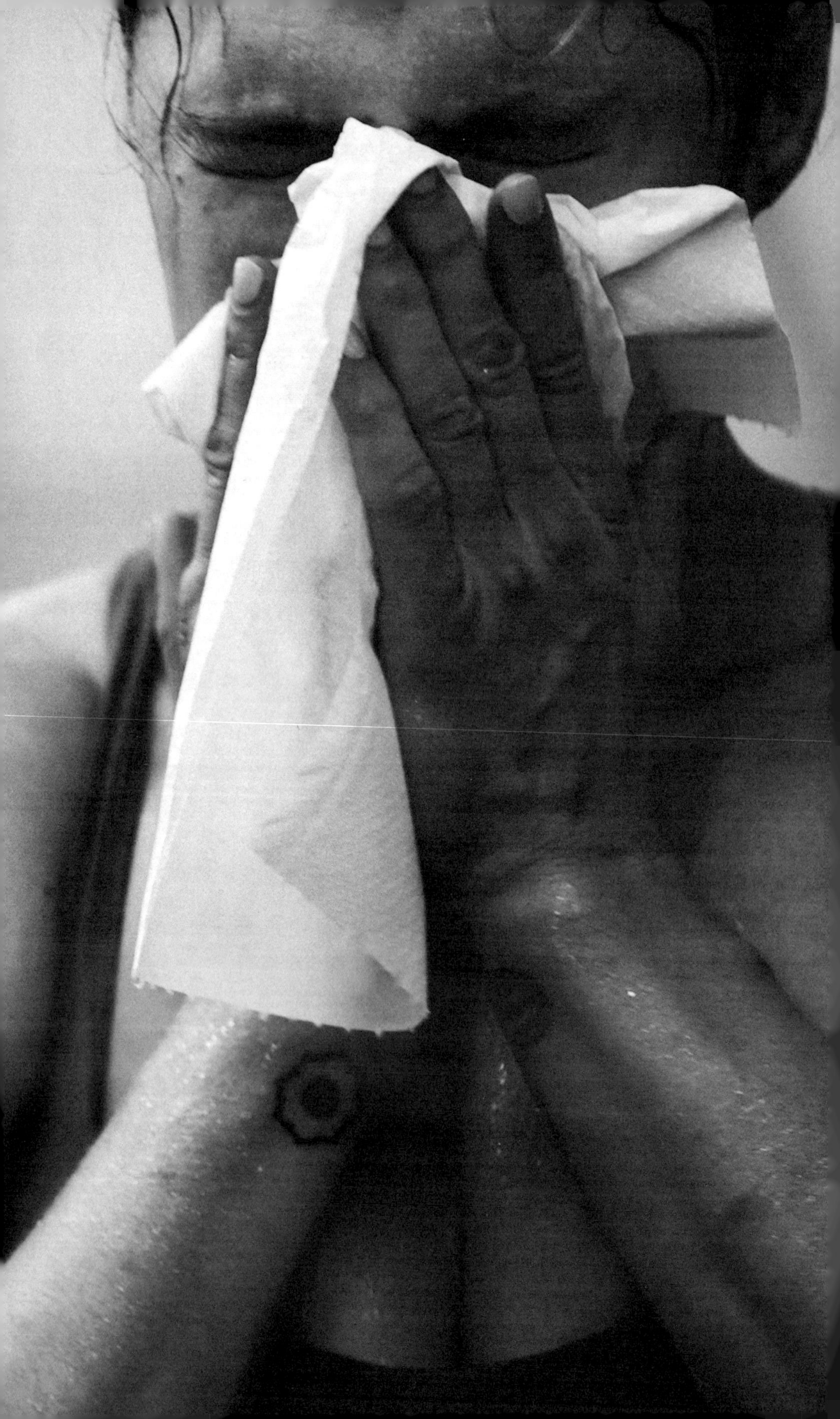

永远不会有完美的东西

> 你可以穷极一生等待完美——完美的工作，完美的搭档，完美的对手。但你也可以承认更好的时间、更好的地点、更好的机遇总会存在，不让这一事实害得你有所保留，而是尽力争取把当下变成最完美的一刻。
>
> 我战无不胜不是因为我每场比赛都赶上了最好的时机，而是因为不论时机如何，我都能赢得胜利。

我完成了进入职业选手行列的一次跨越，但除了战绩清零之外变化并不大。我还是打着三份工，还是住在从克雷格列表网（Craigslist）[①]上找到的一处旧房子里（不过现在我住的是一套快被人骂惨了的房子里的一个单间），还是不断有格斗的激约。

在达林帮我安排的职业比赛首秀上，我将要对阵一位名叫艾迪安·戈麦斯（Ediane Gomes）的选手。作为协议的一部分，达林将为她支付机票（这在较低水平的职业选手对决中并不是必须的）。时间定在2011年3月27日，比赛将在附近的塔扎纳（Tarzana）的一处乡村俱乐部中举行。每位前来参赛的格斗选手都将获得400美元的出场费，冠军将获得800美元。

---

① 克雷格列表网（Craigslist），美国大型分类广告网站。——译者注

我收集了所有有关她之前比赛的信息和录像资料，她的战绩是"六胜一负"，在赛场上非常凶猛。这个对手不错，我想。

因为我不断获得比赛的机会，埃德蒙开始更加有规律地陪我训练，但我们更注重提高我的技术水平，而不是针对某一个具体的对手去做准备。

"跟谁打都没关系，"埃德蒙告诉我，"他们有没有留给你一天的时间去做准备也没关系。你还是要赢下比赛。"

我点点头表示赞同。

到了比赛的那一周，我开始让自己相信这事真的要发生了。我已经迫不及待。

"你想选哪首歌作为出场音乐呢？"离比赛还有几天的时候，达林问我。

"The Exploited 乐队的《性和暴力》（Sex and Violence）[①]。"在那首歌里，sex（性）和 violence（暴力）两个词不断重复。

比赛之前两天，我正躺在自己的房间里，想着要怎么打败对手，突然听到客厅里一阵吵闹。之前莫基正在和我室友的狗一起玩，现在他们打起来了。

那条叫"猪排"的斗牛犬体重六十磅，莫基已经长到了八十磅。现在猪排四脚朝天，莫基正压着他的脖子，看上去像是要杀了他。我想都没想，就往莫基肋骨的位置轻轻踢了一脚。莫基往后跳了一步，任由"猪排"胡乱踢打。"猪排"还处在格斗的状态中，他咬了我两口——脚上一口，小腿肚上一口。我感觉他锋利的牙齿穿透我的皮肤，深深嵌进了肉里。

还没等身体感觉到疼痛，我就已经开始担心，不知道这次的伤会对比赛造成多大的影响。

我倒在客厅的地上，脱下了袜子。我的脚背上有一个洞，肉都翻了出来，挂在脚趾根部。没过一秒钟，那个洞里就满是鲜血。血开始往外涌，流到了地毯上。在刚才那阵慌乱中，我的手机掉到了地上，我抓起手机，拨了达林的号码。我要找个医生，还不能让外人知道这事。

[①] The Exploited 是一支来自苏格兰的朋克乐队，成立于 1979 年。"Sex and Violence"出自该乐队 1981 年发行的专辑 Punks Not Dead。——译者注

等达林给我联系医生的时候，我硬撑着让自己从客厅的地板上站了起来。那只脚肿了，我单脚跳到厨房里，血滴在身后留下了一条轨迹。厨房里没有冰块，不过有几袋开了封的冰冻蔬菜。我又单脚跳到卫生间里，用绷带把几袋蔬菜绑在脚上。

客厅里，我的手机响了。我单脚跳回客厅去接电话，冰冻的青豆和胡萝卜在我身后撒了出来。

"去拿支铅笔来。"达林说。

他的一个朋友是非常优秀的整形外科医师，住在比弗利山。他愿意私下帮我治伤。

我给狗狗公园大帅哥打了个电话。"我需要你。"我说。

"我这就到。"他还没等我解释情况就答应下来。

我已经挪到了厨房里，因为流到瓷砖上的血清理起来会更容易一些。

十五分钟之后，我听到狗狗公园大帅哥冲进屋的声音。

"你在哪儿？"他问。

"顺着血迹和胡萝卜走！"我喊道。

他进了厨房，脸上满是关切。他什么都没说，抱起我，把我放到他的车上。

我把脚抬高，放在仪表盘上，看着血一点一点地从绷带里渗出来。狗狗公园大帅哥一只手扶着方向盘，另一只手被我攥着。泪水从我的脸颊滑落。

"会没事的。"他说。

候诊室里布置得像是温泉疗养中心，屋里尽是正等着注射肉毒杆菌或者做隆胸手术的贵妇。她们都转过来盯着我看，但前台那个女的看上去不慌不忙。

狗狗公园大帅哥把我送进了检查室。医生看了看浸透了血的绷带和已经化冻的蔬菜。

"你介意我把这些东西取下来吗？"他问。

他解开了绷带。"啊，情况看起来挺糟的。你肯定要缝针了。"

我开始抽泣，我害怕自己没法上场比赛。

不，我想，我不能这样倒下。

我擦干眼泪，看着医生："我只想知道一件事，如果我这样上场格斗的话，会不会造成什么永久性的损伤？"

他停了下来，好像吃了一惊。"啊……不会，我是说，这样会把缝针的地方撕开，就需要更长的时间才能愈合，但是不会造成永久性的损伤。"

我做了一次深呼吸，说："那好，缝起来吧。"

他看看我，不确定是该为我折服还是该把我送到精神病院去。他慢慢地说："我可以这么做，但你第一轮比赛就会把缝合的地方扯开，血会流得到处都是，所有人都会知道。"

"没关系，"我说，"那我就赢得更快一点呗。"

他拿出一套工具来给我缝合伤口，然后拿起了针。

"你想让我把针脚留在外面吗？"他问，"如果我把针脚留在里面的话，结的疤会不那么明显。但如果我从外面缝合，就会更结实一点。"

"管它什么疤呢，"我说，"怎么结实就怎么来。"

医生给我缝好了伤口，脚背侧面缝了三针，顶部缝了六针。

"我尽力了。"他看着自己的作品说道，"不过你最好早一点拿下比赛。"

"我会的。"我向他保证。

狗狗公园大帅哥把我抱回车上。

第二天一早，我的脚更疼了。我用冰敷了一夜，还吃了医生开的止痛药和抗生素，但脚还是肿得厉害。我依然坚信自己将击败这个女孩，真正的挑战在于怎样通过赛前称重和医学检查的环节，如果你身上有缝针，他们是不会让你上场格斗的。

去称重的时候，我竭力不要一瘸一拐地走进大楼，这几乎耗尽了我全部的体力。

医生做了一个简短的检查。

"单脚跳一跳。"他说。

我用右脚蹦了蹦。

"现在换一只脚。"

我把全部体重换到左脚上，带着一脸坚忍的表情跳了跳。我可以感觉到缝上的针线在重压之下膨胀了起来。

"看起来不错。"医生说。

你什么都不知道，我心想。现在，还剩下称重这一关。

这时，运动委员会的代表宣布了一个令人震惊的消息。

"只能穿短裤和内衣，"一名官员说，"衬衫，鞋子，袜子，都要脱掉。"

不能穿袜子？我的脉搏立刻加快了。

这会儿比我的心脏运动得更快的只有我的大脑了。

我有主意了。

赛前称重的时候有这样的情况。如果你的体重可以轻松控制在自己级别的体重范围内，你可以穿着内衣或者格斗短裤去称体重。但如果你的体重与要求的体重很接近，你也可以全裸着称体重。如果需要裸着称体重，团队成员会在你周围举着毛巾帮你挡着，不让外人看到。

"我觉得我喝水喝多了。"我大声说，这样周围所有人都能听见。

"我特别担心自己没法达到要求的体重，"我跟达林说，"我要裸着称体重。"

"什么？"他觉得我好像疯了，"为什么呀？没关系的，她超过重量了，你没必要这样。"我的对手超重了，她对此十分坦诚。我为了瘦到145磅一直在挨饿。

"我要脱光了称。"我脱口而出。

我开始脱衣服，团队成员赶紧去找毛巾，在我身前举着。大家都大惑不解，一时乱作一团。我趁乱跳上了秤，背对着房间里的人，最后才把袜子脱了下来，没有一个人注意到这些。我的体重是145.5磅，比另一个女孩轻了三磅半。趁所有人都在试着弄明白为什么我突然想光着身子上秤，我穿上了袜子。没有人注意到我的脚受了重伤。等穿上内衣的时候，我就知道自己明天晚上可以上场了。

比赛那天晚上，我把一只护踝上下颠倒套在脚上以掩盖针脚。脚疼得厉害，我热身的时候都不能放开做动作。

"你最好快点拿下比赛。"埃德蒙说。

"我知道。"我说。

"你真是疯了。"他告诉我。

我只是笑了笑。他可能说对了。

我看着戈麦斯走进八角笼，她那首出场音乐中"嘻哈风"的节拍点燃了全场的气氛。她绕着笼子跳起舞来。

等我跟你算完账你就没舞可跳了，我想。

"Sex and Violence"的鼓点从扬声器里传出来。我阔步出场，脚上的疼痛一下子就变得无关紧要。

裁判拍了拍手，铃声响起。

我上前出了一记刺拳，一记左勾拳，我们扭打在了一起。我想把她往前摔，但被她防住了。我本能地换了个方向，用柔道上一个叫"小内割"（kouchi-gari）的投技动作扫向她的左腿。我脚背上缝针的地方一撞上她的脚踝，痛觉信号弹就炸开了花。我把它们全都忽略了。她摔到了地上，我立刻压了上去。我朝她脸上连打几拳，这主要不是为了造成伤害，而是要迫使她做出反应。她转向一侧，这正是我要的！我使出了最喜欢的"十字手臂固定"（juji gatame armbar），她敲击认输了。这时开场的铃声才刚刚停止，整场比赛持续了 25 秒。

我把双手高举过头顶，我赢了。有那么短暂的一瞬，那种感觉让人惊讶。

赢得第一场职业比赛胜利的喜悦被重新感受到的疼痛压抑了一点点。大脑通知我，我的脚现在疼疯了。

现在的战绩是"一胜零负"，我等不及了。赢下比赛之后一周，我拿指甲钳把脚上缝的线拆了。医生说得没错，伤疤很明显，但我觉得它看上去特别酷。我已经准备好要再次上场格斗了。

达林告诉我他在卡尔加里给我安排了一场比赛，对手的名叫夏尔曼·推特（Charmaine Tweet）。她只愿意以 150 磅的体重出战，但是我急需找到比赛的对手。我们订好了机票,我这就要回到加拿大了。可是这场比赛从一开始就和霉运连在了一起。我把日期告诉埃德蒙的时候,他皱起了眉头,他的儿子可能正好将在那天来到人世。接着,等到离比赛还有两周的时候,我和詹妮弗正在来爱德(Rite Aid)[1]店里,达林打来电话。

"有个消息要告诉你。"他说,"'打击力量'(Strikeforce)打来了电话,他们想跟你签约,让你打一场比赛。"

"打击力量"是职业综合格斗中举办女子比赛的最高水平的组织。原计划在离开两年后复出的吉娜·卡拉诺(Gina Carano)因为身体原因临时退出了比赛,他们想让我去对阵萨拉·达莱利奥(Sarah D'Alelio)。

当时不断有一些小型格斗联盟邀请我去参加黄金时段的比赛,但打击力量支付给选手的钱远远超过小型格斗秀,这就意味着我终于可以辞掉那三份工作,靠参加格斗比赛养活自己。

我感觉天堂之门已经在眼前开启,天使们正在歌唱。我的脸上绽放出了最灿烂的笑容。我已经开心地尖叫起来,双脚前后挪移,跳起在公共场合不至于犯忌的欢乐之舞。

"怎么回事?"詹妮弗低声说。

"只有一个问题,比赛的时间是6月18号。"达林说。

我停住了。

"加拿大的比赛就在前一天晚上。"我说。

"别着急,我们会想出办法来的。"

我拥抱了詹妮弗,她并不是一个喜欢拥抱的人。

"詹,我要去'打击力量'了。"我说。

"太棒了。"从詹妮弗的声音看,如果她能因为什么事无比兴奋,那这个消息一定是其中之一。"我不知道这意味着什么,但还是要祝贺你。"

我开始随便拿起东西放进购物篮。电动牙刷、价格昂贵的美白牙膏、

---

[1] 来爱德(Rite Aid),美国著名连锁药店。——译者注

眼线笔、指甲油。我都不知道指甲油该怎么用，可我还是把它扔了进去。我还抓了优质柔软的厕纸。我很快就能有钱了，能买得起几样奢侈品了。

我们结了账走出来，在停车场里的时候达林又打来了电话。

"有一个坏消息，"达林说，"她不让你退出比赛。"

我的心往下一沉，感觉完全泄了气。詹妮弗和我上了车。倒车开出去的时候我朝后看，看到了后座上放着的白色购物袋。"见鬼，这些东西我一样都买不起啊。"我突然意识到这一点，大喊出来。

第二天训练的时候我还是很沮丧。埃德蒙把我拉到一旁。

"龙达，你必须平静下来。"他说，"'打击力量'想要你。等你打败了这个女孩，我敢保证，他们还会想要你的，不用难过。他们在'打击力量'内部有谁可挑呢？你只需要先打两三场比赛。你是他们认识的最优秀的格斗选手，他们还会给你打电话的。我保证，等这场比赛一结束，你就能进入打击力量了。"

在接下来两周里，我训练的时候只有一个念头：我要让夏尔曼·推特付出代价。

达林、埃德蒙和我准备乘坐6月16日第一班飞机飞往卡尔加里。我们出发的前一天，我接到埃德蒙的电话，他的妻子分娩了。

"我还是会来的，"他说，"只不过要改签航班，我们到那边见。"

"恭喜。"我对他说。

"谢谢你。"他说。

第二天一早，达林清早就来接我去机场。排队的时候我看了看时间。

"我们来太早了。"赶飞机的时候我习惯于拖到最后。

"我们只是去加拿大而已，但这毕竟是一趟国际航班。"达林说。

队伍开始往前挪动了，但我全身上下每一块肌肉都绷紧了。

"我们去加拿大需要用护照吗？"我悄悄地问。

达林转向我。

"你说什么？"

"我们去加拿大要用护照吗？"

"要。怎么了？你把护照落家里了？"

我疯狂地想象护照会放在家里哪个地方。

我上次用护照是什么时候？我问自己。

我感觉血液一下涌到了脸上。

"我的护照在巴西领事馆里。"我坦白。有一次我要参加在巴西举办的柔道比赛，就提前把护照放在那里申请签证，但后来我没去参加比赛。我绞尽脑汁回想着，那是一年之前吗？

我们从队伍里走了出来。达林看看手表，巴西领事馆还没开门。他开始打电话。我就干站着，不知道还能干什么。

"有人在巴西领事馆等我们，会帮我们开门。"达林说。他和赛事承办方也沟通过了，他们说不管我什么时候到，都可以在酒店称体重。他又给我们买了一班晚些时候的航班。我们跳上车，直奔领事馆。45分钟之后，当我们到达目的地时，领事馆的一名工作人员已经在等着了。他把我的护照递给我。

"你时间赶得正好。"他说，"护照在我们这里只保存一年，我们这周正准备把你的护照寄回去，那样它可能就正好卡在路上了。"

我忍不住想，这时间还可以赶得再好一点的。

拿到了护照，达林和我又赶回机场。如果还想赶那班飞机，时间就非常紧了。

站在安检队伍里，我听到一个熟悉的声音说："嗨——你们好啊。"

是埃德蒙。通宵庆祝儿子出生之后，他还摇摇晃晃的。他看到我们觉得很惊讶。

三十分钟之后，我们三个人挤进了经济舱的同一排，我坐在中间。埃德蒙马上就不省人事了，我能闻到他身上散发出来的酒气。

我们在第二天抵达举办格斗比赛的赌场。屋里放着一张赌桌，热身垫肮脏不堪，埃德蒙只好找来一块毛巾，把垫子上一层清晰可见的煤灰给擦掉。即使如此，等我们练完格斗爬起来的时候，身上还是满是灰尘。

"快点把这场赢下来。"埃德蒙说,"这个地方太恶心了,我想赶快出去。"

我只用了四十九秒,就靠一个十字固击败了对手,我的战绩提高到了两胜零负。比赛结束之后,她朝自己的角落走去,我拦在她面前大喊:"你就该让我去打击力量的,你这个愚蠢的臭婆娘!"

这不是赢得最快的一场,但却为我赢得了迄今为止最多的奖金。我赚了1000美元。

比赛结束之后,我们回到酒店,我需要赶紧洗个澡。我刚穿好衣服,埃德蒙就来敲门了。我打开门,埃德蒙走进来,站在房间门口窄小的门廊里。

"我有个消息要告诉你。"埃德蒙说。

"什么消息?"我问。

"'打击力量'打来电话了。你要加入'打击力量'了。"

"哦天哪!"我大喊。我开始跳上跳下,还跳了一支欢快的舞。

"我早说过会有这一天的。"他说。

埃德蒙上下打量着我。我穿着牛仔裤和带帽子的运动衫。他穿着熨得平平整整的衬衫、昂贵的牛仔裤、高档鞋,还扎着一条古奇(Gucci)皮带。

"听好了,以后你会频繁出现在镜头前面,公众将会看到你,"他说,"我们在有些地方要有所调整。"

他指着我穿的这一身衣服。

"不能再穿这么宽松的衣服了,"他说,"我知道你是个格斗选手,不怎么在乎衣着,但是我们要暂时忘掉格斗的事情,稍微注意一下公众形象。在你打不出什么名堂的时候,就不应该去考虑打扮这回事。但现在你已经打出名堂来了。"

"情况会发生变化,你得对此有所考虑。我现在就像在教我妹妹一样指导你。我跟你说这些跟外形相关的事情,不是要让你心里难受,我只希望你能有最好的发展。你配得上。"

我十分兴奋，又受宠若惊，但更严重的是，我饿了。

"好的，埃德蒙，"我说，"我会按你说的做。我会打出完美的比赛，穿出完美的模样，你提的其他要求我也会照做。不过我们能吃完饭再说吗？"

我的生活即将发生显著的变化。我很快就可以辞掉所有其他的工作，靠格斗的收入来养活自己了。有些人认为我不应该做一名格斗选手，我要证明给他们看，证明他们是错的。我会赚到足够修好车窗、甚至足够修好空调的钱。

我可以在没有缝针、没有虚惊一场、没有忘掉护照、没有遇上肮脏赌场的情况下赢得比赛，但这些磕磕碰碰和生活中所有的挫折一样，迫使我做出调整。我知道了自己可以闯过一切难关，我知道了自己是多么希望实现梦想，知道了无比接近梦想的时候突然好事落空是多么让人心痛。这段经历让我更渴望成功，动力也更足了。在第一场职业比赛之前，也许事情没有完全按照我的计划发展，但最终，一切都有了不错的结果。我能要求的也莫过于此了。

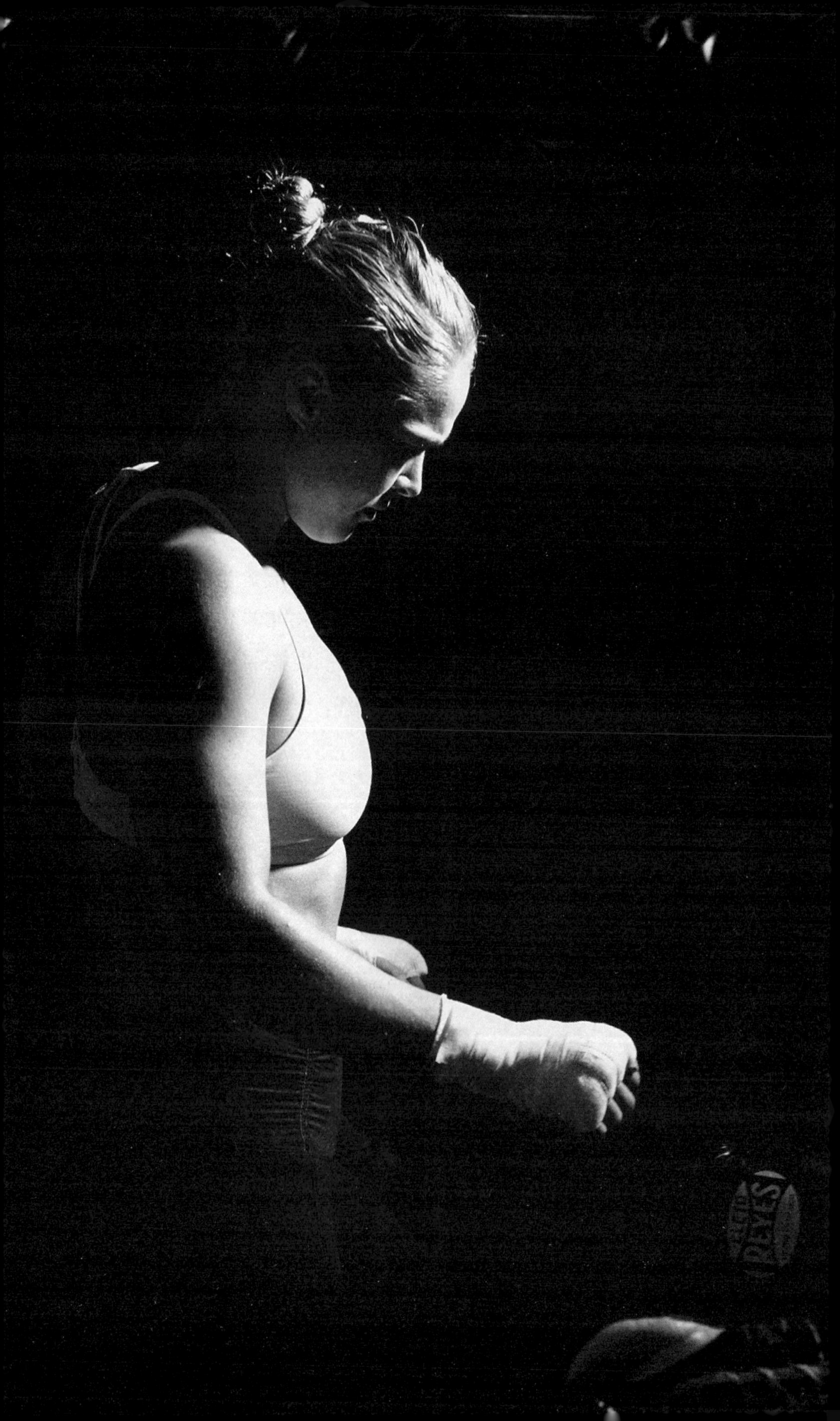
REYES

"如果这事容易，那大家都会去做了"

　　人们总在寻找成功的秘诀，其实没有什么秘诀。成功来自于艰苦的努力，来自于连续多年每天竭尽全力的付出，不抄近路，不走捷径。米开朗基罗曾经说："如果人们知道我花了多少工夫才完成一件作品，它看上去可能就一点都不美妙了。"

　　找到铸就成功的因素并不难，可做起来却不容易。

　　狗狗公园大帅哥和我曾经分手过几次。他把我的车偷走的那天是他人生的最低点，但他后来也还在和毒瘾做斗争。我们会分手，但感觉像宇宙中有某种力量仍会不断地把我们重新拉到一块儿。

　　有这么两次，在我们分手之后几天，我会在某个路口停下来等红灯，结果看到他出现在我的后视镜里。他耸耸肩或者摇摇头，好像在说："在这里都能看到你？"我们靠边把车停下，为这事大笑不止，意识到我们有多想念彼此。我们会接吻、痛哭、复合。

　　尽管如此，这段关系还是跟以前不一样了。我正在改变，这是让我们渐行渐远的真正原因。重要的不是综合格斗本身，而是我进入了这样一种状态，我想要的更多了。每天我都会变得比之前充满动力，我肩负着接管全世界的使命。

　　可他没有同样的干劲。尽管狗狗公园大帅哥对我充满信心，尽管他在别人全都不以为然的时候支持我的综合格斗梦，但这个梦想也给他带来了不安全感。

有一天晚上，哈亚斯坦俱乐部的训练结束得比较晚。

"嗨，姑娘，你去哪里了？"我进门的时候他漫不经心地问了一句。

"训练。"我说。我筋疲力尽，全身疼痛，只想洗个澡就倒在床上，不过我还是先凑上去亲他。他往后一退。

"你闻上去有男人身上的古龙水的味道。"他说。这不是一句特别直接的责难。

"你什么意思？"

"没什么。"他摇摇头，抱歉地一笑。"没什么。"

"跟我一起训练的亚美尼亚人练完之后把自己从头到脚浇满了古龙水，我出门的时候他们跟我抱了抱。"我为自己辩护。

"他们抱了你。"他说。他的眉头微微一皱。

"他们是我的朋友，我们认识很久了。他们是亚美尼亚人，亚美尼亚人特别热情。练完之后我总不能让所有人滚开，然后跑出门吧。"

"没错，我猜也是这样。"他说。

"谢谢你。"我说，"现在我要去洗澡。"

我刚开始脱衣服，狗狗公园大帅哥就从身后伸手搂住了我的腰。他把脸贴到我的脖子上，我向后一靠。他突然往后退。

"那是吻痕吗？"他问。他的语气里有责怪的意思。

"那是什么人掐我的时候留下的痕迹，"我指着自己的脖子说。"这个也是，还有这个也是。"

"看上去像吻痕。"他说。

"并不是。"我告诉他，"我这辈子大部分时间里全身都是淤伤和疤痕，我压根不会注意到它们。没什么好生气的，这很正常。"

但他不是一位格斗选手，所以他不这么看。他想要支持我，但我越动力十足，他在这段关系中受到威胁的感觉就越强。他没有一份喜欢的工作，没有找到让自己充满激情的事情。他顺从地接受了目前的境遇，我却一心想要改善自己的状况。

我们相遇的时候他对我来说非常合适。那时候的我们是两个满足于现状、没有任何追求的人，但后来我变了。

我们最后一次分手是在我转成职业选手之后没多久。我们在一起两年，经历了很多事情。他的的确确是我最好的朋友之一。我知道这次分手不一样，因为事情来得很平静，没有敌意，我也没有哭得歇斯底里。我们没有吵架，更像是真正道了个别。我们只是说着话，泪水滑过脸庞，直到进入梦乡。

他比我醒得早。他没有把我叫醒，悄悄溜了出去。在我的房门上，他用笔在磁性写字板上写了一句，我爱你，姑娘。永远不要忘记你是我心爱的人。

我从来没有把那句话擦掉。

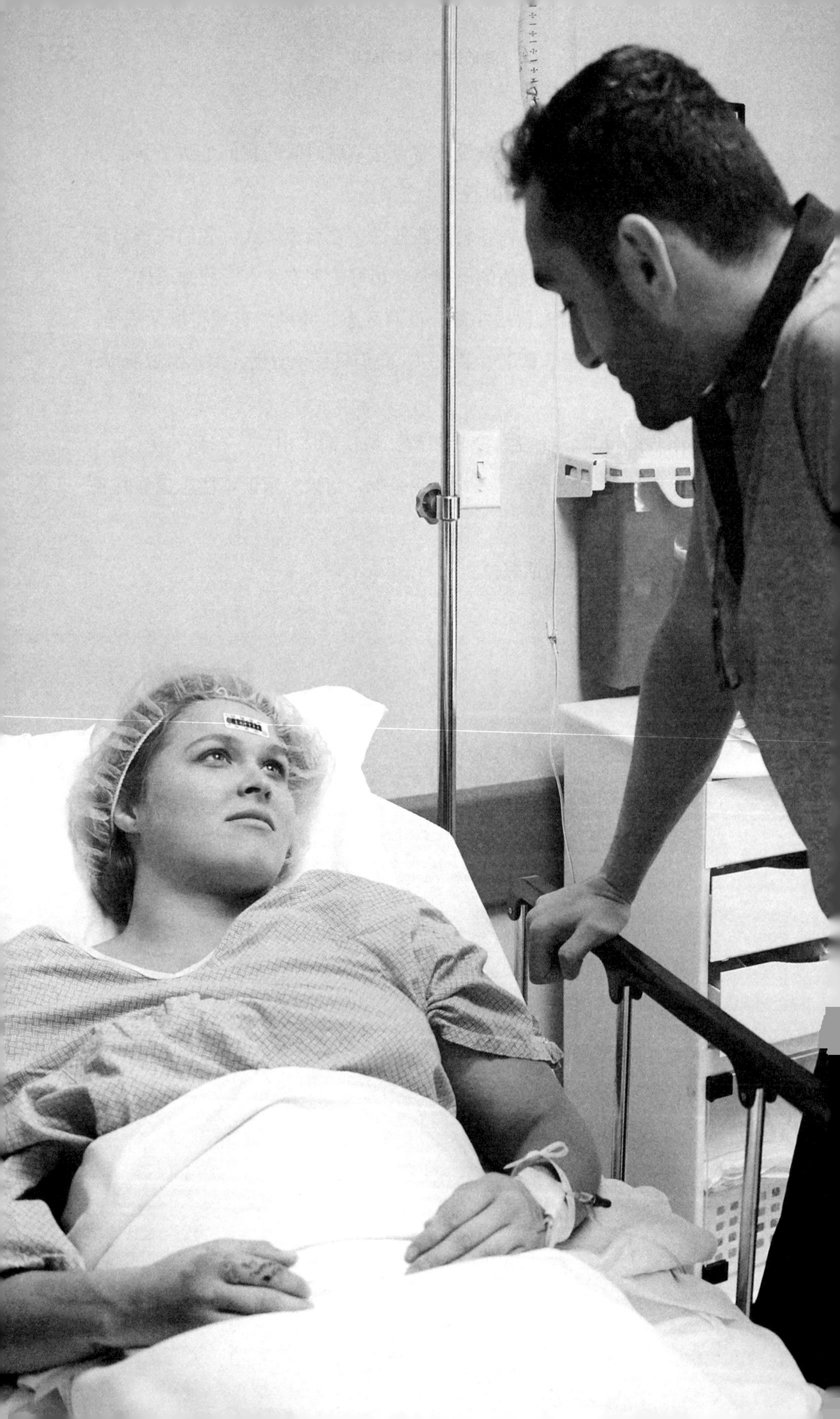

别把控制权拱手相让

柔道圈里有很多人关心排名，关心自己是黑道几段。我从来没有因为这些事情纠结过。排名无非是一个委员会的人聚在一起讨论出来的，他们会说"哦你应该是这样一个排名"。一旦你给了他们这样做的权力，让他们来告诉你你很棒，你同时也就给了他们权力，允许他们说你配不上现在的位置。一旦你开始在意别人对你的看法，你就拱手让出了控制权。

因为同样的原因，我不会花心思去做一个受公众喜爱的格斗运动员。这就是为什么我从来不看关于自己的报道。有一天我意识到其实别人的认可和我的快乐并不相关，那是我生命中最美好的日子之一。

我在"打击力量"的第一场比赛定于2011年8月12日举行，我最终还是要和萨拉·达莱利奥交战。

在和萨拉·达莱利奥对战之前，我第一次参加了训练营。训练营的目标在于通过调整训练节奏，确保运动员走上格斗赛场的时候在体力和心理两方面都达到最佳状态。训练的重点还是帮助我提高技术水平，但我们也开始专门针对达莱利奥做一些准备。

我辞掉了工作，训练营一共持续了四周。尽管我们没有足够的钱来聘请顶尖的拳击陪练，但我从来没有在哪一次比赛之前进行过如此集中的训练。

比赛那周的周一，我接到了达林的电话。

"娱乐时间电视网（Showtime）的人打电话来了。"他说。"打击力量"和这家电视网签有国内转播协议。"是你的出场音乐的事。"

"还是之前那首。《性和暴力》。"我说。

"就是这个问题。他们不喜欢它的歌词。"达林说。

"等等，不喜欢哪个词？是'性'还是'暴力'？因为基本上这就是整首歌的歌词了，就是有个人在唱'性和暴力，性和暴力'。"

"其实两个词都是。"达林说。

我大笑起来。"可是实际上这不正是他们的卖点吗？"我问，"为什么人们会想看女选手的格斗比赛？为了看性吸引力和肢体暴力啊。"

"我不知道，"达林有点恼火地说，"你得另外选一首歌。"

"好吧，就从'暴力反抗机器'（Rage Against the Machine）[①]的歌里随便挑一首就好。"我说。

比赛之前两天，我们开车去拉斯维加斯。我和达林同行，埃德蒙和格伦代尔格斗俱乐部的几个人也来了。我们在俱乐部碰头，然后开车穿越沙漠。我们原本可以乘飞机去拉斯维加斯，但我喜欢自己开车。

到拉斯维加斯之后，刚入住比赛举办地棕榈广场酒店（Palms），就可以明显地看出我已经进入了一个全新的层次。所有事情办理起来都更加顺利，组织工作更加专业，组织者知道你是谁，也知道你什么时候该出现在哪里，场馆面积更大，选手水平也更高。

我们有了热身室，不再是用警戒线随便围起来的一块区域，而是一个房间，可以放东西，也可以和陪练一起热身。有人随时通知我最新的比赛时间，也有人告诉我该去哪里。我感觉就像在家一样自在。

我随着"暴力反抗机器"的乐声走出场，这首歌听上去不太对。

我走进笼子。裁判把我们带到各自的角落里，然后对我们说"开始

[①] 暴力反抗机器（Rage Against the Machine），美国说唱乐队，成立于1991年。——译者注

吧！"我边出刺拳边接近对手，寻找近距离搏斗的机会。达莱利奥一记右直拳打偏了。我上前抢手，这是一个只有柔道选手才知道的动作，是在为之后的"隅返"（sumi gaeshi）做准备。"隅返"是我最喜欢的柔道投技动作之一，是先把对手拉倒，让她压在你身上，再把她摔倒在地。我出于本能开始用这一招，可是由于没有柔道服可以抓，我手上抓着的地方开始松动了。在半空中我临时换成了一个"十字固"，她还在往下倒的时候，我就开始别她的手臂。

"敲，敲，敲！"往地上摔的时候她开始喊，边喊边伸出一只手臂，防止自己的脸撞到地上。

我知道她没有多余的手可以敲击认输，也知道如果她的手落到地上去支撑自己，那这一摔的所有力量都会冲击到肘部，重伤肘关节。为了挽救她的手臂，我们摔到地上的时候我让自己的腿先着地，但还是保持住了体位。她仍然没有多余的手可以敲击地面。

"她想敲击认输。"我告诉裁判。

裁判终止了比赛。

"我没有敲！我没有敲！"她冲裁判喊道。

整场比赛持续了25秒。

我跳了起来，在空中挥舞着双手。她边抗议边回到了自己的角落。观众嘘声一片。

我朝她的方向看去。

"你想再来一次？"我当着现场观众的面喊道。"来啊，我们再来一次。"

但一旦裁判喊停，比赛就结束了。裁判把我们带回到场地中央。主持人宣布："由于对手认输，本场比赛的胜者是罗迪·龙达·鲁西。"裁判举起了我的手，嘘声更响了。赛后采访时，她承认自己喊了"敲"，根据规定，这属于"口头敲击认输"。

比赛结束，达莱利奥和我轻轻拥抱了一下。

"别听他们的。"她对我耳语。

尽管我喜欢这种情绪，但胜利带给我的喜悦还是被遏制了，不是因为铺天盖地的嘘声——我在全球各地都听过嘘声——而是因为人们在质疑我取得的胜利。我再也不想让任何人怀疑我在笼中的表现了。

"她真的敲了。"走出赛场的时候我对埃德蒙说。

"当然。"埃德蒙说，"那个场里所有人都知道她敲了，哪怕有些人表现得像是她没敲一样。"

"从今天开始，我要直接掰断每个人的手臂。"我说。

离场之前，他们把支票交给我。八千美元，可我感觉就像一百万一样。

"现在我可以付你钱了。"我对埃德蒙说。格斗选手通常的做法是把奖金的百分之十付给主教练。

"龙达，你值得比这多得多的钱。"埃德蒙说，"一个像你这样的格斗选手配得上一百万美元的出场费。"

"你真的这么觉得吗？"我问。

"绝对的。"

"我都等不及要把一百万美元奖金的百分之十付给你了。"我说。

"是啊，我也等不及了，"埃德蒙说，"说真的，那张支票里的钱我一点都不会拿的。你留着吧。"

我瞪大了眼睛。

"你是认真的吗？"

"我当然是认真的。"埃德蒙说，"你留着，我不需要那笔钱。你以格斗为生，我知道以格斗为生意味着什么，我自己也是个格斗运动员。你就一直做你这行就行了。好，如果你赚了一百万美元……"

我紧紧抱住了埃德蒙。

我已经跻身顶级赛事，现在我的眼睛瞄上了冠军。

这时，有一天，梅莎·泰特（Miesha Tate）在推特上提到了我。

有一位粉丝问梅莎她会不会和我交手。她在回复中把我加了进去："当然了！为什么不会！"（想对梅莎说，第二个句子后面正确的标点符号应该是问号。）

我从来没有听说过她，就点击她的主页去看看，结果发现她是"打击力量"135磅级别组的女子冠军。我当时正在考虑减到135磅，也曾经公开宣称我计划同时拥有135磅级别组（雏量级）和145磅级别组（羽量级）的冠军头衔。现在135磅级别组的冠军说她确实想和我对决，我觉得行动的时候到了。看起来我和雏量级冠军赛之间还挡着两个人：我的下一个对手朱丽娅·巴德（Julia Budd）和135磅级别组排名第二的选手萨拉·考夫曼（Sarah Kaufman）。我准备在她们两个人身上发泄一下。

赛前称重的时候，巴德高高矗立在我面前。她有身高优势，但我毫不在意。我还在因为上一场胜利遭人质疑而生气。我打算拿这个姑娘开刀，杀鸡给猴看。

我又一次伴着"暴力反抗机器"的歌出场，这次是另外一首，不过听上去还是不太对。

裁判刚下令"开始"，我就以刺拳出击，缩短了我们之间的距离，把她推到笼子边缘。我们扭打在一起。我能感觉到她身上涂了乳液，滑溜溜的。我走上去将她朝前摔，可是她身上太滑了，我知道如果我坚持原计划的话就会脱手。我转了个方向，将她向后放倒。

把她摔倒在地之后，我要做的就只是用拳头打她，逼她摆出我最喜欢的十字固所需要的那个体位。我刚把她手掰开、手臂抻直，她就把腰拱起来、翻过身去，试图逃脱。我们俩脸都朝下，我感觉到她的肘关节弹了出来，但我不会再犯错了，不会再像上次一样留下任何疑点。我把她翻回去，让裁判可以清楚地看到我造成的伤害。我往后靠，继续别她的肘关节，直到听到它"啪"的一响。她试着想继续，但几秒钟之后就还是放弃了。主持人将巴德严重脱臼的肘关节和火烈鸟的膝盖相提并论。

这场比赛持续了39秒钟。

练柔道的时候，我必须在取得胜利之后保持谦虚，必须对奉献了一场精彩比赛的挑战者保持尊重，弄伤了对手之后也不能庆祝。我尽量收敛起欣喜之情。等看到她从垫子上站起来之后，我才允许自己露出微笑，品尝胜利的喜悦。不过我今天晚上的任务还没有结束。

"娱乐时间电视网"的主持人毛罗·拉纳罗（Mauro Ranallo）问起我本场比赛之后转战135磅级别组的计划。

我瞟了一眼埃德蒙。我的团队成员知道我有什么计划。

我直视摄像机。我曾经考虑过这一刻要怎么说。

"如果萨拉·考夫曼排在下一个，请'打击力量'允许我在她身上试一试。我非常想和梅莎·泰特进行冠军争夺战，我不能冒让她失利的风险。请给我一个机会，让我先在萨拉·考夫曼身上试一试，之后再是梅莎·泰特。我发誓我一定会奉献一场精彩的比赛。"

这是第一次有女选手在全国直播的电视节目中发出公开挑战，从来没有任何一位综合格斗女选手曾在这样一个公开场合向对手叫板。这既是一个请求，也是一次作秀。这是我第一次尝试担任演员的角色。

在后台，为"打击力量"组织比赛的肖恩·谢尔比（Sean Shelby）来找我。

"你不一定要先和考夫曼打，"他说，"我们可以直接让你和梅莎交手。"

"太棒了。"我说。

我欣喜若狂，梅莎可不是这种心情。她不想和我对决，还因为这个和肖恩·谢尔比起了争执，但是木已成舟。

我对梅莎·泰特了解得不多，我想和她比赛只是因为她是冠军，我觉得她应该挺能打。我知道有人觉得她长得不错，我长得也不错，我觉得这可能使观众对我们的比赛产生兴趣。我知道这场比赛可以大卖，我也知道我能够打败她。

格斗比赛不只与格斗本身有关，还与电视节目有关。选手的运动能力是节目中必不可少的一部分，但单凭这一点还不足以让观众一次又一次前来观赛。人们看的是格斗选手，但他们记住的是每个人的个性。你必须让他们始终保持兴奋，始终兴趣十足。你必须让观众着迷。

两周之后，我和梅莎共同出现在一档叫作"综合格斗时刻"（MMA Hour）的播客节目中，辩论我现在或者今后配不配得上与她争夺冠军头衔的机会。

我出生的家庭里尽是头脑聪明、反应敏捷的女性。在我们还小的时候，我和姐姐们进行了大量的"言语拳击"。你必须快速回应，否则就会被训得服服帖帖的。姐姐詹妮弗的反驳犹如重重一击，会让你不得不坐下休息一会儿。姐姐玛丽亚有超强的记忆力，从她上幼儿园时午饭吃什么到五年前她从杂志上读到的随便哪篇文章，她都记得一清二楚。她能连珠炮般快速举出五个无懈可击的例子，然后点你的名说："给我举一个具体的例子。"妈妈则有这样一种能力，可以不用抬高声音，就让她的对手背后一凉。在我们家里，"对，没错，但是，但是"这样的句式毫无用武之地。在说这些词的时间里，对话已经从你身边向前跃进了十步，你只能选择认输。我在口才方面接受训练的时间比我练柔道的时间还长。

在以往的采访中，梅莎已经暴露出对我在笼内能力水平的轻视，我很确定她也低估了我在笼外的能力。

我想做好准备，击溃任何她可能想到的理论。我想做好准备，把她想都没想出来的理论也给戳穿。我想把她逼得无路可走，让她只能和我交战。我想让她看看，我在格斗比赛的每一个方面都胜过她，不管是在笼内还是在笼外。

我的做法和每场比赛之前的做法一模一样：我做了功课。

播放节目之前那几天，我醒着的每一分钟要么在为格斗训练，要么就在为辩论训练。在训练结束、上床睡觉之前的时间里，我读遍了每一篇能找到的关于她的文章，我翻遍了她的社交媒体个人主页，我看完了她接受的采访，我记下梅莎的每一个观点，记下她已经用过、拿来反对我的每一个说法，也记下了她还没想到的、可以用来反对我的说法。我用朋友的电脑把我的笔记打印出来。在训练间隙，我会拿出这些写有双方观点的"小抄"，把它递给体育馆里的某个人。

"说点什么，让我来反驳。"我说。

我既练习了怎样针对她的观点来为自己辩护，也练习了怎样为她阐述观点。不论作为辩论的哪一方，我都能取得胜利。等准备工作完成的时候，就算是站在她的角度，我也可以辩得比她出色。

在埃德蒙的催促之下，我去了第三购物步行街，为之后在媒体上亮相买了一些新衣服。快到感恩节了，这个室外购物中心已经为圣诞节装饰一新。

今年我有钱给家人买圣诞礼物了，我想。我正在橱窗外东看西看，突然意识到我忘记了时间，来不及回家进行直播了。我在城市旅行者（Urban Outfitters）[①]店门外的人行道上选了一个地方，只好凑合在这里了。

我的手机响了起来，我感觉肾上腺素正在快速分泌。我已经准备好，要靠语言大干一仗。

节目开始之后，梅莎首先发难："如果十字固没能成形，对手又压在她身上、猛打她的脸，那会发生什么呢？"她问。"她会敲击认输吗？会退出比赛吗？我们不知道。我们还没有目睹过这样的场面。我觉得让她和我交手有点愚蠢，这可不是我会做的事情。我会展示给她看的。"

看来她的逻辑是因为我非常强势，因为没有一个人曾经在笼子里面对我坚持到一分钟，所以我还没有证明自己的实力。她正紧紧抓着救命稻草。

我意识到如果我推销比赛，效果会比为自己辩护更好。我说起了钱，说起了观众的兴趣，说起了直播比赛。这不只与我和梅莎有关，这涉及我的整个构想，因为之前有人告诉我没有人在乎女选手的综合格斗比赛。

梅莎只想讨论关于我的问题。我躲开她朝我打来的每一记刺拳，还以重重一击。

作为一名格斗选手，你应该更加谦虚。

不够谦虚的格斗选手也可以赚到一样多的钱，我指出。

你还没有证明过自己，她说。

我举出其他成功的格斗选手，他们也曾经迅速成名。

你只知道为自己考虑，她说。

这是一项职业运动，我给她解释，重点在于"职业"。如果她希望追求理想主义的东西，我建议她忽略钱的问题，去试一试奥运会的比赛。

[①] 城市旅行者，美国服装品牌，在北美和欧洲有两百余家连锁店。——译者注

"如果我在场上把你打得落花流水怎么办？"她问。

"我愿意冒这样的风险。"我说，"你也应该愿意冒一点险。"

"我愿意。"梅莎说。

外界的兴趣呈指数性增长，与我们这场比赛相关的文章铺天盖地。格斗迷们选择了自己的阵营。对一场女选手比赛——甚至对任意一场打击力量比赛——的兴趣达到了空前的高度。我会回复每一条采访请求，我把采访挤进训练课之间的间隙里，在清晨或者深夜接采访电话。

之后的那个周末我开车去拉斯维加斯参加"世界综合格斗大奖"（World MMA Awards）颁奖典礼，去和一些我认识的格斗选手聚会，顺便去棕榈广场酒店看一场终极格斗冠军赛。我们跟笼子之间隔着几排人，我喝了几杯酒，眼看就要投入那种"发生在拉斯维加斯的事就留在拉斯维加斯"的情绪中了。就在这时，弗兰克·费提塔（Frank Fertitta）、洛伦佐·费提塔（Lorenzo Fertitta）和达纳·怀特（Dana White）走了进来。他们是综合格斗这项运动中权力最大的三个人。费提塔兄弟合计拥有 Zuffa 公司 81% 的股权（Zuffa 公司是综合格斗顶级组织终极格斗冠军赛的母公司），达纳·怀特则是终极格斗冠军赛的主席。"打击力量"也隶属于 Zuffa 公司。

我浑身一震，好像有人拿赶牛的棍子戳了我一下。我坐直身体，露出一个微笑，内心里的小人正在大声尖叫，"振作起来，姑娘！"

他们从我们身旁走过，达纳·怀特停下来做了自我介绍。

"你是龙达·鲁西。"他说。

我的下巴都要掉到地上去了。

"嗨。"我说。

"见到你很高兴。"他说。

这时几个座位之外有人叫他，达纳·怀特就继续往前走了。

两天之后，我正在从棕榈广场酒店的停车场往外开车，收音机里放起了琼·杰特的歌。

"我才不在乎那什么鬼名声……"歌词触动了我的灵魂。

我找到了我的新出场音乐。

RAGING BULL
TEAM DARCHINYAN
EVERLAST
EVERLAST
NAZO
BOXING

惯于取胜

亚里士多德说："人是被习惯塑造的，优异的成绩来自于良好的习惯，而非一时的行动。"胜利是一种习惯，失败也是。

你可以养成这样一种习惯，可以在参加比赛、会议或者试镜的时候告诉自己，这不过是一次练习，如果失败了我还可以以后再来。但如果你在入场的时候就已经想好了借口，那即使到了"以后"，你也很难改变这种思维方式。

你也可以在面对每一次挑战的时候都带着另一种态度，下定决心要把这一仗打成完美的大胜仗。你可以告诉自己，我要在这场比赛中拿出最佳表现来，因为我也只有这么一个水平可以表现。我来到这里是为了取胜的，你可以跟过来凑凑热闹，或者滚开，别挡路。

求胜是一种习惯，这种习惯就是每天都在尝试——并期待，胜过全世界所有人。

与泰特比赛之前的所有准备工作都比以前规模更大了。训练营更难了，减重的过程更艰苦了，外界的关注更密切了，紧张的情绪更重了。但我每天从一醒来开始就只有一个目标：夺走梅莎·泰特的冠军腰带。

对她叫板的那天我就已经可以打败她了，但仅仅赢得比赛是不够的。我想毁了她，让她丢脸，迫使她承认我是这个世界上最伟大的女子格斗选手，因为曾经以为她和我可以相提并论而道歉。

这是我第一次经历完整的训练营。比赛定于 2012 年 3 月 3 日在俄亥俄州哥伦布市举行。赛前，我们留出六个星期的时间参加训练营。除了格伦代尔格斗俱乐部的人，埃德蒙还第一次从外面找来了拳击手陪练。

达林帮我在俱乐部旁边找到了一处临时居住的公寓，这样我就不用每天往返穿越洛杉矶了。练柔道时脱水减轻体重的方法让我万分痛苦，所以这次我决定只靠节食来减到 135 磅。我规定自己每天只能吃一顿饭，这一顿饭我留到晚上才吃。我答应自己，用这一顿饭奖励自己终于熬过了一天。

我已经有两年多没有大幅减重了，所以体重掉得很快。早在训练营的第一周，我就差不多达到比赛要求的体重了，但我的身体变得很虚弱。我从来没有饿着肚子练过这么多轮拳击。

我像对待一份全职工作一样管理自己的社交媒体。

训练营结束的时候我疲惫不堪，但我知道精力充沛不是成为世界冠军的必需条件。比赛那周周二的晚上，埃德蒙、达林和我登上了一班飞往俄亥俄的飞机。我带上粗糙的飞机枕，把头靠在埃德蒙肩膀上，睡了一路。

降落之后，我们去了酒店。第二天一早醒来，我嗓子疼，还发起烧来。埃德蒙给我量了体温，38.3℃。这之后，我在床上躺了两天。

周五，我们去赛场称体重，我达到了要求。他们让梅莎和我面对面，在我们的脸之间只有几英寸的距离。她靠上前来，额头顶着我的额头。我用头把她顶了回去。工作人员跳起来把我们分开。①

梅莎看上去有点惊讶。她额头上有一个巨大的红印。

要习惯被我控制，混蛋，我心想。

称过体重之后，妈妈和我共进晚餐。

---

① 作者在此处描述的是终极格斗比赛之前常有的"赛前对峙"环节，称重结束后，比赛组织者会安排交战双方选手面对面，有的选手会与对手对视，也有人会炫耀自己的力量、作势挑衅。——译者注

"你感觉怎么样？"她一脸关切地问。

"好起来了。"我说。但她看上去不太相信。

晚饭我吃了咸鱼和蔬菜，然后我们回到自己的房间，躺在床上。

"你能告诉我为什么我能打败这个姑娘吗？"我问。

我感觉自己好像又变回了当年即将出发参加比赛的那个小孩。

"你比她更渴望胜利。"

"嗯哼。"

"你这辈子一直在为了这场比赛而训练，你是一位精英级的运动员。她呢？一个高中生摔跤手？你还在压力最大的环境中打过几千场比赛。"

"还有什么，还有什么。"

"你知道即使被伤病困扰，你也可以取得胜利。你比她更聪明。"

"别扯废话。"我说。

妈妈冲了一杯咖啡，我又在社交媒体上发了几条动态，然后关掉手机，准备等比赛结束之后再开机。

"那个臭婊子。"

"怎么了？"妈妈问。

我在社交媒体上看到，梅莎·泰特向运动委员会投诉我"用头顶撞"，要求对我处以罚款。

"又多了一个打败她的理由。"妈妈说。

"说真的，等我把她打趴下，我要拿奖金来付这笔罚款。这算是为了'干掉你'付的税。"

这时有人敲门。玛丽娜从纽约来看这场比赛，给我带来了意大利面和肉丸子。比赛前夜，我睡得特别沉。

第二天晚上，裁判来到更衣室，向我简单介绍比赛规则，介绍他在笼子里会做的事。

"我会让你们开始打，那时你们就开始，"他熟练地背诵起自己的台词。"你们可以碰一碰拳套，如果你想……"

"对，我不想。"我打断了他。

"那好吧。"他有点意外地说。

我看着手套上贴着的蓝色胶带。我将从蓝色的角落出发开始比赛,这就是说比赛开始时我会站在笼子的右侧。蓝色的角落属于挑战者,红色的角落是留给冠军、热门选手的。

我知道这是我最后一次戴上蓝色手套了。

我们在笼子里见面的时候,梅莎就知道将要发生什么。她知道我会弄断她的手臂。她知道,但她没有任何办法可以阻止我。

作为格斗选手,梅莎最大的优势在于她可以承受非常沉重的击打。

我原以为梅莎会聪明一点,会保持一定距离进行格斗,但情感因素占了上风。她从自己的角落里冲出来,低着头,闭着眼睛,疯狂地摇摆着,落入了我的圈套。我轻松地让她的冲劲掉转方向,把她摞倒在地。一段短暂的争斗过后,我朝她面部一记肘击,解除了她的防守,又向后转过身体,越过她的双腿,摆出一个十字。我趴在她身上,压住她的手臂,这样就可以继续肘击她的面部。

她在慌乱中将手臂伸向了我,而我那时甚至没有去够她的手臂。我甩过一条腿去压住她的头,试图构建一个"十字固"。我感觉她的肘部正在接近,但也发现她正在向外滑。我决定转而开始击打她的脸部。我打了个滚,退出之前的体位,站了起来。可她拼命抓住我的背,我们都摔倒在地上。

她试图从后面用双腿缠住我,我抓住她的脚,想把她的腿松开,却发现我的短裤太短了。如果我用力过大,就会把我反穿的内裤暴露在全世界面前。我站起身来,把她抓起来,朝她的脑袋上重重砸去。我跪下来把她缠着的脚解开,从中逃脱站了起来。她试着要跟着我站起来,我重重击打她的脸部,让她又一次臀部着地。她站了起来,试着抓住我,把我推到笼子边上。我进行反制,把她推到了笼子边缘,用膝盖顶住她的大腿,放到可以做一个漂亮的"osoto"(向后摔)的位置,然后一个侧手翻,让自己在地面上处于更好的位置。她抓着笼子(这是犯规动作)把自己拉起来。我们起身的时候,裁判对她的犯规行为进行了警告。我的一记刺拳、一记勾拳都打中了她，她远远地踢出一脚，没有命中，又马马虎虎地打出几拳，都被我轻松封堵。我先给了她一记重重的右直拳，又接上一记更加凶猛的过臀摔。我上前压到她身上，她转过身去，背朝着我。

我知道第一轮的较量接近尾声了。我觉得制服她会比技术性击倒来得更快。我故意将自己的体重压到右侧，击打她头部左侧，引诱她站起来。她用左手一推移动身体，试着起身。这正是我所期待的状况！我抓住她的手臂，部署出我最喜欢的"十字固"。

许多人认为"十字固"成型之后会把对手手臂折断，但其实不会。"十字固"的目标在于向对手的手臂施加巨大的压力，将关节从关节槽中挤出来。它弹出来的时候你能感觉得到。这就像是从感恩节火鸡身上扒下一条腿，你会先听到"啪啪"的声音，然后是"咯吱咯吱"的响声。

把她手臂拉直之后，我拱起背，直到听到"咯吱咯吱"的声音。她的韧带在我的双腿之间咯咯作响。

她还在试图逃脱。

一感觉到她关节脱位，我就把注意力调整到保护自己和防止她逃脱上面来。我抓住她的手，将它拉到我胯部的一侧，让她的手肘反向弯曲超过九十度。我猛地拉扯肌肉，让它与骨骼和肌腱分离。

我用一只手紧紧钳住她受了伤的手臂，坐起身来，用另一只手击打她的面部。肘关节完全脱位之后，她所能感觉到的只有疼痛和对我的惧怕，在这个位置上再也支撑不下去了。

她敲击认输。

这之后，对我而言，她就消失不见了。

我感觉如释重负。接着，一种无法描述的喜悦之情淹没了我。

我站到笼子中间，主持人高喊道："女士们，先生们，在第一轮中经过4分27秒的对抗，她制服了对手，取得了胜利。她至今没有输过一场比赛。她就是'打击力量'女子雏量级新科世界冠军，罗迪·龙达·鲁西！"

观众席爆发出一阵欢呼。

"打击力量"首席执行官斯科特·库克走到我身后,将冠军腰带绕到我腰上,我跳了起来。之前我忘了还有这一回事。

我低下头看看这条黑色皮带,它巨大的前端是金色的,几十颗宝石在灯光下闪闪发光。它比我想象的要重很多。

平和的情绪笼罩了我的全身。我实现了自己一直以来的梦想。

一只麦克风被推到我前面,我意识到我必须找点话说。

我感谢了我的教练、我的队友和我的家人。是他们帮助我走到这里,我对他们为我做的一切心怀感恩。我想到了爸爸。我抬头望着看台,有点期望他的那面国旗又在那里飘扬。他一直知道我会成为世界冠军。他的小懒虫已经醒来,我希望他能听见。

"我想对爸爸说,不管你在哪里,"我说,"我希望你能看到这一幕。我们都想念你,我们爱你,这个冠军献给你。我希望你会为我感到骄傲。"

我冲出笼子,直接去做药检。一大群赛事官员和电视团队成员试图把我带到后台。我停了下来,在人群中寻找妈妈的身影。

"走吧。"一位官员催促道。

"我得找找她。"

我看到妈妈了,她在人群中笑着、叫着。

"我妈妈在那里!"我边用手指边喊道。

"走吧。"那位官员又说了一遍。

"放她去见她妈妈吧。"埃德蒙对护送我的人说。我们一整排人,我、我的场边助手、安保人员、官员、摄影师,以及比赛的组织者——都走向对面,妈妈正站在那里。

她伸开双臂搂住了我,我依偎到她怀里。

"我仍然为你感到骄傲。"她说。

这是我印象中她第一次因为某场比赛而对我说这句话。我感觉自己好像又赢了一回。

不如主动走到镜头前

> 有人问过我是不是什么都不怕,其实让我害怕的事情有很多。我只是不让恐惧控制我罢了。我会利用恐惧来激励自己,我会直面那些让我害怕的事情,因为恐惧无非是一种感觉。在笼子里和我对战的姑娘可能伤害到我,但恐惧不会真正让我受伤。行动时无所畏惧是鲁莽,行动时有所畏惧才是勇敢。

我和狗狗公园大帅哥分手已经有几个月了。在我随着"打击力量"的比赛成名的同时,我又开始约会了。我在以前教柔道的那家俱乐部认识了我的新男友。他有一份工作,有自己的房子,他不吸海洛因。考虑到我之前的恋爱史,我可以接受和有点无聊的人谈恋爱。当然啦,事发之后人们总是说连环杀手以前不过是平淡无奇的邻居而已。

在和泰特交手之前两周,我正在他家里。我问他,在他出门的时候,我能不能用他的电脑忙一会儿社交网络上的事情,他说没问题。我从脸书上下载了一张照片,准备把它发到推特上,这时我看到"另存为"对话框里出现了最近下载文件的缩略图。图片中有我的裸照,那是在我不知情的情况下拍下的。照片里我在做特别平常的事情,比如在手机上玩"龙谷传奇"(DragonVale)游戏,比如刷牙(没错,我裸着身子刷牙)。

我拖动鼠标,浏览他之前几个月里拍下的照片,怒火席卷全身。如果他已经把照片分享出去了怎么办？如果他在某个地方还藏着更多的照片怎么办？我该拿他手机上的照片怎么办？

我把照片全部删除，又抹掉了硬盘里的数据，然后就坐等"恐怖偷拍师"下班回家。我像一尊雕像一样，一动不动地站在他的厨房里，越来越生气。我把指关节压得咔咔直响，咬牙切齿。等的时间越长，我的火气就越大。四十五分钟之后，他走进了家门。

一看到我的表情，他就僵住了。他问我出了什么问题，我一言不发，他哭了起来。

我兜头给了他一巴掌，打得很用力，手都疼了。

"那些裸照我都看到了，你这个恶心的混蛋！"我大叫道。

"你听我解释。"他苦苦哀求。

但是没什么好解释的，我拔腿往外走，但他把门堵住了。

"放我出去！我永远都不想再见到你，你再也不许碰我。"

"你不许走。"他命令我。

"滚！我就是要走。"我说。

他不肯让路。我一记右直拳打在他脸上，又补上一记左勾拳，他踉踉跄跄往后退，跌坐在门边。

见鬼，我的手。我心想，比赛之前可不能伤了它们。

我用右手扇了他一巴掌，他还是不肯动。我揪住他身上那件帽衫的领子，拿膝盖顶住他的脸，把他摔到一旁厨房的地上。

我冲出门，跑向自己的车，他还在后面追。

"不，你等等！让我解释！"他大喊。

"你给我滚，你这个变态！"

我坐进车里，他跳上副驾驶座，抓住方向盘，说："你不听我说完就哪儿都别想去。"我绕到车的另一侧，又抓着他那件帽衫的领子，把他拉了出来，拖到人行道上。我疾驶而去，任他躺在那里扭动身子。

和泰特的比赛结束之后，我的注意力转移到了之前暂时推到一边的各种事情上。我和"恐怖偷拍师"之间的问题几乎是优先级最高的一件事。我已经删掉了我找到的所有照片，但我知道他可能还有更多的照片。这场胜利把我推到了聚光灯下。我一想到他试图出卖照片的样子，胃里就翻江倒海。我担心他会把照片放到网上，也担心未来还会有其他人拍类似的照片。

ESPN 杂志邀请我加入他们的"Body Issue"年度特刊，在这一特刊中，运动员一丝不挂，裸体出镜。如果非要让我的裸照流出，我希望它们是按照我的标准拍摄的，而参加一次属于世界一流运动员的传播活动似乎是个不错的方法。

有些写博客的狂热追星者弄得好像他们真的是记者一样，总爱问我会不会为米似《花花公子》这样的杂志出镜。我给他们的答案一律是："没有人能只付五美元就看到我的隐私部位。他们给我多少钱我一点都不在乎。"

我以后打算要小孩，我不希望我的孩子或者他们的朋友或者我的孙辈搜索"龙达·鲁西"的时候会找到我的阴道的照片，不管二十年之后他们用的是多么先进的因特网。就是这么简单，所以我在拍照时只露出我在沙滩上穿着比基尼时会露出的部分。

ESPN 拍摄的那天早上，我站上体重秤，143 磅。我从秤上走下来。我在衣柜门上那面全身镜中细细地打量着自己的身体，我希望自己看上去越健康越好，越健壮越好，每块肌肉都清晰可见、轮廓分明。我感觉拍摄这些照片是为了在不同的身体上捕捉人类潜能的缩影，这也正是我努力的目标。当我看着镜子的时候，我觉得自己身上就能集中体现出很多东西。

摄影工作室面积很大，灯光明亮，房间的墙是白色的。一位友好的拍摄助理和我接头，带我去做头发、化妆。发型师边和我聊天，边把我的头发卷成发卷，又用手指捋过，梳理成松松的波浪卷。

一位负责拍摄花絮视频的摄像师问了我一些问题。

我把衣服脱到只剩下内衣，有人递给我一条厚厚的白色浴袍，上面有 ESPN 的标志，我裹着浴袍脱掉了内衣。我稍微活动了一下，让身体放松放松，赤脚踩在光滑的水泥地面上感觉有点凉。

现场一位助理用粉色的缠手带帮我把手缠上，不如比赛之前埃德蒙缠得好，但拍些照片这就够用了。

等到要拍照的时候，拍摄负责人带我进入摄影棚内封闭的部分。我穿过一扇门，进入一小块单独划出来的区域。墙和门都是黑色的，屋内的光源只有照相机的闪光灯和两盏粉色的大功率聚光灯。我眯起眼睛，以适应工作室外部和这里的巨大反差。

"好，把摄影棚关上。"有人在喊。

不直接参与拍摄过程的人都走出去了，室内大概还有五个人，除了一个身处幕后的摄像师之外都是女性。

好好享受，哥们，我心想。

我有点紧张，但也很兴奋。我对自己的肌肤和身体充满自信，我相信我告诉 ESPN 采访者的那个道理："瘦削的女孩穿衣服好看，但健康结实的姑娘裸体好看。"

我深吸了一口气，接受了这一小屋子人将要看到我的裸体的事实。我真的要做这件事了，我想。我脱下了浴袍。

"你准备好了吗？"一位女摄影师问我。

"嗯我已经脱光了，"我说，"我也不能裸露得更多了。"她大笑起来。

粉色的灯光打在我背后，有人启动了烟雾机，一缕缕透明的白色气体在我周围打转。

拍摄过程持续了大约一个小时，其间我们偶尔会休息一下，发型师会进来，在这里那里做一些修整，也有时化妆师会来给我补一点妆。

拍照的时候，摄影师一边快速按快门，一边给我下指令。

"好，现在跳一下。"

"往左边转一点点。"

"手稍微动一下。"

"很好，很好。"

摄影师在电脑屏幕上给我看了一部分她拍的照片。

"哇，"我咯咯地笑着说，"我看上去不错。"

"惊艳。"她说。

"你们答应我我穿泳衣时不会露出来的部位在这里也不会露出来？"我问。

屋里所有人都答应了。（当然啦，有一两张照片我很确定他们是把泳衣理解成了带丁字裤的比基尼。）

几个月之后，七月里的一天，ESPN 把这期特刊送到我家里。当时娱乐时间电视网有一个摄制组正在对我进行跟拍，准备放在一套小型纪录片里，为我接下来一场"打击力量"的比赛（对阵萨拉·考夫曼）做宣传。ESPN 杂志社的工作人员和娱乐时间电视网的制片人进行了协调，这样他们就能在杂志送到我家的时候拍到我的表现。

我原本以为我得翻过若干页才能找到自己的照片，却发现我就在封面上，腼腆地笑着。我一下说不出话来。让我讶异的不只是登上封面，与这种模样的自己对视也让我大吃一惊。我看上去十分美丽。

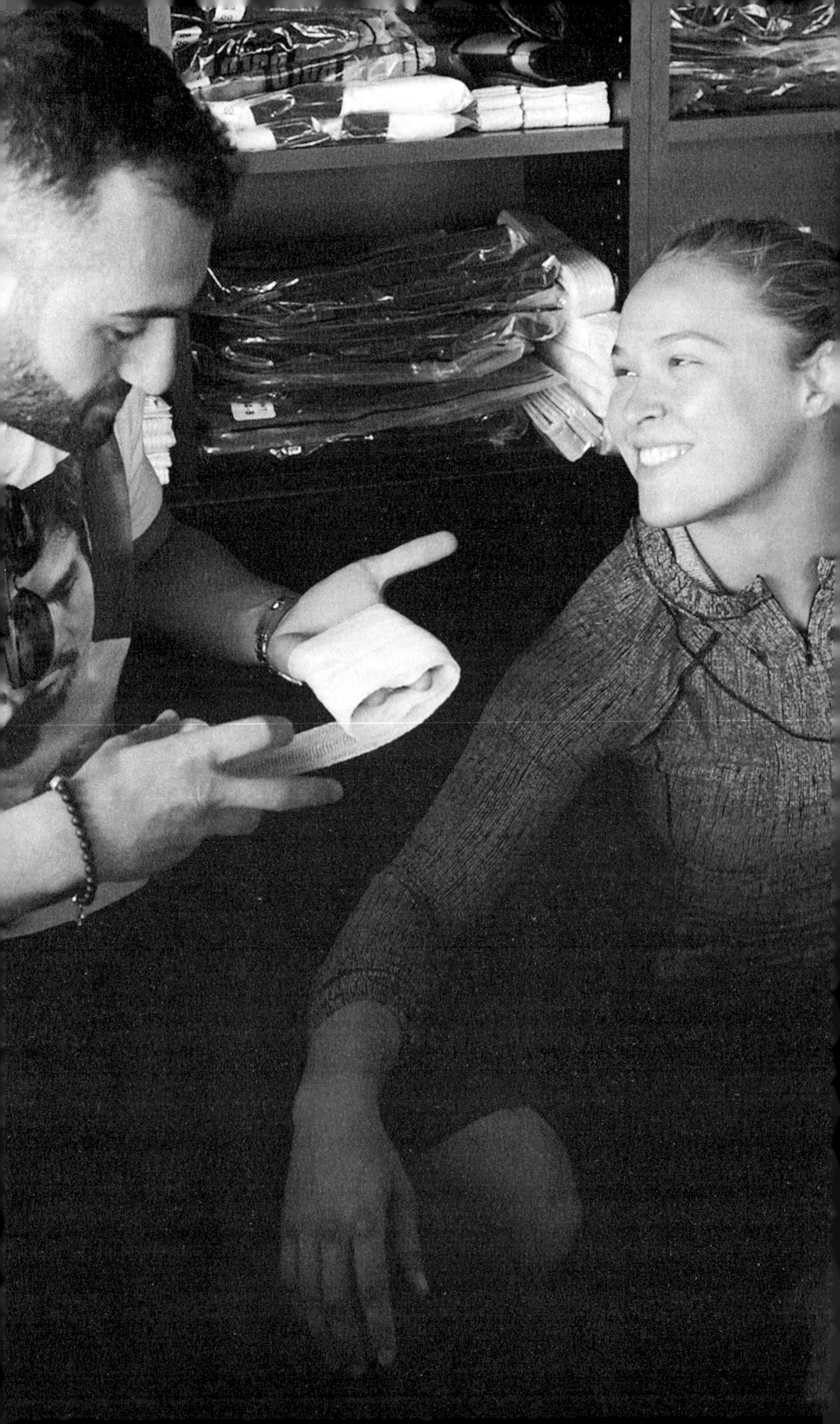

拒不接受所谓的"现实"

很长时间以来，人们都说我的目标根本不可能实现，但我知道这是因为我还没有让他们明白为什么他们应该支持我。他们不知道我具备怎样的能力。

2011年1月19日

TMZ摄影记者：兄弟，什么时候我们会在终极格斗冠军赛中看到女性选手的身影呢？

达纳·怀特：永远不会。（笑声）永远不会。

没有参加我那个训练营的人都不知道，我在与考夫曼交手之前双肘都出了问题。有一天我练拳击的时候左肘超伸了。我在柔道比赛中从来不曾因为被对手摆了"十字固"而敲击认输，我也早就不记得自己的肘关节脱臼过多少回了。关节一次又一次受伤之后，我双臂的韧带都松弛了。

我只要把它塞回去就行了，我想，但疼痛还在持续。

我可以拖着一条残废的胳膊赢下这场比赛，我对自己说。

几天之后，我的右手手肘也不舒服了。我两边的肘关节几乎都不能动，连出刺拳都困难。

那我大概只能不用手赢下这场比赛了，我想。

我和萨拉·考夫曼的比赛定于2012年8月18日举行。她是一位优秀的格斗选手，在我们比赛之前，她的战绩是"15 胜 1 负"，而当时我的战绩是"4 胜 0 负"。如果我没有出现，她接下来会对阵梅莎，很可能会拿下金腰带。

面对考夫曼的时候，我心里求胜的欲望和我在笼子里面对梅莎时的求胜欲一样强。不过上一次我是挑战者，一切都可以任我争取，而这一次，我有可能会失去所有。

开车去圣地亚哥参加比赛的时候，团队成员听说我受伤了，气氛一下变得比以往更紧张。我沉醉在这种氛围中，压力大的时候我会过得很好，还能把痛感屏蔽掉。

比赛那天晚上，埃德蒙在更衣室里帮我做热身运动。通常我们会在走进笼子之前对着拳击手套练练击打，但那天晚上没有练。

"那个姑娘脚下很稳，她的搏击技术也很好。"埃德蒙说，"用你的柔道技巧，动动那方面的脑子，用刺拳把她打懵，等你们扭打到一起就行了。就这么办。"

扬声器里传来琼·杰特的歌曲，乐声响彻全场，我戴着红手套走了出来。此刻全世界只剩下了我和笼子另一侧的那个女孩。

开场我就无视伤痛连出三拳。我第一次试图使用投技时，她退到了笼子边上。我调整了手上抓的地方，换了方向，一脚扫过她的背部。我在地上继续击打她，迫使她给出我想要的反应，并直接进入了我最喜欢的"十字固"。她拼命挣扎，想保护自己的手臂，但还是被我控制住了。

比赛开始 54 秒之后，她敲击认输。

观众一片疯狂。而这时达纳·怀特就坐在看台第一排的正中间。

他见识了场馆里的气氛，看到了粉丝的狂热，目睹了一场精彩的现场直播比赛。后来他看到了收视率的数据。全场比赛观众最多时共有 67 万名观众，我击败梅莎的那一场最多有 43 万名观众，增长率达到 23%。

2012 年 9 月 8 日早晨，我的手机响了。来电人的姓名很熟悉：达纳·怀特。

这位终极格斗冠军赛主席——也是终极格斗冠军赛的头面人物——曾给我打过一次电话，那次是要我去看一条广告，那条广告由"娱乐时间电视网"制作，用来给我和泰特的比赛做宣传。我就把他的手机号存了下来。

"嗨，我要到城里来参加《混乱之子》的首映！"达纳说。达纳是那种说话尽用大写字母和感叹号的人①。

"这是一个重要的场合。"他说，"你应该和我一起来参加首映式，这对提高你的曝光率有帮助。"

他的热情很能带动他人，我脑子里想的只有妈的，好啊，我这就来！但我当时一定说了点什么更得体的话，因为我们还约好了当晚见面。

我穿上我最好的衣服，坐上了车。我赚来的钱已经足够把车窗修好，但不管用多少钱都驱不散车里的味道，我只能祈祷它不会影响我的发挥。我把车一直开到达纳住的那家酒店门口，服务生走向我这辆饱经风霜的车。车子的后座上放着待洗的脏衣服，一股恶臭从车窗里飘散出来。他好像吓坏了。

"这已经比以前好了。"我想跟他说。

可我没说出口，而是给了他20美元小费——我从来没给过谁这么多小费——还在他钻进驾驶座的时候抱歉地看了他一眼。

从宾馆出发之后，达纳的司机把我们送到了周先生（Mr. Chow）餐厅。我从来没听说过这家店，可能是因为它的消费水平远远超过了我的收入范围。常常有明星被拍到在这家餐厅出没。

我在"综合格斗职业比赛"亮相已经过去一年半了，现在我坐在这里，正在和终极格斗冠军赛的主席一起喝酒。

达纳靠了过来，他的语气变得严肃起来。

"我带你到这家餐厅来有一个特殊的原因，"达纳说，"大概一年以前，就在这家餐厅外面，我跟TMZ的人说，女子选手永远都不会进入终

---

① 英语中习惯将高声喊出的话全部采用大写字母排版。——译者注

极格斗冠军赛。我今天把你带到这里,就是要告诉你,你将成为终极格斗冠军赛中的首位女子选手。"

我使尽了全身力气才控制住自己,没有一蹦三尺高、站到椅子上跳起欢快的庆祝之舞。在我的脑海里,五彩纸屑正在漫天飞舞,一支阵容齐整的乐队正在演奏,来自天堂的合唱团正放声歌唱。尽管如此,我还是尽量表现得不动声色。

"哦天哪,那太棒了。"尽管没法盖住脸上的笑意,但这句话我说得很流利。

达纳没有许给我任何宏大的前景,他告诉我,让女子格斗选手进入八角笼只是一项实验。我的第一场比赛成功与否将决定女子比赛的去留。

"十分感谢您能冒这次险,"我说,"我保证,我会让您看上去像个天才。"

我笑得那么灿烂,把自己的脸都弄疼了。

我们举杯祝酒。后来他的朋友来了,我们坐着一辆有司机的越野车赶去看首映。一路上我们都大声放着"暴力反抗机器"的歌,我感觉自己好像身处世界之巅。

我们把车开到了位于韦斯特伍德区(Westwood)的福克斯剧院(Fox Theater)。地上铺着红地毯,一侧是分段重复、不断延伸的白色背景,另一侧则站着一排摄影师。在街对面金属护栏后面,影迷站满了整条街,前后好几排人。不断有汽车进场、明星一下车,影迷就发出一阵欢呼。我下车的时候,所有人都开始尖声喊出我的名字。以前出席活动时我也走过红毯,比如ESPN杂志庆典、"世界综合格斗大奖"颁奖典礼等等,但这是我第一次在一项与体育不相关的活动中受到关注。围观人群的反应让我大为吃惊。五分钟过去了,我还在红毯上,先和达纳一起摆姿势拍照,又独自拍照,然后向影迷招手致意。我能听到街对面有人在喊"龙达!龙达!"我获得的欢呼声甚至比《混乱之子》剧组成员还要多。我猜我应该更谦虚一点,但我当时想的是,太棒了,接着喊,这样对我有利,在达纳面前想喊什么就喊什么吧。

"今晚玩得开心，"达纳对我说，"好好享受，这是属于你的夜晚。"

首映式之后的晚会在格拉德斯通举办。那次我再没去过那家餐厅，因为我没发弄到医生病假条。

慢慢适应喧闹的环境之后，我在原地站了一会儿，看着穿着红色polo衫的酒吧服务员给人们倒酒，脸上挂着强挤出来的微笑。

我以前也是他们中的一员，我想，而现在我要加入终极格斗冠军赛了。

这是我一生中最美好的夜晚之一。好事正在发生，而我知道最好的事情还没有开始。

以前没有人相信格斗冠军赛会接受女子选手，格斗迷不相信，其他格斗运动员不相信，媒体不相信，我妈妈不相信，连终极格斗冠军赛的头面人物都不相信。

人们告诉我这种事永远都不会发生。他们说我是疯了。

但你不能让其他人影响你对自己的信念。人们会要你讲逻辑、讲道理，他们会说因为从来没有人这么做过，所以这件事是做不成的。你必须足够疯狂，才会相信你就是那个带来改变、成就梦想的历史人物。会有很多人对你持怀疑态度，告诉你为什么你做不到，为什么你不应该去做。对于他们的质疑，你可以选择接受，也可以加以反驳。

每一个认为这件事永远做不成的人，都被我忽略了。现在我即将成为终极格斗冠军赛历史上的首个女子选手。

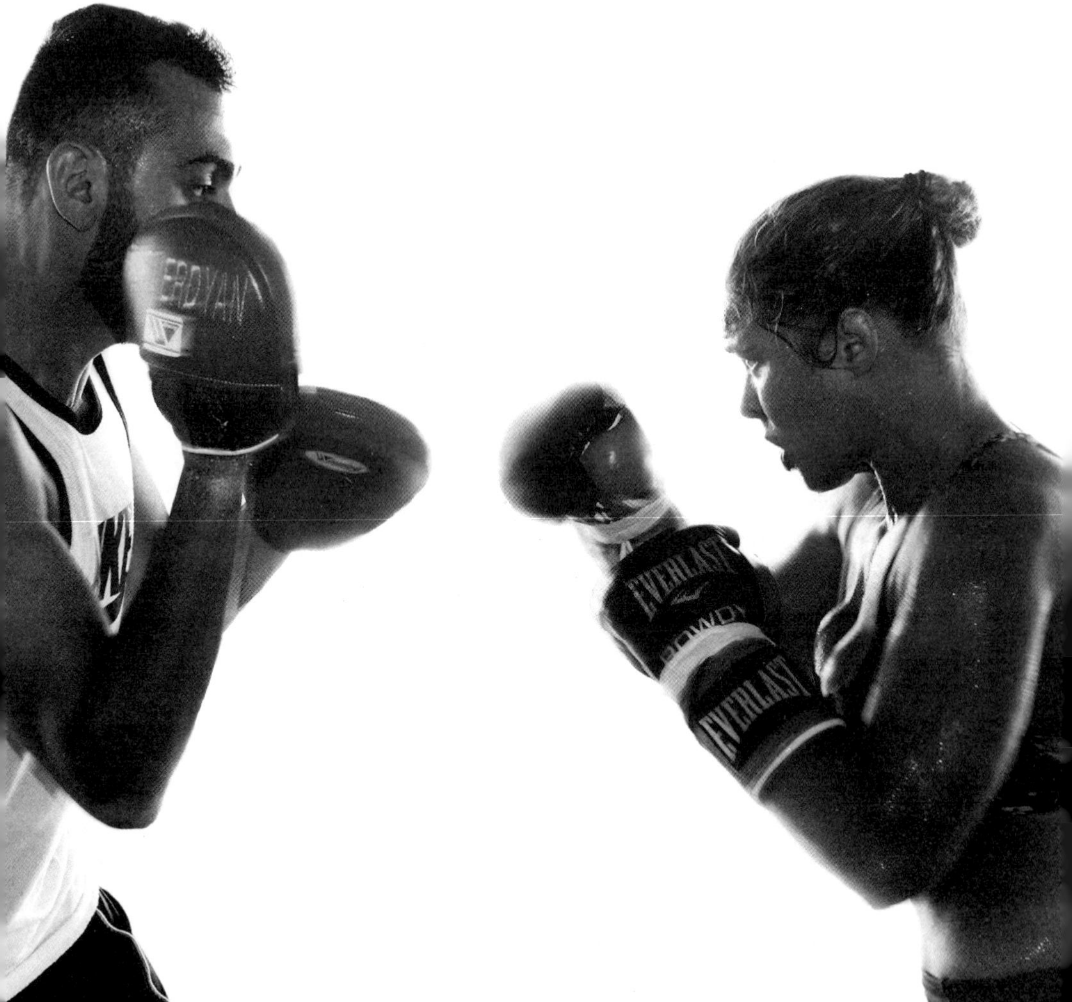
EVERLAST
EVERLAST

一流格斗家知道何时应该耐心

比赛前一天晚上我总是缺乏耐心。离比赛的时间越来越近，我也越来越不安分。被带进八角笼的时候，我总在竭力控制自己，我身上的每一块肌肉都渴望发挥作用，帮我使出浑身解数对付对手。最艰难的时刻要数我站在自己那个角落的时候了。我俯瞰着挑战者，只等裁判一声令下，让我们开始对决。我讨厌那几秒钟，因为在这段短暂的时间里，八角笼里发生的事情不在我的掌控之中，我只能接受这一事实。

然而一踏进八角笼，我就变得很有耐心。我不会急着降服对手，而是花时间慢慢摆开架势。我不会坐等时机出现，那样太被动了。既积极又耐心的做法是慢慢来，以正确的方式创造机会。

当达纳说他要让我加入终极格斗冠军赛时，他说他们会举办一次新闻发布会，宣布增加女子组比赛，并授予我终极格斗冠军赛的冠军腰带。我讨厌被人"授予"腰带。我想自己赢得它，而不是在某个礼仪场合让别人把它交给我。我觉得在你赢得冠军或者守住冠军地位之前，不应该握有这条腰带。

达纳不肯让步。

"我们从'世界极限笼斗冠军赛'（WEC，被终极格斗冠军赛收购的另一项赛事）引进何塞·奥尔多（Jose Aldo）和多米尼克·克鲁兹

（Dominick Cruz）的时候，他们一开始就拿到了腰带。"他说。"这只是我们的操作方法而已，我们设立一个新级别的同时也会设好冠军。"

"好吧，"我勉强答应了，"那什么时候开新闻发布会呢？"

"很快就开，"达纳说，"我们还在安排时间。"

与此同时我被严令不得把这一消息告诉任何人。除了埃德蒙，我跟谁都没说。我都没有告诉达林，他现在还是我的格斗比赛经理人。

终极格斗冠军赛私下里还在和娱乐时间电视网商谈。终极格斗冠军赛的母公司 Zuffa 拥有"打击力量"的所有权，但"打击力量"和"娱乐时间电视网"签有电视转播协议。终极格斗冠军赛主要按照与福克斯电视台达成的协议，以付费点播形式播出。

终极格斗冠军赛那伙人以为双方可以很快达成协议，但他们想错了。

我们在周先生餐厅一起喝酒之后两个礼拜，九月底，达纳带我去多伦多参加 UFC 152 的比赛。他准备在那里公布与我签约的消息。我在拉斯维加斯与他会合，和达纳、他的保安以及他的几个朋友一起，搭乘一架属于终极格斗冠军赛的私人飞机飞往多伦多。

这是我第一次乘坐包机，感觉太奇妙了。只要我往飞机后部看一眼，就会有一位乘务员跑过来问我需要什么东西。我坐在皮椅子里往后一靠，难以相信这是我的生活。快要进入梦乡的时候，有人跟我说这里有张床可以睡觉。

十五个月之前，也是在飞往加拿大的途中，当时我又饿又累，正试图找个舒服的姿势睡觉。我蜷缩在经济舱的一个座位上，两边是达林和醉酒的埃德蒙。而现在，有人给了我一张床。一张真正的床，还是在飞机上。我感觉自己好像飘了起来，醒来时已经置身于一个美妙绝伦的平行宇宙之中。

可是当我们抵达多伦多的时候，和娱乐时间电视网之间的谈判还没有结果。我发现睡过一个晚上的好觉之后，人在应对失望情绪的时候会轻松一点。

十月初，在明尼阿波利斯（Minneapolis）有终极格斗冠军赛的比赛，他们准备在那里把腰带颁给我。我又一次在拉斯维加斯和达纳会合，登上了终极格斗冠军赛的飞机。我们到了双子城（Twin Cities），谈判仍然没有完成。

我又一次空手回家，但这回被人注意到了。人们开始问我发生了什么事，格斗迷想知道我为什么会到城里来，媒体想知道我为什么跟着达纳到处飞，朋友们只想知道我到底在干嘛。我特别不擅长撒谎，别人一看就知道我在保守着什么秘密。没等我反应过来，关于达纳和我的绯闻就已经满天飞了。我特别想解释清楚，却只是一笑了之，说这些都是无稽之谈。

我起初有些失望，现在则是因为必须保守秘密而疲惫不堪。我迫不及待想给大家一个解释，想举起腰带说："看，原因就是这个！"

我们出行坐的是私人飞机，但我处于随时待命的状态。

消息尚未公之于众，但我获准把这件事告诉达林和他介绍给我的一位律师，因为我们要开始拟定我终极格斗冠军赛的合同条款了。达林说我们应该签订正式协议，聘请他做格斗比赛经理人，他"处理税务事宜时用得上这份协议"。

"如果你对我的工作有一点点不满意的地方，协议我们随时可以作废。"对于我们俩签的合同他是这么说的。

12月初，我飞到纽约北部，帮玛丽娜把她的车开到洛杉矶来。我告诉她我想在北达科他州停一停，我们就规划了一趟从中西部到西雅图的旅行。我们会在西雅图和朋友纳特·迪亚兹（Nate Diaz）碰头，在福克斯电视台为终极格斗冠军赛的一场比赛做宣传，之后再沿太平洋海岸南下。

我们坐上玛丽娜的2007款本田雅阁，这辆车和我的车一样都是金色的，不过味道好闻很多。和着AC/DC乐队的"Thunderstruck"、Eve 6乐队的"Open Road Song"、M83乐队的"Midnight City"、红辣椒乐队的"Universally Speaking"、皇后乐团的《波西米亚狂想曲》（"Bohemian Rhapsody"）[①]，伴着咖啡和牛肉干的香气，我们在开阔的

[①] AC/DC乐队、Eve 6乐队、M83乐队、红辣椒乐队（Red Hot Chili Peppers）和皇后乐队（Queen）依次为澳大利亚摇滚乐队、美国摇滚乐队、法国电音摇滚组合、美国摇滚乐队和英国摇滚乐队。——译者注

道路上畅行无阻。

我们在傍晚时分抵达北达科他州詹姆斯敦，搬家之后我从来没有回过这里。我们开到一座带绿边的白房子旁边，我曾经住在这里。门前的园子里挂着"此宅出售"的牌子。我带着玛丽娜绕到屋后，发现后门没有锁，以前我们也总是这么干。我站在客厅里以前放沙发的位置，回想起爸爸生前我最后一次看到他的样子。

"我想去看看爸爸。"我对玛丽娜说。

"好，我们走。"

我们出门回到车上。我给妈妈打了电话，她让我去殡仪馆问问去墓地的路，她说她可以先打一个电话过去。等我们到墓地的时候，已经有一个人站在外面等着了。

"我带你去墓地。"他说。

我们回到车上，跟着他。墓地我只去过一次，就是爸爸下葬的那天。等我们停车之后，都不需要他指给我看爸爸墓地的位置，我知道它在哪里。他们把墓碑安放好之后，我就再也没有去看过他的墓，可我准确地知道该是哪一座。

我下了车。天已经黑了，下着点小雨。我走到他安息的地方，停住脚步。这里只有我和爸爸两个人。

我跪在冰冷的地面上，跟他说了一会儿话。我告诉爸爸我很想他，告诉他我踏上了怎样的征程。我为我的失败乞求原谅，也请求得到他的指点。我将双手按压到结了冰的草地上，恸哭起来。我从右手中指上摘下我最喜欢的一枚戒指——那是一枚银戒，上面还镶有一颗绿松石——将它压到爸爸墓碑旁的泥土里。我向他保证，要努力做一个好人，要竭尽全力，让他为我这个女儿而骄傲。

我不知道我在那里待了多久，但最后我站了起来，答应有朝一日还会回来。

玛丽娜正在车里等着我。几年以前，她的父亲也去世了。她望着我的时候，眼神里是最深切的理解。从我最好的朋友的一个拥抱，我知道此刻我们体会到了同样的哀痛之情。

虽然在北达科他停了一下，但我们只用了五十个小时，就从奥尔巴尼（Albany）①赶到了西雅图。我们抵达西雅图是在 12 月 5 日，正是赛前新闻发布会的前一夜。第二天一早我接到电话，通知我终极格斗冠军赛将在几个小时之后的赛前新闻发布会上授予我冠军腰带。我说我没有合适的衣服可以穿，他们让我上街去买，之后再给我报销。

好吧，我想，我要去逛巴尼百货商店了，混蛋们。

我买了一条裙子，一双很棒的鞋子，还买了一件大衣，最后都没用上。

没等我回过神来，我就已经站在钥匙球馆（Key Arena）②的后台了。达纳说："让我们有请冠军登场。"我要出场了。室内全是媒体记者，我踩着挤脚的高跟鞋从容出场，走上前来，又登上台阶，站到台上。比起享受这一时刻，我更在意的是不要让自己摔倒。

"我正式宣布，"达纳说，"终极格斗冠军赛史上首位女子冠军，龙达·鲁西。"

他把腰带交到我手上。腰带很宽，通体金色，上面镶嵌有珠宝。腰带比我想象的要重，现在它是我的了。

接着他宣布我的终极格斗冠军赛首秀将在三个月之内完成，对手是莉兹·卡尔莫彻（Liz Carmouche），我们的比赛将作为 UFC 157 的头条主赛——我相信这会让许多 UFC 粉丝感到意外。

等回到酒店房间、把腰带扔到床上之后，我才意识到所有这些事情的分量。我觉得头晕目眩。我任由自己沉溺在兴奋的情绪中，不过这种状态只持续了一小会儿。距离我和莉兹·卡尔莫彻的决战只剩下不到三个月了。

---

① 奥尔巴尼（Albany），美国纽约州首府。——译者注
② 钥匙球馆（Key Arena），位于美国西雅图，是原 NBA 球队西雅图超音速队的主场，1995 年投入使用。——译者注

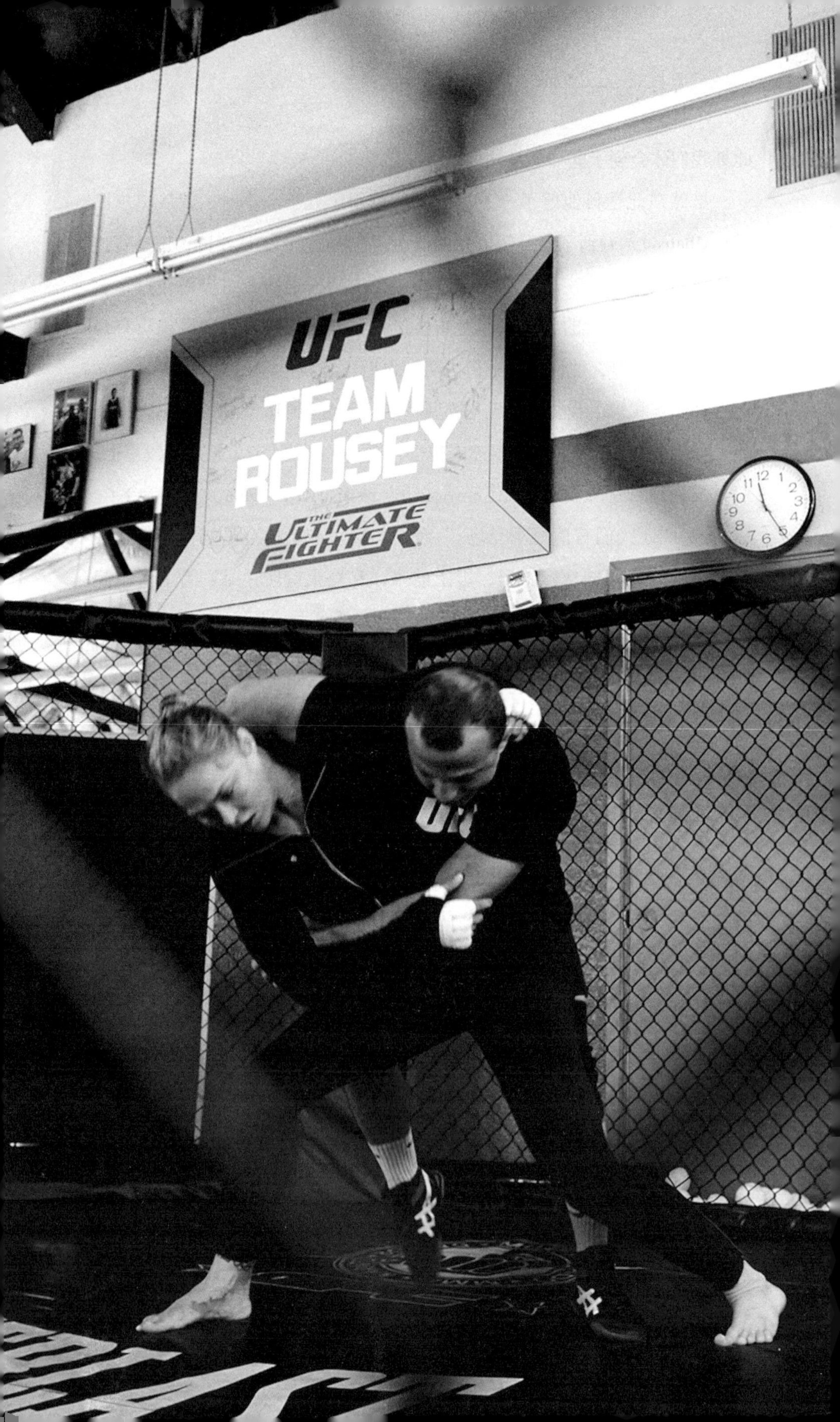
UFC
TEAM
ROUSEY
THE ULTIMATE FIGHTER

求胜欲强者得天下

在每一场比赛中都有这样一个时刻，胜利似乎就摆在面前，但总有一个人会伸出手将它抓走。这个时间可能出现在比赛刚开始的时候，一位格斗选手大摇大摆地出场，没等对手准备好就抓住了她；也可能出现在比赛中段，对手为了喘一口气或者理理思路而稍有放松。也有时胜利的机会会出现在一场比赛的最后关头，此时双方都已经竭尽全力。不管你有多疲惫，都必须想方设法发掘全部可能，创造制胜的机会。

我不在乎你对我使出了什么招数，我不在乎自己是不是疲劳、身上有没有伤，在最后一秒是不是处于下风。我一定是那个求胜欲最强的人。我对胜利的渴求如此强烈，甚至愿意为此牺牲生命。我将使出最后一丝力量，穷极最后一息，为胜利竭尽所能。

而等到格斗结束的时候，我会成为那个胜者。

我和卡尔莫彻交手的时间临近，媒体表现出的狂热让针对我和梅莎那场比赛的报道风潮显得微不足道。熟悉终极格斗冠军赛的人都想不起哪场比赛曾吸引到更多人的关注。这场对决不仅激动人心，还将是载入史册的一战。

卡尔莫彻不仅拥有"8胜2负"的战绩，还是整个综合格斗生涯中——在那之前和之后都是如此——唯一一个让我走了神的对手。比赛之前一个月我们在做一个宣传活动，选手要摆出格斗的架势，目光直视对方。每次做这种动作的时候，我都会盯着对方的眼睛想，我要把你那条胳膊拽下来，而你却一点办法都没有。我会在盯着对手的时候把我的想法通过目光传递出去，我希望她们能够从我的眼神中读懂我的心思。我面对卡尔莫彻的时候就这样通过目光放射出恶意，这时她盯着我的眼睛，冲我送来一记飞吻。

这是我万万没想到的状况，有一会儿我慌了神。

那天之前，我对莉兹也是满怀敬重。对我出言不逊的女选手有很多，但很少有人会愿意和我交手。卡尔莫彻非常想打这场比赛。我知道卡尔莫彻不好对付，她不只是一位格斗选手，还曾经作为海军士兵三次赴中东地区执行任务。这种意志和品格在我面对的所有对手中绝无仅有。她曾经去过伊拉克，那里的人会对你开枪。她不会被那些无聊的闲话吓倒。在对视的那一刻，我意识到要和卡尔莫彻交手，需要做好各种准备。

我们的比赛将于2013年2月23日在阿纳海姆（Anaheim）的本田中心（Honda Center）举行。我的所有梦想即将成真，我一直以来为之奋斗的目标即将实现，但我也知道，如果输掉这场比赛，一切努力都将付之东流。

比赛那天晚上，我躺在更衣室的地板上休息，电视上正在播放垫场比赛。我不经意间抬起头，正好看到乌利亚·法贝尔（Urijah Faber）在站立状态下对伊万·曼吉瓦尔（Ivan Menjivar）施出裸绞。裸绞差不多就是从背后扼住对手的咽喉。

我边看边想，曼吉瓦尔不应该靠在笼子上，他一直让法布尔缠在他背上（这样法布尔就可以一直掐住他的喉咙）。他应该站到笼子中间来，想办法摆脱法布尔。他应该先集中精力把法布尔缠上来的腿松开，而不是先解开他的手。然后这个想法就从我的脑海里消失了，我甚至没有说出来。

走出更衣室之后，好像整个世界都渐渐消失了。等我一走进八角笼，我的世界就缩小到了750平方英尺之内。

我们的比赛开始还不到一分钟，我的肾上腺素正在快速分泌。我一反常态地有些急躁，没等时机成熟就强行使用了一个"投技"动作。我没有做好铺垫，就直接上手了。我想用强力完成这个动作，结果把背部送了出去。卡尔莫彻利用我的失误，跳到我的背上。

在那一刻我有一个选择的机会，我可以转过身去，把我们俩都放倒在地，让她压在我背上，也可以试着保持站姿。我迅速做出了决定。我感觉站着并让她控制我的背部可能强过让她在地上压制着我，因为在后面一种情况中，她将占据她最喜欢的位置。但我知道如果我保持站姿，她会出手使用裸绞。

在格斗场上，我会对看到的情况加以分析，并作出相应的反应。这时比赛的节奏并不会放慢，一切都在快速进行，但时间的作用不一样了。我会在一瞬间处理数以百万计的信息，并依据这些信息同时做出多个决定。

我回想起曼吉瓦尔让法布尔待在他背上的场景，我知道我必须远离笼子的边缘。

最简单的做法是向后一靠，把她压在笼壁上。当对手试图把你的脑袋拧下来的时候，她需要付出巨大的努力才能在笼子中间保持平衡。你的身体总想选最简单的那条路。我的身体要我躺到地上或者靠在笼子上，但大脑告诉我，当她正在我背上试图保持平衡的时候，我要站住，要保持平衡，要把她的双腿解开。

我将下颌往里收，让她没法接触到我的颈部，又用下颌抵抗她的绞杀。她用双手双脚缠着我，我必须把它解开。

我正在努力松开她的双腿，她手上的动作已经从扼颈变成了折颈。顾名思义，折颈指的是一名选手抓住对手并用力扳对手的脖子，超过可以让颈部断裂的角度。这是徒手所能做到的最接近把人脑袋扳下来的事情。

柔道比赛中没有折颈，也从来没有人对我用过这一招。她动手弯折我的脖子的时候，我感觉自己失掉了平衡。她正在笔直向上拉我的脖子，这个力让我往后退了几步。

我当时没有动用一丁点儿感情,注意力百分之百集中在观察和决策上。

"噗、噗、噗",我的鼻窦里传出响声。我感觉脸好像要炸开了。

我离笼子越来越近了。

我的身体、她的身体和重力都在把我往后推。不行,我必须往前走,我提醒自己。我朝笼子中间挪动。

她的手臂开始往下滑,滑过我的牙套。

我的牙齿深深咬进上嘴唇里。

卡尔莫彻的小臂开始滑动,但她十分厉害。她扳得更凶了,逼着我张开嘴巴。我的上排牙齿撞到她手臂上,我感觉自己的下颌脱臼了。她丝毫不在意。这样一来我的上排牙齿会深深嵌进她的小臂,这是她绝好的机会。她扳我脖子用的力气更大了。

我的下颌支撑不下去了。我的脖子已经被弯过了正常活动的幅度,很快就要被一分为二了。

宁可死掉,或者瘫痪,就是不能输,我暗暗地想。

因为运动过于剧烈,我的运动胸罩开始移位了。我有可能会在现场一万三千人以及付费观看的所有人面前走光。

但我的大脑分得清轻重缓急。它正在告诫我,脚、脚、脚,我还是得保持平衡,把她的脚松开。

她正在把我的脑袋往左扳,我必须破坏她的平衡。我转向左侧,把她的双脚推到左边,她开始往下滑。有那么一瞬我感觉轻松了一点,我心想,她终于下去了,我可以调整胸罩了。我确定自己的乳房马上就要跑出来了。可是卡尔莫彻没理胸罩这茬,还一脚正中我的胸部。

我听到观众疯狂的声音。卡尔莫彻害我出丑,弄得我窘迫不已。我丢了人,观众还因此而欢呼,这下把我惹火了。我恨这些人。我能感觉到我怒火越旺,决心就越强。这个姑娘别想再次取得优势。

现在她处于守势(在搏斗时背部着地,对手正位于她双腿之间),我冒险出拳击打她的面部。她试图使用足跟勾(锁腿),我用一个后空翻躲开,开始反复重击她的头部。我又将她的双肘推到我头的另一侧,开始往她身上爬，迫使她伸手保护面部。她的反应正中我下怀，我得以把双腿摆到她身体的另一侧去抓她的右臂。她用左手攥住右臂，死死不松手。我试着把它拽出来，她抓得更紧了。

我知道长度为五分钟的第一回合快要结束了，离响铃只有几秒的时间。我不愿意放弃，就放下一条腿，重新调整了一下体位。我能感觉到她的手正在慢慢松开。我更用力地拉，她的手臂松开了。这下逃不掉了。我将她的手臂夹在双腿之间，往后一靠，用力弯折。她知道自己没有办法逃脱，于是拍打认输。

卡尔莫彻坚持了四分四十九秒。

比赛结束时，我仍然是（在我自己心里，我现在仍然是）终极格斗冠军赛史上首位女子冠军。

这场格斗打完，我意识到我从未想到过可以拍打认输，哪怕在我发现自己下颌脱臼的时候、知道有可能折断脖子的时候，放弃的念头都从来不曾在我脑海中出现。在格斗的世界里，从来没有谁比我更渴望取胜。

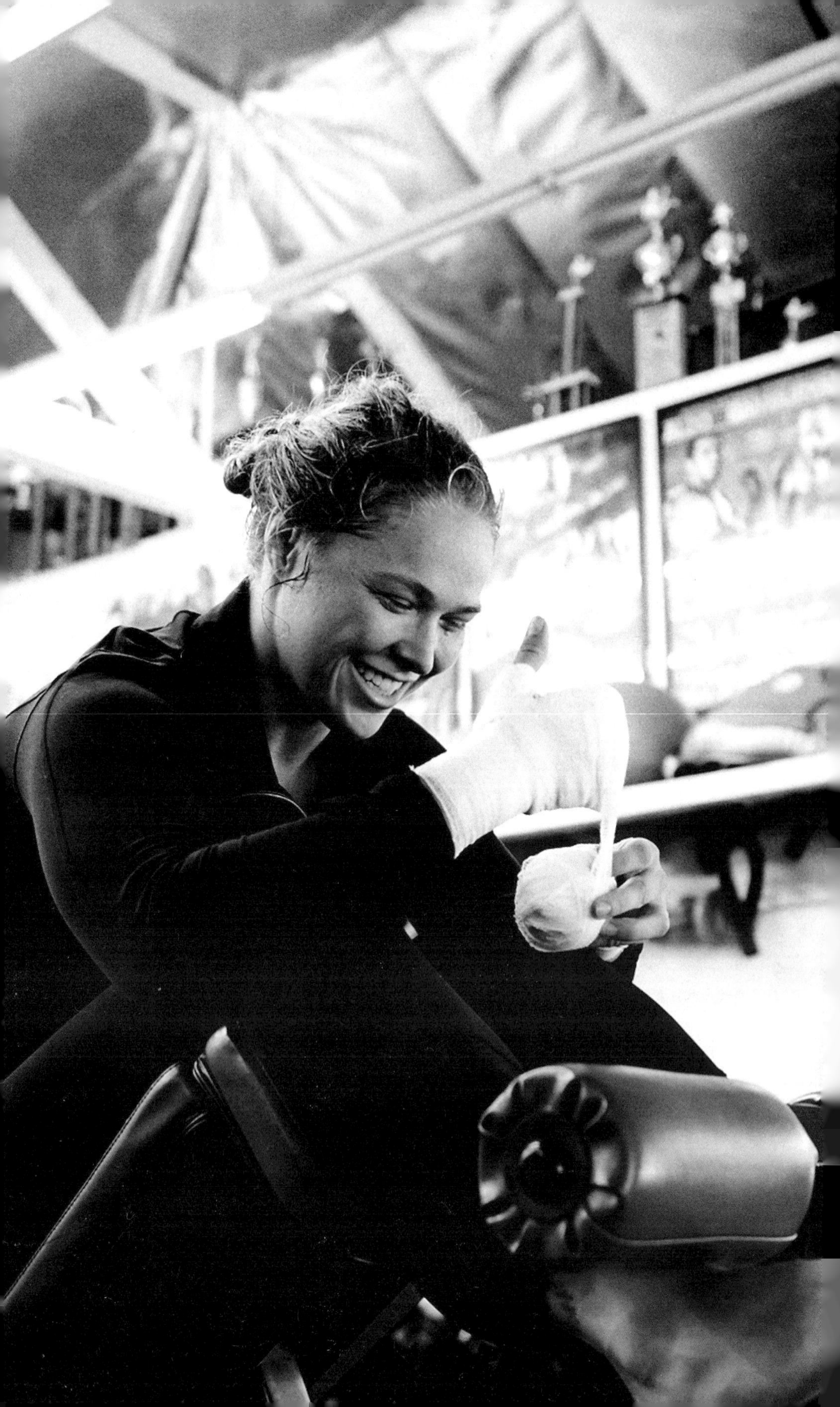

每一秒都要战斗

你总会有落后的时候。就算你在五分钟的一个回合里有四分五十九秒在挨打也没有关系,你要为这一回合里的最后一秒而战。你的目标不是在五个回合里取胜,而是要在一千五百秒里取胜。

如果有人可以在最最短暂的一瞬间里胜过你,这个消息一定会让你心烦意乱。关键不在于赢下一场比赛,而在于必须完完全全、彻头彻尾地胜过所有人。如果局势没有按你的计划发展,哪怕是最不起眼的失误、可以忽略不计的时间、最不值一提的小事,它也一定得在你心中占据这么重要的地位。

看到你因为特别在意而沮丧不已,人们会嘲笑你,但正是你的这种激情让你与众不同,正是这种激情让你出类拔萃。

为了获胜,你得愿意面对死亡。如果在格斗时愿意一死,如果在笼中的每一秒都拼尽全力,那你一定能出人头地。

如果你在一个回合的四分五十九秒里占据优势,最后一秒对手给了你一拳,那你最好因为错过了这一轮的一秒钟而感到恼火。

这不只是赢一个回合的问题,也不只是赢一场比赛的问题,而是要在生命的每一秒中争取胜利。

每场格斗比赛之后第二天上午,我都要和达纳一起吃早午餐,这是我们的一个习惯。我们第一次吃早午餐是我在UFC 157比赛中获胜之后,那天他提了一个建议,让我参加一档真人秀节目——这个节目像同时有男女选手参加的"终极格斗"(The Ultimate Fighter)①,我和我的下一位对手分别指导选手,再让他们进行对抗。这档节目像是"真实世界"(Real World)②和"幸存者"(Survivor)③的合体,只不过把"幸存者"中投票驱逐对方队员改成了降服对手。每一季都有两支队伍参赛,每支队伍的成员都是渴望建功立业的格斗选手,由现役终极格斗冠军赛选手担任教练。每一集之后都会有一位选手被淘汰,最后留下两位选手,他们之间的对决将进行现场直播,胜者将与终极格斗冠军赛签约。

达纳提议做这季节目主要是为了从无到有构建起终极格斗冠军赛女子组的阵容,同时利用节目让格斗迷慢慢熟悉即将登场的女子格斗选手。

在签下我和卡尔莫彻之后,终极格斗冠军赛中又增加了梅莎·泰特和凯特·辛加诺(Cat Zingano)。梅莎和凯特将在六个礼拜之后展开对决,这场比赛的胜者将是我的下一个对手。作为那场比赛赛前的活动,我和泰特与辛加诺那场的胜者将在"终极格斗"节目中分别执教。

后来辛加诺凭借技术性击倒(technical knockout,TKO)赢得胜利。(技术性击倒指的是格斗选手并未真正失去知觉,但裁判、场上医生、选手的场边助理乃至选手本人认为如果比赛不终止,该选手最终会失去知觉,于是比赛的最后一部分被略过,以免造成更严重的身体伤害。)

最早带我进入综合格斗界的曼尼曾是这一档节目的决赛选手。他那场决赛是我认认真真坐下来看的第一场综合格斗比赛。当时我住在波士顿,为自己的朋友又是兴奋又是紧张,整场比赛我就在组合沙发上跑来跑去。曼尼输给了内特·迪亚兹(Nate Diaz),但他的表现给达纳留下了特别深刻的印象,所以他也获得了终极格斗冠军赛的合同。我曾经亲

---

① "终极格斗"(The Ultimate Fighter),一档综合格斗电视节目,由UFC与福克斯电视台合作拍摄,首播于2005年。——译者注
② "真实世界"(Real World),美国的一档真人秀电视节目,节目中七到八位成年人将到一座陌生的城市暂住,共同生活,摄影机全程跟拍。——译者注
③ "幸存者"(Survivor),真人秀电视节目,美国版于2000年首播。参加节目的选手进入一个与世隔绝的环境,借助有限的工具和物质资源维持生存。——译者注

眼看到"终极格斗"可以对一位格斗选手的职业生涯产生多么大的影响，也就可以理解这个节目将为整个女子组终极格斗冠军赛提供一个怎样的起点。

仅仅将我的名字留在历史记录的第一页还不够，我想在这项运动中留下更显著的痕迹。我想建立起这样一个组别，让它在我退役之后还能生生不息。

有了这个目标，我招募了一批助理教练来帮我，包括埃德蒙、曼尼和玛丽娜。2013 年 7 月，我们去拉斯维加斯，开始六个星期的摄制工作。这份工作的报酬并不高，我们要在六周中拍完全部十三集，一周拿 1500 美元。关于酬劳，我唯一的问题是："我们拿的薪水和曾经参加这档节目的男选手是不是一样多？"我说得很明白，如果他们付给我的钱比付给男选手的钱少，那就是在瞎胡闹。但如果所有人拿的都是这个报酬，那我们只需要按约行事。我以为所有人已经就这一点达成了共识。

离计划开始拍摄的日期还有三天，在我不知情的情况下，我的代理人认为报酬不够，然后我的律师致电 UFC，说："如果龙达单集的片酬达不到两万美元，她就不拍了。"

达纳·怀特不坑这种游戏。

我整个上午都在处理杂事，为接下来一个半月在拉斯维加斯的生活做准备。我刚刚在威尼斯海滩（Venice Beach）租了房了。我正在住处的停车场停车，达纳·怀特打来电话。我把 UFC 最近送给我的这辆全新黑色宝马 X6 M 停到车位上。（"我不能让我的一个冠军开着一辆破破烂烂的本田车。"达纳这么说过。）

"嗨，达纳，什么——"

"这什么破事？"达纳吼道。他不高兴的时候总爱用"这什么破事"开头。"一周两万美元？你是认真的吗？我是说你他妈的脑子一定是坏了。"

我拼命转动"我他妈的脑子"，想弄明白他说的是什么。我完全不知所云，措手不及。

"你的混蛋律师给我打电话，说一个礼拜要付两万美元，否则龙达就不做这个节目了！"达纳厌恶地大笑。

"哇，哇，哇，"我说，"你等等。"

达纳太生气了，根本刹不住车。

"说认真的，开拍三天之前提这个？"

"我跟他们说的是……"我开始说话，可是达纳打断了我。

"谁都不可能一个礼拜拿两万美元！"

"可是……"我试着插嘴。

"我付给你两万美元之前会先把你赶出这个节目。就因为你要求拿两万美元，我就该把你赶出这个节目！"

"不给我钱我也愿意拍，"我说，"我只想知道男选手拿的钱是不是和我一样多，我只问了这么一件事。"

"如果你有什么问题，我们应该直接沟通，"他说，"你不该让这些小丑干这种破事。"

"达纳，我很抱歉。"我说。

"这都什么破事！"他还是很生气。

"我会把事情弄清楚，"我说，"求求你不要把我赶出这档节目。"

"我不知道我会干什么。"达纳说。他把电话挂了。

我心里非常不快。我讨厌不确定性，它让我焦虑不安，但焦虑很快被愤怒取代。为什么律师没有经我允许就给达纳打电话，还开出这么不合理的价码？这是什么破事？

对我来说，做这些事情从来都和钱无关。我知道如果我跟着自己的激情走，并做到前所未有的极致境界，那钱自然会到手。

我还在因为和达纳的那场对话慌乱不安。我给达林打了电话，他说我配得上赚更高的片酬，还说其他明星拍真人秀赚得更多。我告诉他我毫不在意，我也不是一个真人秀明星。我让他别再折腾这些事。

他说话的时候，一种熟悉的遭人背叛的感觉席卷我的全身。四个月之前，就在我和达林签约之前两天，我听说在拉斯维加斯的一家餐厅，"打击力量"总裁斯科特·科克尔（Scott Coker）问达林，我和达纳的绯闻是不是真的。达林大笑起来,"你知道,在那架飞机上总会发生疯狂的事情。"他说。面对外界大错特错且带有性别歧视的猜疑,我自己的格斗经理人居然没有为我说话,听到这个消息让我反胃。当我与达林对质,他声称其实是想保护我。"事情平静下来后,我会向你澄清一切。"他说。我们从未这样谈过话,从此以后,我和达林之间的关系已经不同于昔日了。

三天之后,我把莫基交给一位在洛杉矶的朋友照看,赶往拉斯维加斯拍摄节目。那天在车上跟达纳通过电话之后,我们还没有说过话。

我到体育馆之后,摄制组里有个人说:"绕着体育馆走一圈吧,我们需要拍一些你察看这个地方的镜头。"

我走进馆里,这儿看看那儿看看。在这个巨大的开阔空间里,一位综合格斗运动员训练所需要的东西应有尽有,场地中央是一只标准尺寸的八角笼。我环顾四周。

墙上有两张我和凯特的巨幅照片。门开了,我以为走进来的会是凯特,结果却是梅莎·泰特。她一脸微笑。这让我猝不及防,只好笑了笑。

凯特一定是把梅莎招进来做助理教练了,我想。凯特知道我们的底细,她想来搅和我的事。一记擦边球。

"我知道他们想让我做点什么事。"我不假思索脱口而出。

我不喜欢梅莎,但之前在我需要对手、需要好好打一场比赛的时候,她愿意和我交手,并奉献了一场精彩的对决,因为这个我对她心怀敬意。"又见到你很高兴。"

"我也是。"她说。

上一次我们靠得这么近的时候,裁判举起了我的手臂,宣布我是比赛的胜者。

"你在这里做什么?"我问。

"在这里做教练。"梅莎说。

"教什么?"我问。

"你来这里就是要干这个,对吧?"

我开始糊涂了。

"你是在给凯特的团队帮忙吗？"我问。

"我得让达纳来解释，不过……"梅莎的声音越来越小，后来就只是站在那里得意地笑。

我突然明白过来，那种感觉就像被体育馆天花板上的一盏灯砸中了脑袋一样：达纳是在拿我开刀，他想让我看看，如果你敢惹 UFC 会遇到什么样的后果。他拿我的头号劲敌把我换掉了。

恐慌袭来。我想到我的教练团队已经为这档节目付出了那么多努力，想到他们为了给我帮忙而把所有事情都搁在一边，我要怎么跟我的团队解释？达纳在哪里？他怎么可以这样背叛我？我怒不可遏，感觉被伤透了心。我能感觉到这股情绪冲上脸颊。

把一个人逼到爆发边缘的事情很奇异。梅莎·泰特可以试试朝我脸上出一记重拳，她可以贬低我的格斗能力，也可以对我的所有成就视而不见，这些做法都不会让我心烦意乱。但看她那样幸灾乐祸地笑着，品味着我的痛苦，我被激怒了。之前我只是不喜欢她，可现在我感觉自己从来没有如此痛恨过一个人。起初我们只是活动中的对手，现在我对她只有真正的仇恨。

格斗比赛时在八角笼里和人对抗是一回事，那是职业，出了笼子把自己的欢乐建立在别人的痛苦之上，这就是另一回事了。状况糟透了。我的沮丧让她乐在其中、心满意足，我看不下去了。我从来都不喜欢站在笼子另一侧的对手，但如果我在格斗场以外的地方看到同一个姑娘一副不知所措的样子，我绝不会嘲笑她。我会说："嗨，没事的，你冷静一下。"

这就是我和梅莎·泰特之间的区别。

我推开梅莎刚刚走进来的那扇门。

"达纳人呢？"我开始问大厅里的每一个人。没有人告诉我；如果告诉我，那就拍不到我的恐慌和窘迫了，就毁了一个大好的赚钱机会。我走进更衣室。

等达纳到场的时候，我已经快疯了。

"听我解释。"他说。

就在几天前，凯特·辛加诺膝盖受伤，需要接受膝关节大手术，她将休战几个月。我们原定开拍的那天上午正是凯特接受手术的时间。UFC的人给梅莎打了电话，她和我将分别指导一批选手，并在季末总决赛上进行对决。

这是一场误会，达纳说。

我看看周围摄制组的工作人员，他们将整个过程都拍了下来。摄像师一脸微笑。

这并不是误会，我想，这是给我设的埋伏。

我太天真了，我以为这档节目属于UFC，制片人就会对格斗选手心存敬意。UFC的确在为节目提供资金，但制片公司Pilgrim对待我们就像对待一个电视真人秀的角色一样。他们才不会把你看成一个世界级、水平一流、受人尊重的职业格斗选手。

第一天如此不顺，情况只会越来越糟糕。

根据节目固定的做法，我们各自选出自己的队员，不过这一季我们每个人分别选了四个女选手和四个男选手。整季节目的最后，两位胜者——一男一女——将加冕桂冠。

我挑选了善娜·巴斯勒（Shayna Baszler）、杰萨米尼·杜克（Jessamyn Duke）、佩吉·摩根（Peggy Morgan）、杰西卡·拉克兹（Jessica Rakoczy）、克里斯·比尔（Chris Beal）、戴维·格兰特（Davey Grant）、安东尼·古铁雷斯（Anthony Gutierrez）和迈克尔·伍滕（Michael Wootten）。梅莎挑选了朱莉安娜·潘妮亚（Julianna Peña）、莎拉·莫拉斯（Sarah Moras）、拉奎尔·佩宁顿（Raquel Pennington）、罗克斯安妮·莫达菲丽（Roxanne Modafferi）、科迪·博林格（Cody Bollinger）、克里斯·霍尔兹沃思（Chris Holdsworth）、乔希·希尔（Josh Hill）和提姆·戈尔曼（Tim Gorman）（受伤后由路易斯·菲萨特（Louis Fisette）顶替）。

根据掷硬币的结果，本季节目的第一场对阵双方由我决定。我选择我方一号女选手善娜迎战对方的一号选手朱莉安娜。善娜是最富经验的综合格斗女选手之一，尽管少有宣传，但从很多方面看她都是综合格斗运动的先驱式人物。善娜绝不会输掉这场比赛。

但善娜在第二回合中被对手施以裸绞，输掉了比赛。在格斗过程中，我能看出来善娜知道她要丢掉这一回合了。在那一秒，她的注意力从她眼下在笼中的动作转移到了她对下一回合的规划上。她就在那一刻被对手绞住了脖子。

这场失利对善娜和我们整个团队来说都是巨大的打击。开车回临时住处的路上我一直在思考，在回想这场对决。这件事我想了一整晚，第二天一早去体育馆的时候又想了一路。我想到梅莎庆祝善娜输掉比赛、终极格斗梦碎的样子，尽管她声称善娜是自己的朋友。作为教练，我要对整支团队的士气负责。

我正在考虑我能说些什么，这时我想到妈妈曾经对我说过："在每一场比赛中都有这样一个时刻，此时金牌就摆在面前。如果要确保你是抢到胜利果实的那一个，唯一的办法就是比赛中每一秒都要去拼。"

妈妈的话在我的脑海中回荡。我把团队成员叫到一块儿。

"你总会碰到落后的时候，"我开始了，"能领跑的人没什么稀奇的，当你取得胜利的时候，一直打下去很容易。在输得最惨、局势最不利的时候还能战斗，具备这种能力的人才能出人头地，成为最优秀的格斗选手。"

等我说到"……要在生命的每一秒中争取胜利"，全队上下已经人人都想冲出去痛打对手了。我在他们的眼睛里看到了一道光，一团之前见所未见的火苗。讲完之后我们就开始训练，每个人都全神贯注。全队上下情绪高涨，但气氛也很严肃，没有人在打趣，也没有人在笑。大家训练的时候比前一天多出了一倍的力。

经过了深思熟虑，我的话这些孩子都听进去了。这一季结束之后，有几个人还把这些话纹在了自己身上。如果观众能看到我讲话的这一幕，他们也会备受震撼。不过，制片人只放了一段大家泡浴池的片段。

因为梅莎的选手赢得了比赛，她可以挑选下一场比赛的对阵者。她选择让克里斯·霍尔兹沃思和我队里的克里斯·比尔进行对决。在本季节目的预选赛中，克里斯·比尔手部骨折，梅莎公开承认她就是打算利用这一点。

而没有对外公开的是赛前发生的一件事。克里斯·比尔正在热身，达纳一脸不高兴地走进更衣室，他刚接到另一位格斗组织者的电话，说克里斯和那个人签订的合同尚未到期。克里斯还没有迈进笼子，却已经被迫开始保护自己。

在拍摄过程中，除了我们之外没有一个人知道有哪些人会上节目。别人怎么会知道克里斯要录这档节目呢？这个组织者在最不巧的时候打来电话，恰恰是在克里斯职业生涯最重要的一战即将开始的时候，这个几率有多大呢？谁从这件事上获利最大？所有这些因素都撞在一起，恰恰是可以对我的队员产生最大负面影响的时刻，这个几率又有多大呢？我妈妈是一位统计学家，她总是说："如果一件可能性非常非常小的事情发生了，那它很可能并不是个巧合。"

我们开始拍摄还不到一周，但情况已经一清二楚。比起拍摄笼子里的争斗，制片人对两个女人之间的争斗更感兴趣。每当梅莎从我身边走过，她要么冷笑一声，要么抛来一个飞吻。她以刻薄的言论评价我的教练，还搞幼稚的恶作剧。制片人对这种事情如饥似渴地照单全收。

"把她拎出去，痛打一顿。"我把妈妈请来作为客座教练的时候她如是说。

参加节目的每个人都看得出来，情况已经超出了可控范围。达纳把我和梅莎一起叫去谈话，要求双方都不要再耍小把戏。但梅莎还在给我送飞吻，还随时准备要找我们的茬儿。他们特别关注埃德蒙，埃德蒙是我们唯一的搏击教练，对团队来说不可或缺。梅莎和她那个巨人一样的男朋友蓄意激怒埃德蒙，想要挑起肢体冲突，让埃德蒙被节目组开除。我控制住自己，也管住自己的团队，让大家都不要卷入任何冲突。我只是不停地冲她竖中指。

现在才七月份，但我已经在对着 12 月 28 号倒数日子了。到那一天，我就可以在笼子里把所有情绪都发泄到她身上。我只希望我能控制住自己，忍到那一天。

我参加这个节目唯一的目标就是带好我队里这些有抱负的格斗选手，用我所有的精力好好指导他们。我知道在一项运动中一步一步向上攀登有多艰难，也知道边训练边同时顾及几份工作以贴补开支有多艰难。我明白一旦在"终极格斗"这个节目中取胜，格斗选手职业生涯的轨迹就将彻底改变。我队里的孩子们需要这个机会，他们值得我为他们倾尽所有。如果这么做的后果是弄得我看上去像个疯狂的泼妇，我也可以接受。

很早以前我就下过决心，我该说什么就说什么，人们爱怎么想就怎么想。我不想浪费哪怕一秒钟的时间去考虑别人会怎么想。

敢于丢人

> 你得问问自己："可能发生的最糟糕的事情是什么？最糟糕的后果又是什么？"如果是在格斗场上，可能发生的最糟糕的事情是我会死掉或者终身残疾。差不多所有其他场合中最糟糕的事情无非是我会把事情搞砸或者会出丑。跟死亡比起来，这些事情的糟糕程度就低得太多了。参加格斗比赛让我得以正确地看待各种事情，也让我远离畏惧。

我从来都知道格斗这事不可能做一辈子。我实现目标的速度比我想象的要快，现在我开始考虑未来了。我希望能创造机会用我在格斗界取得的成功为今后铺路，就像吉娜·卡拉诺从格斗跨界进入电影行业一样。这看起来几乎是个不可能的挑战。不可能的挑战是我最喜欢的东西了，不过我想先和埃德蒙谈一谈。

在格伦代尔搏击俱乐部，一天上午训练间隙，我正坐在场地边缘，埃德蒙在我旁边。我告诉他我不久前和一位娱乐经纪人碰面，对方认为我可以成为一位好莱坞明星。我问他如果我想拍电影的话，他觉得怎么样。到这个时候，我通常都能猜到埃德蒙对一个想法会做何反应，不过这一次，我不知道结果会怎么样。

教练员的唯一目标是帮助格斗选手备战格斗比赛，教练对"外界的干扰因素"并不热衷。他停下来，考虑我告诉他的所有情况。

"是因为你真的想表演吗？你对表演事业有激情？"他问，"还是因为你只是想靠电影出名？"

"我真的很想演，也很想演好，"我说，"因为某些原因，我感觉自己非要娱乐大众不可。"

埃德蒙又停了一停。

"你不能同时用手举着两个西瓜，"他说。他伸出手来，好像要示范给我看。"事情是不能这么做的。"

听到这个类比，我情不自禁地笑了起来。亚美尼亚人特别爱拿西瓜说事。

"但你对自己的状况很清楚。"他接着往下说，"对于大多数格斗选手，我都会说，'别去，专心练格斗。'但如果你可以认真对待，同时做好两件事，那就同时做这两件事。只是要记住，你是因为格斗才能拿到这些片约的。"

他这是把我已经知道的道理说出来了。"哪怕我不是终极格斗冠军赛的冠军，好莱坞也会关注我"，我可不会被这样的错觉蒙蔽。如果丢掉一场比赛，我就会在这座满是雄心勃勃的金发女演员的城市里沦为又一位雄心勃勃的金发女演员。

"不过我要告诉你一件事，"埃德蒙说，"这是体育馆。一旦你进了这座体育馆，我就不想听到关于电影的一个字。在我们的训练营里，你的注意力只能放在这里。等你出去了，你想干什么就干什么，但在这里，我们只练格斗。"

"好了，回到场上。"他说。

我跳起来，决定证明给他看，我比以往任何时候都更专注于格斗。

在掉进"终极格斗"的圈套之前，我就已经在为演艺生涯铺路了。我已经签下了一位娱乐经纪人，来自"威廉·莫里斯奋进娱乐公司"（William Morris Endeavor）的布拉德·斯莱特（Brad Slater），我和出品人、电影制片厂负责人以及剧组人员见面，我聘请了一位表演老师，我甚至为电影《宙斯之子：赫拉克勒斯》（Hercules）中的阿塔兰塔（Atlanta）一角去试过镜。我非常努力,很想获得这个角色,但剧组最终没有选我,我大失所望。这次挫折一直困扰着我,每当在"终极格斗"节目组过得不顺的时候我都会想,见鬼,我想去拍《宙斯之子》。

后来布拉德打来电话,告诉我西尔维斯特·史泰龙(Sylvester Stallone)要见我。我是好莱坞的一个无名小卒,而他是洛奇(Rocky),是兰博(Rambo),是《敢死队》(The Expendables)里的巴尼(Barney)[1]。

我们和史泰龙的制片人凯文·金(Kevin King)以及史泰龙本人共进午餐。他们正在拍摄《敢死队3》,史泰龙认为我也许是个不错的人选。

我感觉受宠若惊。史泰龙问我感觉表演怎么样,我说我正在努力提高演技。

"我以前总觉得只有一个会撒谎的人才能成为一个好的演员,"我坦白,"但我现在意识到表演并不完全是在撒谎,而是要试图说服自己,说你正处在这样一个环境里,然后就做你在这样的环境里该做的事情。"

"最伟大的演员并不是最出名的巨星,"他告诉我,"一位伟大的演员可以演出任何人在任何情境下的表现,但你不会看到人们夹道围观最受爱戴的演员。会被人夹道围观的是像艾尔帕西诺这样的明星,他不管演什么角色都是在演他自己,不会演出不同的人来。他是警察艾尔帕西诺,律师艾尔帕西诺,恶棍艾尔帕西诺,瞎了眼的退役海军士兵艾尔帕西诺,如此种种。他演的永远是他自己,人们会爱上角色里的这个你。这才是让你成为明星的东西,这才是会让人们夹道围观的东西。"

"你所要做的,"他说,"就是放松,做自己。明星就是这样。不管你把他们放在什么情景里,他们就是他们自己。"

"我们下次接着谈。"吃完中饭之后,史泰龙如是说。

从拉斯维加斯回来的时候,我好长时间没有那么低落过了。我知道等到"终极格斗"播出之后,我看上去就会像个电视真人秀里的疯子一

---

[1] 洛奇(Rocky)是史泰龙在《洛奇》系列电影中饰演的角色,是一位年轻的业余拳手,他在与拳王交手后一战成名。兰博(Rambo)是史泰龙在《第一滴血》系列中扮演的角色。——译者注

样了。我感觉我必须赶紧动手。我需要在节目开始播出之前拿到片约、开始拍摄，否则好莱坞可能就不会再对我感兴趣了。

后来，史泰龙希望再安排一次见面，这一次只让我们两个人参加。我们在罗尼餐厅（Roni's Diner）见面，这家比萨餐厅就在史泰龙办公室的对街。餐厅里用的是深色的木头桌子，墙上挂着一排一排明星的黑白照片。这次见面很随意，但感觉比上次更有效率。当史泰龙开始阐述为什么他觉得我适合这个角色的时候，很容易看出来他经常做这种事。我试着装出我也很熟悉这个行业的样子，切换到推销员的模式，去强调为什么我觉得自己可以把这个角色演好。这是一个强壮的女性角色——没问题，有打斗戏——没问题，我非常尊重他的作品——没问题。等到吃完饭结账的时候，我感觉我们已经聊得非常深入了。我们起身出门，他送我走到我的车旁。

"你觉得你可以破掉那个魔咒吗？你能解决好这个问题吗？"他问我。他说的魔咒指的是进入演艺圈就意味着运动生涯的终结，有很多人信这个。

"百分之百可以。我保证我会让您看上去像个天才。"我说。我回想起了达纳告诉我他将让我加入终极格斗冠军赛的那一刻。

"那好。我们就这么办。"他说。他和我握了手。

我露出一个灿烂的微笑。我想和他拥抱，我想跳一曲欢快的舞蹈。直到这一刻我才让自己接受现实，承认自己实在很想得到这个角色。

之后的一周，我又一次和史泰龙在那家餐厅见面，当时他刚吃完中饭，我们一起走回他的办公室。室外很热，我穿了一条T恤连衣裙。

"看你的手臂多粗。"他说。

我紧张了一秒。高中时，正是这样的评价让我变得十分敏感，可我已经不再是个高中生了，我提醒自己。我意识到所有曾经嘲笑我的人都是傻瓜。我特别棒。

史泰龙还在查看我的二头肌。

"天哪，这样的肌肉棒极了。"他感叹道。

回到办公室，我们通读了剧本。史泰龙跟我说剧本还在编辑中，他们还会做一些修改。后来我们从读台词转去讨论表演。

"每次都要在拍第一遍的时候做得夸张一点，"他说，"这样你在剩下的时间里就不会觉得莫名其妙。演得更平实一点比演得更夸张一点容易太多。"

八月初，我抵达保加利亚，开始拍摄。我到了之后，他们把我的服装拿给我看。我说这和我最初看到的不大一样。

"我知道，"服装师说，"史泰龙说你的手臂太棒了，他让我们把袖子剪掉，这样你就可以把手臂展示出来了。"

我脸红了，不是因为尴尬，而是因为自豪。

(MALIN+GOETZ)

取胜才是完美复仇

当坏事发生的时候,我会生气,然后变得干劲十足。

在你摔得最惨的那些时候——丢掉工作的时候、发现男朋友出轨的时候、发现自己在投资上犯了错的时候——你可以把自己的耻辱、愤怒、欲望和失落都发泄出来。你可以从中学习,开始新的冒险,改变生活的轨迹。你可以选择让自己取得更大的成功,从此没有人能让你再次面临这样的境遇。

我妈妈以前的柔道教练有句话,话糙理不糙:"取胜"是个婊子,可"复仇"才是真混账。

如果控制得法,仇恨可以成为强大的动力来源。

我花了八个礼拜在保加利亚拍《敢死队3》。在片场上,我要出拳打人,也要唇枪舌剑,要攀爬楼梯井,还要开枪放空包弹。我被哈里森·福特(Harrison Ford)迷得神魂颠倒。每次在片场看到他,我都会想:"哦天哪,是汉·索罗(Han Solo)[①]。冷静,冷静。"然后我就会表现得特别不冷静。

职业拳击运动员维克多·奥提兹(Victor Ortiz)也出演了这部电影。他的教练在索非亚(Sofia)[②]找到了一家体育馆,可以供我们健身。我相

[①] 汉·索罗(Han Solo),哈里森·福特在《星球大战》系列电影中塑造的角色。——译者注
[②] 索非亚(Sofia),保加利亚首都。——译者注

信那里也是黑手党进行某些洗钱活动的场地，因为这是一座非常先进的体育馆，馆内设施一流，却几乎没有人光顾。

保加利亚练摔跤的人很多，我找到了一些可以一起练格斗的人，不过这还是比不上之前我在国内进行的训练。有一天，和我一起出演的杰森·斯坦森（Jason Statham）问我，他能不能来看我练习。我的训练从打沙袋开始，现在没有埃德蒙提前帮我缠好缠手带，也不能让他帮我纠正动作，真是糟糕透了。

但我还是很高兴斯坦森能来。我边打沙袋边跟他聊天，感觉很棒。我想起了在格伦代尔搏击俱乐部时的场景，那时埃德蒙也会站在一旁看我打沙袋。这一幕让我觉得很亲切、很自如。

这时几个保加利亚的摔跤手走进馆里。之前我曾和他们一起健身。

"龙达，你想练练摔跤吗？"其中一个人问我。这是我大显身手的好机会。我看了看斯坦森，冲他使了个眼色。

那天我和他们一起在地上摸爬滚打。我使出了各种日式招数，又翻跟斗，又卖弄杂技动作。和我一起练摔跤的人表现得很平静，斯坦森却惊奇不已。

"简直不可思议！我这辈子从没见过这样的架势！"他说。

我很想念埃德蒙。本来他也想过来，到保加利亚来和我一起训练。可是亚美尼亚拳坛的传奇人物、曾获三个拳击组织冠军头衔的维克·达奇尼安（Vic Darchinyan）邀请埃德蒙帮他为一场比赛做赛前训练，训练营的时间和电影的拍摄时间恰好撞上。

我每天都给他打电话。

"你训练了吗？"他问。

"练啦。"我说。之后我会告诉他我都练了什么。

我会练摔跤、练格斗、跑楼梯、跑山路、练椭圆机、游泳、练空拳，但我没法像在国内的时候一样做些实质性的训练，因为大多数时间我都只能一个人练。再说，我每天要在片场花上差不多 16 个小时，每天的日程安排也各不相同。

有一天拍摄的内容是我们冲上一个倾斜的屋顶，跳上直升飞机。集合时间是早上五点，我想先去锻炼，所以四点就起床了。酒店的健身房八点才开门，我就在酒店里跑楼梯——上下十一层，往返八个来回——再冲回自己的房间去洗淋浴。这之后我又得冲上五十码，跑上四十五度角倾斜的屋顶，这一趟差不多得拍摄三十遍。拍完已经是下午了。我跳上车，让司机亚历克斯直接把我送到健身房，好让我和那里的几个人练摔跤。

拍摄期间，我一秒都没忘记过梅莎·泰特。

拍完《敢死队》，我飞去亚美尼亚，在那里待了十天，拍摄《速度与激情》系列的第七部。离我和梅莎的比赛还剩四十七天时，我回到了洛杉矶，直接进了训练营。

和梅莎再次交手之前所有的准备工作都是为了确保不管出现什么状况我都能应付自如。与其说是为了应对她在笼子里可能出的招，不如说是为了帮助我控制好情绪，并在长期休战之后重新调整到比赛状态。

埃德蒙十分擅长诱导我让愤怒为我所用。在训练时，他会有意忽视我，还会说些让我情绪激动的话，同时又创造情境让我不得不压制住火气。

他不许我用脚踢。比赛时我很少用踢的，但训练时如果不顺心或者发了脾气，我偶尔会踢上一脚。

"别这么干，"有一天埃德蒙说，"我知道你踢人就说明你发怒了。"

他说得对。

比赛之前，埃德蒙找来了拳击陪练，这些人疯起来能拼了命地出勾拳，也能冷不丁地偷袭对手。埃德蒙让我长时间地跟他们对战，想要试一试我的耐心。

他会在我练拳击之前故意做点什么把我激怒。他会忽略我或者冲我大喊大叫，弄得我很不高兴，因为我不知道他为什么要这么做。

在训练营的某一天，我问他能不能帮我举着手套。当初为了举手套这事费了那么大的劲，现在它对我仍然有着重要的意义，就像是一场典礼。

"不行，"他对我说，"去打沙袋。"

我打沙袋的时候他过来监工。

"你为什么要这么打呢？"他问了一句就走了。

这是那一天他对我说的唯一一句话。之后的几个小时我都在困惑和沮丧之间摇摆。

我在问自己，哪里错了？哪里出问题了？我表现得很糟糕吗？他是不是想让我解释一下为什么我这么差？我的情绪上来了，每到训练营期间我总是很容易激动，我哭了起来。他从头到尾都看着我。这时我才意识到是我让他掌控了我的头脑。他有意要占据我的头脑，让我情绪激动，这样如果我在比赛中激动起来，就知道该怎么控制自己了。

不过也有些事情是没法在训练营里解决的。UFC 157 的训练营结束之后没多久，我听说我的训练伙伴并没有拿到支票。

这可是一件大事。如果拳击陪练没有报酬，他们完全可以哪天就不来参加训练了，那么情况就会变得和我在保加利亚的时候一样，没有人可以陪我练习。

一天下午，我和埃德蒙坐在场边，我正在解缠手带，他说："龙达，请格斗比赛代理人是没问题的，但他们必须做好自己的工作。"

我知道他正试图在不越界的情况下告诉我一点什么，我也知道他说得对。

"我知道。"我叹了口气，"等比赛结束我就来收拾这个烂摊子。"

和梅莎比赛的那天，我正在我的套间里，躺在卧室的床上，想休息一会儿，却听见另一个房间里有人在争吵些什么。我把它忽略掉，翻了个身，逼着自己去睡觉，可我的火气上来了。我不喜欢比赛之前冒出什么插曲，不喜欢比赛之前有什么事来分散我的注意力。不管发生了什么，我都希望等到比赛之后再来对付它们。

我想到了几个小时之后的比赛，想到了我第一次和梅莎交手时的场景，想到了"终极格斗"，想到了我的套间里刚刚出现的状况。

有人将要付出代价。很快，那个人就要站在笼子另一侧、和我面对面了。

对我来说，愤怒可以成为动力，但我不能任由怒气肆虐，以至于影响了我的判断力。当你正在气头上的时候，要是想解决什么问题或者处理什么状况，是没法妥善解决的。谈恋爱的时候如果生了气，你说的话肯定不好听。而等你放松下来，就可以让心情平静一下，动用逻辑和理性去思考问题，更有效率地解决问题。在格斗场上，道理也是一样。

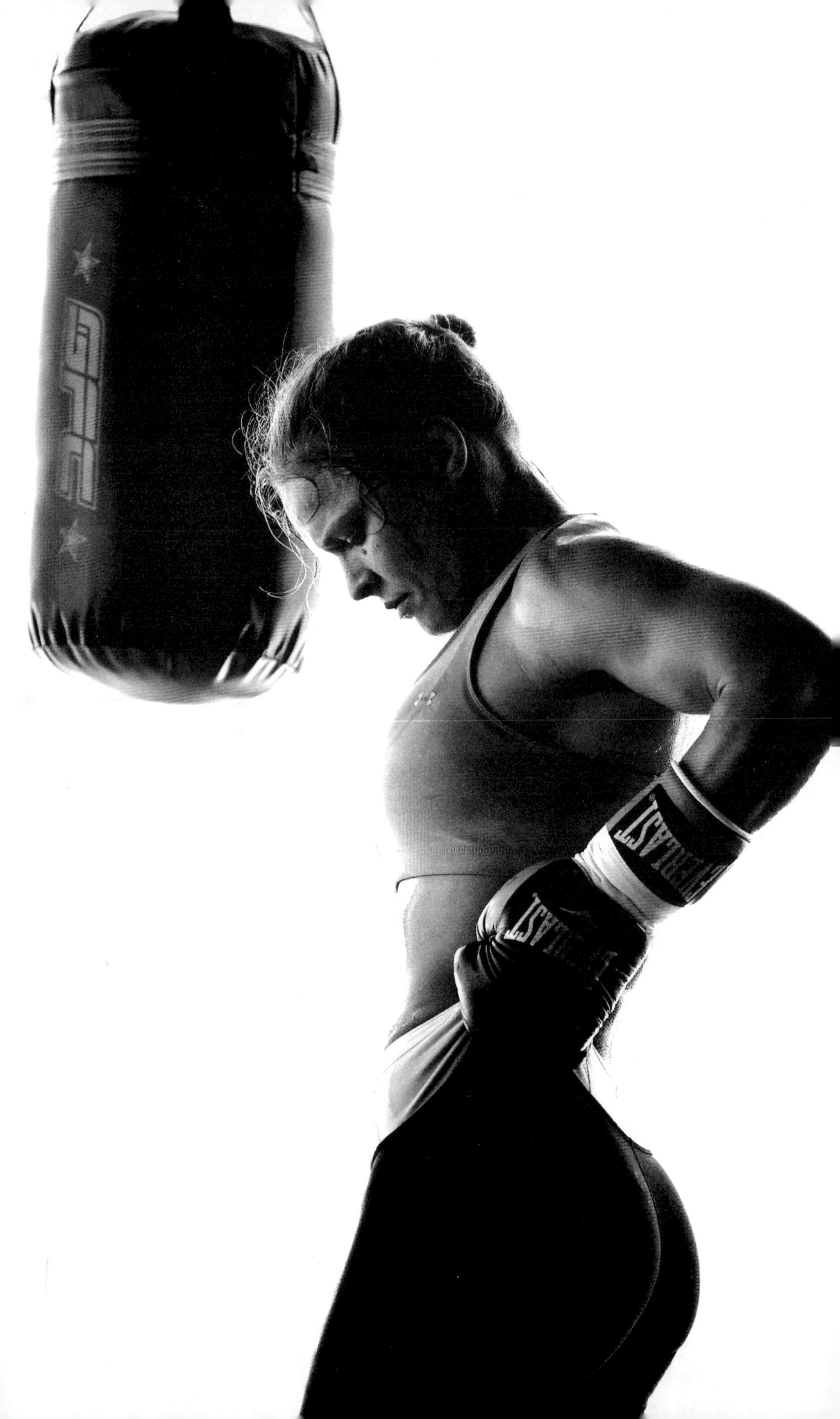

学会"抓空拍"

格斗比赛里有一个很重要的问题,我管它叫"抓空拍",就跟你读谱的时候遇到的一样。很多人会在一场格斗中间体力不支,这和他们状态不佳没有半点关系,关键在于怎样找到那些短暂的瞬间来休养生息。这些时间可以改变整场比赛的局面,我会一边休息一边继续向对手施加压力,从而保持比赛自始至终以较快的速度进行下去。

比如当我把对手压在笼子上的时候,我不会用肌肉发力去顶着笼子。如果我把重心落在前脚上并调整好肩膀的位置,就可以把全部体重压在对方身上。我借助重力与对手对抗、向对手施压,而在这整个过程中,我的肌肉都在休息。

知道何时该爆发,也知道何时该放松,唯有如此,才能生存下来。

时间并不足以平复一切。有些时候,它只会给你留出更多的时间用来生气。拍完"终极格斗"之后我等了快六个月,才等到这场比赛。我和梅莎的第二次交手被作为UFC168的联合主赛。

她在凯蒂·佩里(Katy Perry)的"Eye of the Tiger"伴奏下出场。格斗之夜,我总是一出酒店房间就换上比赛专用的表情,但那天晚上我翻了个白眼。

几分钟之后,我脚踏战靴,伴着琼·杰特的嗓音朝笼子走去。我从来没有像现在这样渴望击垮对手。比起把她的手臂再折断一次，我倒更想把它给扯下来。我在笼子对面瞪着她，只能感觉到一股冰冷而有节制的怒气。

"碰一碰拳套，我们就开始啦。"裁判说着标准的赛前套话。

我往后站了一步，没有伸手。

裁判说"开始"。我要在整场对决的每一秒里都占据主动。对我来说这不只是赢下比赛的事，我想伤害她，我想让她看看，和她对抗时我的优势是多么明显，我想让她再也不敢走进笼子与我对峙。我不会急于终结比赛，我要从各个角度把她的漏洞全挑出来狂轰滥炸。

我们都走到笼子中央，开始出拳攻击对方。我招招命中，她却连一次好好出手的机会都没有。我把她拽到地上，可她跳了起来。我又狠狠地把她推到笼子边上，开始抬膝撞她的身体，并把她往笼子的另一侧拖，结果被她推开了。我踹了她一脚，这是我参加综合格斗以来第一回踹人。

她还以一脚，可是我抓住了她的腿，往空中一抛，她一屁股重重跌坐在地上。我冲上去狠狠地打她，她则拼了命地抓住我的腿。我绊了一下，又把她拉到我的攻击范围之内。她想拦住我，不让我摆成十字固。我重重地打她的脸，又肘击她的头部。我一边用腿把她绞住，一边抢她的手臂。

梅莎用腿支撑着站了起来，我们又回到了站姿，她的鼻子流着血。我们又在笼子中央你来我往地拳击对方，这让我感到厌烦，我再一次把她摔在垫子上。梅莎试着压到我身上来，我用腿把她推了下去。她朝我这边俯下身来。我肩膀一顶，往后翻了个跟头，双脚着地，然后边起身边用刺拳打她的脸。她朝我的腿直扑过来，我轻松化解，用一记过臀摔把她摔倒。我们扭打了几秒钟之后又都站了起来。她上前想对我使用投技，我让到一边，把她顶到笼子上。这时十秒倒计时的响板声传来，我又打出几拳，直到汽笛声响起。

第一轮比赛我赢得毫无悬念，没有哪一秒钟不在我的掌控之中。她流着血走回本方角落。

埃德蒙带着板凳和一瓶水进到场内。我在凳子上坐下,这是我第一次几乎没出汗。我喝了一小口水。

"表现不错,"埃德蒙说,"保持就好。"

我点了点头。

"哦,对了龙达,"他拎着板凳走出笼子的时候说,"别用踢的。"

第二轮开场对我来说是一种重要的全新体验,因为我在综合格斗的比赛中从来没打过第二轮。我望向笼子的另一头,看到梅莎因为把比赛拖进了第二轮而心满意足。喜悦之情从她身上直往外冒。这个姑娘这么开心,我火了。第二轮开始的时候,她脸上尽是得意的笑。我暗暗发誓,绝不让这个该死的娘们笑着开始下一轮。我要把这个灿烂的笑容从她脸上拿下来。

这一轮一开始我就把她摔到了地上。她仰面躺着,像一只被翻了身的乌龟一样在空中直踢腿,想让我离她远点。你想踢?去死吧,贱人。我一脚踢了回去,那是我整个综合格斗生涯最后一踢。

她站了起来,又被我重重摔倒。我让她整个背部平拍到地上——这在柔道里就是"一本"——然后放她起来。这场吊打还没结束。几秒钟之后,我把她逼到了笼子边上,她毫无还手之力。我不断出拳,又把她从笼子周围的链条旁边拉开,用又一个"过臀摔"把她摔在地上。我用左臂缠紧了她的左臂,肩膀抵住她,不让她十指相扣,又用右手猛击她的面部。她把背拱了起来,双腿往上一踢,缠到我的脖子上,又用尽全力往外拉,把手臂松脱出来,还想趁机把我转过去。但我把她控制住,让她保持背部着地,又挪过去摆出"骑乘式"[①]。她躺在地上,我完全压在她身上。我一拳又一拳地击打她的头部,她在我身下不断扭动,只能用手臂抵挡。我让她仰面平躺,坐到她肚子上,"砰、砰、砰、砰",我的拳头如雨点般落到她脸上,积压已久的怒气得到了释放。我拿"十字固"擒住了她,不过摆得不太好。她逃脱了"十字固",却没法逃出我的手

---

① 骑乘式,指格斗时坐在对手身上的姿势。——译者注

掌。我用腿夹住她的脑袋，击打她的肋部，一直打到喇叭响起，这一轮比赛结束才罢休。我们分开，回到各自的角落。她的脸肿了起来，还滴着血。

她撑过了第二轮，但已经笑不出来了。我又压制了她五分钟。埃德蒙和勒内·格雷西走到场内。埃德蒙把我的板凳放下，给了我一瓶水。勒内把冰袋敷到我的后颈上，帮助我冷静下来。

第二轮结束和第三轮即将开始的时候，我的感觉是不一样的。第二轮过后，我自信归自信，却好像置身于一片陌生的领地之中。而等到第三轮开始时，我已经完全适应了。我感觉自己可以打上一百轮。我知道自己在前两轮中赢得毫无悬念，也一点都不觉得累。我相信即使比赛打满五轮，我也可以保持最高的强度和专注度。

我来这里就是要打五轮的，我对自己说。

但我们根本不会耗得那么久。

梅莎已经开始累了。之前她被我打惨了，接下来她会调整到自己舒服的状态，出场后大幅跑动，伺机袭击我的腿，把我打倒。

"她会上前、低头、大幅跑动，"埃德蒙说，"你上前时把距离压紧、收窄，出直拳。"

我在心里重复了一遍埃德蒙的指令，预测她接下来的动作并考虑我自己的计划。

我们起身开始第三轮的比赛。她脸上"挂着彩"，狼狈不堪，筋疲力尽。

我开场先来了一记"1-2组合拳"（先出刺拳，再跟上后手直拳，或者力量更大、能造成伤害的重拳），一下就打乱了她的方寸。她没摔倒，只是跟跄着往后退。我跟上一记刺拳，然后不断出拳，她瘫倒在笼子边缘。

我把她压在护栏上，这时我可以听到她呼吸的声音，那是气喘声和呼呼噜噜的声音。她大口往外吐气，好像整个人泄了气一样。

我知道她此时魂不守舍，已经一点力气都没有了。她都没弄明白第三轮比赛发生了什么。她被打垮了，我该上前终结比赛了。我想打乱她的站位，让她更容易摔倒。我上前最后用了一个"投技"动作，我们双双倒在垫子上。这一轮开始不到一分钟，我把她翻转成背部触垫的姿势，抓住她的左臂，她已经毫无招架之力。我抓着她的手臂，一条腿架在她的胸口，另一条腿顶在她的脖子后面。我往后一倒，挺胯，她还没明白自己到底身在何方，也不知道究竟发生了什么，但她知道自己被十字固拿住了。是时候放弃了。

胳膊被你弄折过一次之后，这个人就知道该快点敲击认输了。

后来，有人认为在那一场对决中她挑战了我的地位，因为比赛进行到了第三轮。但其实是我故意要延长比赛，我想用尽可能长的时间"惩罚"梅莎。等到彻彻底底击败了她、一直碾压到她灵魂深处之后，我才摆起了十字固。

梅莎输了，体力耗尽。我从来没有感觉这么好过。

我们之间发生了那么多不愉快，她在拍摄"终极格斗"期间给我整了那么多混账事，可这时梅莎站了起来，朝我伸出手。我觉得她摆这个动作只是为了在现场观众面前挽回颜面。她还没有为自己做过的事道歉，现在和她握手就是不尊重那些被她坑害过的我在乎的人。我盯了她的拳套一秒钟。

我要跟谁握手可不只是为了作秀，我想。这不是体育精神的问题，这是原则问题。

我转过身去，品味胜利的喜悦。嘘声铺天盖地，我径直走向对我而言唯一重要的东西：家人的怀抱。

在这场比赛之前，UFC 联系我，问我愿不愿意在不到两个月之后打一场比赛，他们假定——我们都是这么想的——我能击败梅莎。这将创下 UFC 史上现任冠军卫冕的最快纪录。

我已经答应他们了。

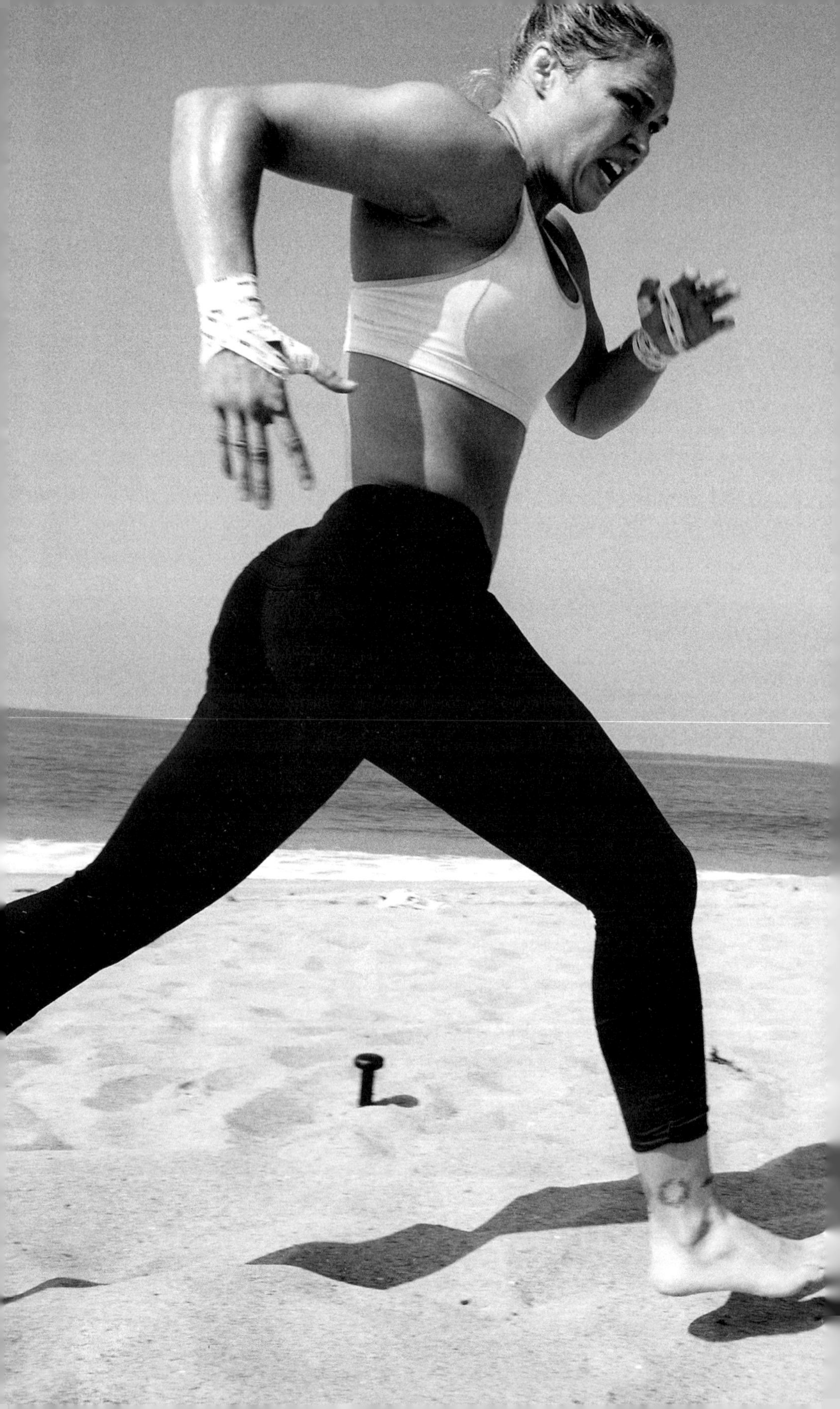

准备对付状态最好的对手

永远不要期待对手犯错。要假定他们准备得极其充分,假定他们可以达到要求的体重,假定他们永远不会疲惫,假定他们每次都能以正确的招式应对。要想着他们会睁大眼睛,随时利用你的破绽攫取优势。

和我交过手的每一位选手都希望等我们面对面的时候,我会犯下一些错误,给她们留下可乘之机,我却会假设我的对手将以史上最好的状态出现在我的面前。我预想的是她连一个错误都不会犯,我必须将她引入圈套,她将给出正确的回应,这下正合我的心意。

我永远不会让任何一个对手出场时的状态胜过我的预期。这就是为什么我总能以显著优势胜出的原因。

片约、金钱、名誉、公众的认可,拥有这些完全是因为我现在是冠军,而不是因为我曾经得过冠军。每次走进八角笼,我都有可能失去我为之打拼的所有东西,所以每次我都比之前练得更刻苦。每场比赛我押上的赌注都更高,每场比赛我都希望再给自己多一点挑战,这就是为什么我接受了和莎拉·麦克曼(Sarah McMann)对决的邀约。

和卡尔莫彻的比赛跟和泰特的比赛相隔十个月,我十个月没有进过八角笼。离开赛场会造成一些损失,我感觉自己反应慢了一点,对时机的掌控没有那么精准了,笼子对我来说好像也变得陌生了一点点。我不需要调整到最佳状态就足以击败梅莎·泰特,但我希望能做最好的自己。

就和格斗场上所有的事情一样，或者说就和普遍意义上的成功一样，选手出现在聚光灯下之前的经历对于大多数人来说闻所未闻。对我来说，这个过程从六周之前就开始了。等到大战之夜，所有准备工作都已经完成。人们所能看到的无非是这次持续了六周的训练营的终章，它是为了确保我走入笼子时正处于巅峰状态。

那天和泰特的比赛结束之后，我问玛丽娜赛前我在套间里在吵什么，她给我讲了她看到的场面：达林闯进房间，想与房间里的另一个成员吵架。这成了"最后一根稻草"。几天之后，我给达林发短信。"我们有好多事情需要谈一谈，"我说。达林回复说他在外地。埃德蒙说他会处理这个问题的，我就把注意力转移到了真正重要的事情上。

和莎拉·麦克曼的比赛只有几个礼拜了，我们直接进入了训练营的训练。我太喜欢这样的安排了。我觉得 UFC 168 之前我们没有在集训上做到最好，现在有了一个可以重新来过的机会。

训练营意味着倒计时，对手的末日之钟开始转动了。从到训练营的第一天直到主持人宣布"卫冕成功，吵吵闹闹的龙达·鲁西"的那一刻，我生活的每一秒都以格斗为中心，我会增加训练量，按计划控制饮食。

无论对手是谁，我每一次赛前训练营都按同一形式进行。如果我自己处于最佳状态，那么比赛那天笼子对面不管站着谁都无所谓。

倒数第六周

倒数第六周，我开始想象我赢得比赛的每一种可能的方式。等到比赛那天晚上，我在脑海里预演过的取胜方式就已经有上千种了。

训练营的第一周，我的体重达到最大值。我努力通过增肌来增加体重。我不会在训练时练举重或者做卧推，但在训练营的第一周，我会戴着一到两磅的重物练空拳。我身体的状况非常好，增肌速度很快，到这一周结束时，我的肌肉就隆起来了。

从这时起直到训练营结束，每周一晚上我都会游泳，这让我想起了孩提时我在少年俱乐部游泳的经历，仿佛回到了爸爸说"我能成为冠军"

的那个时候。在泳池里默不作声的时候，我有时间自己想问题。游泳还能帮助我保持肩部肌肉放松、运动灵活，为拳击做好准备。

整个训练营期间只有倒数第六周没有严格的饮食计划。我还是会吃健康食品，但我吃得很多。早上我有一个大碗可以装早餐。

早餐

两勺燕麦麸（在干燥时盛放）

两勺奇异子

两勺大麻籽

半杯蓝莓

四颗切碎的草莓

四分之一杯葡萄干

一勺杏仁黄油

一勺龙舌兰

肉桂（作为调料）

烧开一杯水，把麦麸、浆果和葡萄干倒进去，加入种子和肉桂，再加入龙舌兰和杏仁黄油（如果觉得太粗糙，还可以再多加一点水）。

在训练营期间我会用甜叶菊换掉龙舌兰，或者把杏仁黄油去掉。

即使不在训练营里，我每天早上也会特别期盼这一碗早餐，这是我日常生活的一部分。偶尔遇上某一样配料用完，早餐的配方和平时不完全相同，我就感觉好像整个世界都错了位。

除了早餐，这一周吃的差不多全是亚美尼亚风味烧烤。亚美尼亚烧烤包括牛肉、鸡肉、米饭和蔬菜，以肉类为主，全是丰盛而健康的东西。还有罗宋汤，大量的罗宋汤，也就是甜菜汤，味道就像天使的洗澡水。

备战麦克曼的时候，我们决定把整个训练营都放在本地进行。那一年我在外奔波得太多了，只想在家里待着。但也有些时候我觉得需要换个环境。在和卡尔莫彻交战之前，我们就往高处跑，去了大熊湖（Big

Bear）①，那里海拔较高，四周一片静谧。换了环境之后比较容易转变心态。要是坐在沙发上，你很难突然意识到"哦，我现在进了训练营了"。

不管身在何处，训练营第一周结束时我身强力壮、精力十足。

倒数第五周

倒数第五周我开始控制饮食。就在和泰特交手之前，我意识到我必须找到一个更好的办法来达到比赛的体重要求。十年过去，靠剥夺饮食减重的做法终于走到了头，这种办法不仅极其不健康，而且收效甚微。我联系了迈克·多尔斯（Mike Dolce），他是终极格斗冠军赛中多位格斗选手的营养师。找他真管用，在赛前训练营中，这是我第一次自始至终从未觉得体力不支。（虽然多尔斯为格斗选手服务，但他制定的饮食计划适用于任何人。我大力推荐他写的多尔斯式食谱。）UFC 168 比赛之前的那个月我和他合作，从此每次参加训练营我都找他。

从倒数第五周开始，多尔斯每周会给我发一份新的饮食计划，但计划是可变的。我每天早晨称完体重，就用短信把数据发给他，他回复说"好，把今天这一顿改一改"或者"这样不错"。他修改计划时既考虑我需要哪些营养，也会顾及我的目标体重。

开始和多尔斯合作以后，我和食物之间的关系就完全不一样了。我再也不用去琢磨该吃什么东西，再也不用怀疑自己，不用在做决定时左右摇摆。刚开始和多尔斯合作时，我总是因为自己吃饱肚子而内疚。备战麦克曼期间的某一天，我突然悟到，哦，吃饱是应该的呀。很长时间以来，饱腹感和罪恶感对我来说是一回事。但现在，我再也不会因此而内疚了。

和多尔斯合作的关键在于要做好沟通。我和他保持着密切的联系，好让他知道我的身体对目前的饮食有什么反应，我有哪些感觉，由他来进行必要的修正。晚饭有辣椒或者炒鸡蛋，如果我说"我吃了好多，晚饭之后感觉很饱"，他可能就会让我把睡前加餐减掉。两餐之间，我会吃点水果、坚果，或者是加了奇异子的酸奶。我很少下厨，但玛丽娜作为

---

① 大熊湖（Big Bear Lake），位于洛杉矶附近，是冬季滑雪胜地。——译者注

我的室友会帮我准备好饭菜，或者帮我把食材切好放到密封的塑料袋里，这样即使像我这样一个对烹饪一窍不通的家伙也能快速做出点吃的来。

我和埃德蒙练拳击，和我的长期陪练贾斯丁·弗洛雷斯（Justin Flores）练柔道，和马丁·波波利安练摔跤，和罗瑞恩·格雷西（Ryron Gracie）、勒内·格雷西兄弟练巴西柔术。每个陪练都不一样。我十一岁练柔道的时候就认识贾斯丁了，他曾经负责照顾我，还曾经往我身上坐，想朝我身上放屁。马丁在"SK黄金男孩"组织摔跤训练，他曾经三次参加奥运会，夺得过世界大赛的奖牌。他话不多，性格平和。勒内和罗瑞恩比较外向，爱开玩笑。他们掌握着一套大不一样的地面技术，我也喜欢和他们交流想法。团队成员各种不同的性格和行事风格能很好地互补。

埃德蒙会根据我的对手从外面请来不同的拳击陪练。如果我要和一个擅长用拳脚功大的人交手，他就会带拳击或者跆拳道比赛的女子世界冠军过来。

他会给别的教练打电话，问："嗨，你手下有没有体型和技术水平差不多的人？"

但如果我的挑战者喜欢扭打，他一般只会让我和男陪练对打。麦克曼曾经拿过奥运会摔跤比赛的银牌，所以为了准备和她的比赛，我花了不少功夫练格斗和摔跤。不过在对手的弱项上超越她也很重要，这样我就能抓住她的漏洞进行攻击了。

从周一到周五，我都是一天练两次。我早上九点离开家，十点开始训练，练上一个半小时之后洗个淋浴，睡一觉，再重复一遍这个过程。一般埃德蒙认为我该做什么我就会去做什么。我的确把很多计划的工作都丢给了他，他说什么，我就照做。周六我只按综合格斗的模式练拳击，周日休息。在训练营之外，我每天都会训练，但在训练营里我会真正休息一下。我晚上八点左右到家，总是累得筋疲力尽。我给自己做点吃的，和莫基一起玩，然后看书、睡觉。

我曾以为要想取得成功必须过得苦不堪言，但现在看起来没必要，我意识到那是种老掉牙的想法。伟大的拳击手迈克·泰森（Mike Tyson）

曾说:"一位快乐的拳手将是一位危险的拳手。"我觉得他说得对。我现在比以往更开心了——也更危险了。

倒数第四周

倒数第四周,我们开始增加运动量。我喜欢在两次训练之间打个盹。以前我会在训练营期间短租一间公寓,不过现在我开始在附近的宾馆里包一个房间,一周住三天,参加训练营的最后一个月都是如此。两次训练之间我会在宾馆里休息,但晚上还是会回家,睡在自己的床上。

在训练营期间,除了配合媒体的活动,我和外界几乎完全隔绝。我没有一点多余的精力可以和家人或者朋友共处。这个过程中随便哪个部分都不会让我感到恐惧,就连最艰苦的部分都不会。我只是做一个深呼吸,然后集中精力发挥出我最好的水平。我已经很习惯延迟获得满足了,甚至会去享受最艰难的部分。每天晚上我瘫到床上,都会一边为自己做完的事情感到骄傲,一边细细品味"挣"来的几个小时的休息时间。

在训练营里,埃德蒙说了算。教练的工作就是让我做那些我不想做的事,赛前备战的时候尤其如此。我不会跟他吵架,因为如果我摆出"我不想干这个"或者"我那么厉害,我才不干这个"的态度,那整个系统就没法运转下去了。

这一周正是我们开始为比赛做心理准备的时候,也是开始针对对手制定比赛计划的时候。我们会观察对手的习惯,预测她可能选择何种方式逼近我,我又可以做些什么让她丢掉比赛。我们会分析她的长处和短处,看看有什么办法能抓住她的破绽。这些工作的目标是要设法将比赛引入这样一个阶段——让我觉得自己已经完全掌控局面,同时让对手觉得自己完全处于被动。

与麦克曼比赛之前倒数第四周,我开始用"肝脏攻击"放倒馆里的每个人。"肝脏攻击"就是用重拳或者用膝盖直接顶撞对方肝脏的位置,这一招的危险之处在于随之而来的疼痛非常剧烈,可以使人暂时失去行动能力。一记干净的肝脏攻击,对手就直接出局了。

倒数第五周和倒数第四周很艰难,但倒数第三周是最艰难的。

倒数第三周

倒数第三周是"艰难的一周"，它是整个训练营的巅峰时期。这一周我各项训练量都加到最大，打沙袋打得更多，打拳套打得更多，练轻拳对打练得更多。在这一周我训练时练的回合数最多，对打的时间最长。练对打是最重要的一项，因为它和真正比赛时的情况最为接近。对着拳套练习可以操练战术，但对打的时候，你是真的在与对手对抗。一场完整的冠军之战可以持续五轮，每轮五分钟，所以埃德蒙让我练六轮。我知道这样练过之后，如果真的有必要，我就可以在八角笼里保持火力打满五轮。

我们没有规定什么时候要看我对于过往比赛的录像，但还剩三个星期的时候，我们肯定是在看录像了。我们会分析她的动作，把它分解开来，寻找频繁出现的套路，看看有哪些机会可以利用。

等到倒数第三周周末，我感觉彻底累垮了。毫不夸张地说，在倒数第三周，只要不训练，我一定躺在垫子上、地板上、床上或者随便什么平的地方，疲惫不堪地想着，真见鬼。倒数第三周从精神上把我逼到了悬崖边缘，这个状态会延续到倒数第二周。

倒数第二周

到了倒数第二周，"只剩两个礼拜了"的念头袭来，这是我最紧张的时候。在此之前，比赛似乎还很遥远。三周就是接近一个月，而一个月是段很长的时间。但等到还剩两周的时候，感觉开始变得真实起来。比赛近在眼前了。离比赛还剩两周的时候是我最情绪化的时候，我不管碰到什么事都会哭，比平时还爱哭。

这也是我的身体最疲惫的时候，因为我刚刚结束了"艰难一周"的训练。这时我将要开始"速度一周"的旅程。

倒数第二周是"速度一周"，因为所有的训练内容都要在较短的回合中完成，要快速移动，要练步法，要帮助我找回速度和爆发力，差不多就是这类内容。倒数第二周的训练内容非常轻松。我们减少了对打的次数，每一轮的时间都压缩得特别短。整一周的任务就是要做到快。

到这一周的周末，我们会做很多有趣的事情。埃德蒙开始安排一些带有游戏性质的训练，比如用传接球来帮助我保持敏锐的目光。他把泳池里划分泳道的塑料浮条一切两半，拿来打我。他还用毛巾轻抽我的脑袋让我躲。倒数第二周，埃德蒙变得创意十足。这一周他想方设法让我真正开心起来，甚至会要求我穿得鲜艳一点，因为他觉得亮色能让人心情愉悦。一旦我迈过了这周开始"爱哭"的坎，倒数第二周就是最有趣的一周。

比赛越来越近了，我开始对紧张的感觉心生厌倦。等到真正出发去比赛的时候，我会因为将要去做的事情——在这个领域里我是世界最强——而兴奋不已，压根就不紧张了。这会儿我已经按捺不住，急切地想要进到八角笼里去办正事了。

比赛那周

比赛那周是训练营的最后一周，"大战之夜"进入倒计时。我的比赛安排在每周六。

周一晚上我会把所有行李都收拾好，差不多就是把所有能想到的用得上的东西都扔进包里，然后一定会落下点什么东西。

周二一早，我们在体育馆集合。如果我的比赛在拉斯维加斯举行，那我们就开车过去。我们在体育馆集中，上午晚些时候坐一辆房车出发，车上有埃德蒙、马丁、玛丽娜、贾斯廷、我，还有另外几个人。我喜欢公路旅行，可是赶赴拉斯维加斯打比赛的这一趟我不想开车。我钻进副驾驶座，让别人来当司机。

比赛之前那几天，我有意让体重涨上去。离比赛还有一周的时候，我开始每天摄入大量盐，喝两加仑的水。开始储水的时候，你把尽可能多的水灌进身体里，整个人充满了水分。你的身体会逐渐养成大量排水的习惯，即使你降低盐分的摄入量，身体在之后几天里还会继续排出大量水分。我通过喝水让自己膨胀起来，早上出门的时候，我的体重通常可以达到146磅。等到了拉斯维加斯，因为体内全是水，我一般还会再重五磅。途中我不停地喝水，每次一到高速公路的出口，我都会说，"我要尿尿，我要尿尿，我要尿尿。"

我们一路上听着歌，等开到拉斯维加斯的时候，我会开大音量，放起琼·杰特的《坏名声》，用它作为之后各种事情的序曲。

到拉斯维加斯之后，我们的第一站是 UFC 办公室。我跟他们报到，签几张海报之类的东西。多尔斯和我碰头，查看我的体重。之后我去酒店办理入住。多尔斯会让我吃东西。我稍稍放松一下，傍晚去做一组训练，出些汗、减点体重，多尔斯让我吃什么我就吃什么，然后就上床睡觉。

比赛那一周的周三，我要配合媒体做很多事。这一天会拍摄用于播放的全部小片，还会录制赛前采访，我们出场之前观众将在大屏幕上看到这段采访。这算是我最讨厌的采访了，他们总想告诉我该说什么，搞得我很恼火。

采访做完之后，我还会拿着冠军腰带再拍一组照片，为下一场比赛的海报做准备。拍这组照片是因为他们认为我会赢，我也确实场场都赢。这样等下一场比赛的安排出来的时候，他们手里就已经有可以用来做宣传的照片了。

周三是我能正经吃饭的最后一天。多尔斯给我留了一冰箱吃的，有沙拉、碗装奇异子、炒好的蔬菜，可能会有个蛋卷，还有水果和小包装的什锦果仁。这些东西可以提供当天我需要的全部水分和其他营养物质。

周四有新闻发布会。在新闻发布会之外，我还会花几个小时的时间接受单独采访。完事之后，我在第二天称体重之前就没有什么需要履行的义务了。媒体活动的热闹劲一过去，我就开始集中精力减体重。到赛前称体重的时候，我不能超过 135 磅一丁点。

我会再次开始训练，这只是为了出汗。减重从此正式开始。在比赛之前那几天，我的体重走势通常是这样的：周二，151 磅；周三，已经降到 148 磅；周四，开始减重之前，一般是 146 磅。然后我开始泡澡以排出水分，从 146 磅减到 138 磅。

周四早上，我从大量灌水改成小口喝水，下午真正开始断水。许多人会犯的一个错误是断水过早，他们会整整一周不喝水，而我只在最后二十四小时里断水。周四晚上，我会称一次体重、去训练、再称一次体重，然后泡几个澡，在上床之前出一次汗。周四晚上，我饥肠辘辘，又处于脱水状态，会睡不好。

周五早上醒来时，我的体重介于137磅和138磅之间。我会赶在称体重之前再泡几个澡，减掉最后两磅，达到135磅的体重要求。练柔道时为了减体重而承受的那种压力我再也没感受过了。

周五有赛前称重和对峙（stare-down）。去称重的时候，我已经做好了上场对决的准备。在称重处，有些姑娘会有意表现得很凶悍，也有些人会穿着连衣裙或者比基尼出现，看上去十分热辣。我则希望自己做到如果有必要就可以原地开打。如果我的对手想在台上表现出粗野的一面，那我就必须让她看看什么是真正的粗野。我想成为局面的掌控者。

等我们都称完体重之后，两个选手会面对面对峙片刻。我紧紧盯着麦克曼的眼睛，心想，明天我会把你彻底击垮。

称完体重之后，埃德蒙就消失了。他会过问我的情况，但把主动权交给我。我到后台去和家人待在一起——除了妈妈，姐姐玛丽亚通常会在，还有她的丈夫、我的外甥，姐姐詹妮弗和妹妹朱丽娅偶尔也会来。安保人员带我们穿过隐藏的通道回到我的房间。我喝水以让身体重新获得水分，再吃下多尔斯为我配好的东西。

我们躺在我的床上，妈妈告诉我为什么在不到24小时之后，我能彻底击垮对面的姑娘，她把所有理由都说给我听。早在我还是个孩子的时候我们就有这个仪式了。她把原因一条一条列出来，说明为什么我是世界上最强的选手，就像在讲睡前故事一样。

周五晚上，我会尽可能晚点入睡。躺在床上闭上眼睛，我知道自己已经准备就绪，知道自己现在正处于最佳状态。我回忆起自己之前所有的艰苦努力，除了在训练营里，还有此前每一天、每一周、每一个月、每一年、每一个十年的付出。我最后一次睁开眼睛，盯着这一片漆黑。我知道哪怕在我状态最糟糕的时候，也没有人能打败我。

睡着之后，我会睡得很香。

别让任何人逼你后退

有些时候你会因为招架不住而后撤几步,一般自己都意识不到。我们正在体育馆里练搏击,教练埃德蒙突然停了下来。

"你想想看,练柔道那么多年里有没有人能逼得你往后退?"他问我。

"没有,当然没有。"

"你再想想看,练柔道的时候,有没有哪个人有这个能力,能逼得你后退哪怕一次?"埃德蒙穷追不舍。

"没有。"

"那为什么搏击的时候我能逼你往后退呢?你这整个职业生涯就不该后退哪怕一步。"

埃德蒙说的当然是对的。之前我任凭自己在紧逼之下一步步退向围在场边的绳子,根本就没有意识到这一点。一个格斗选手绝不希望自己被逼到笼子边缘。他一指出我的缺点我就改过来了。没有谁有这个权力让我后退。哪怕这个人身体比我更强壮,我也应该足够聪明,不往回撤一步。

从那一天起,我再也没有往后退过一步。

2014年2月22日,UFC 170比赛开始一分钟之后,我抓住莎拉·麦克曼的手臂,将膝盖顶向她身体的侧面,重重撞在肝脏上。她突然倒下了，毫无招架之力。我知道比赛结束了。裁判跳到我们中间，判了"技术性击倒"。这是我在综合格斗的比赛中第一次不以"十字固"取胜。我看向己方的角落和埃德蒙对视，我能看出来，这是他对我最满意的一回。

从赛场上走下来，我的心情也很好。场上我打得这个姑娘刻骨铭心，而我的情感生活也有了起色。

我向来十分抗拒与格斗运动员约会。我非常坚定地认为一个人应该把事业和个人生活分开。再说，我在体育馆里整天和练格斗的人待在一起，我知道他们是怎么议论女孩子的。

早在和 UFC 签约之前，我就已经开始和诺姆（Norm）一起出去玩了[①]。起初我们只是朋友。我之所以和他一起出去玩，不是因为我们之间擦出了火花，而是因为我们离得近。他和我住同一个社区。

"你想出去玩吗？"他问。

"听着，要想一起出去就必须满足我一个条件，如果你能在早上六点到我家门口，带我去玩浅滩冲浪，那我就跟你去。"

他会不等太阳出来就起床，只为了有机会和我一起出去玩。从这个角度看，他和狗狗公园大帅哥恰好相反。想到狗狗公园大帅哥曾经偷了我的车去参加一场毒品狂欢，这两个人之间的差异似乎是个好兆头。

诺姆能逗我开心。他管我叫"奇女子"。有一天，我们正在海滩上玩浅滩冲浪，他开始讲那些特别蠢的笑话，还假装做些不那么隐蔽的假动作，我爆发出一阵大笑，一切就这么开始了。

那段时间我生活里有很多事情刚刚起步。我得到了参加终极格斗冠军赛的机会，搬进了新家，拍了第一部电影。在忙乱的生活中，和诺姆在一起是一件轻松而随意的事情。

诺姆在洛杉矶没有家人，复活节我就带他到我家去了。

"你们觉得他怎么样？"事后我问家里人。

"看上去很讨厌。"詹妮弗说。

[①] 诺姆（Norm）是作者起的化名，这个单词在英语里有"规范"、"标准"之意。——译者注

"我不确定,"妈妈说,"他看着还行,就是有点太自恋了。"

"还行?"我问道,妈妈的意思很难懂,"是在讨厌鬼里还行还是'还不错'的'还行'?"

妈妈撅起嘴,想了一想。

"嗯……我觉得问题在于你把你的第一个男朋友当成了衡量标准。"妈妈说,"老实说,在迪克之后,哪怕你把一只大猩猩带回家,我们也会跟它说,'哦,这位帅气的先生,你好呀。认识你真高兴,我给你拿一个香蕉好不好?'"

这可不是什么夸诺姆的好话。

我从保加利亚回来,开始备战跟泰特的比赛,那时诺姆跟我说我很幸运,因为跟男子组相比,"在女子组取得成功要容易得多"。然后就在我和泰特交手之前,他告诉我我们的关系走不下去了。

"我不想逼着自己去适应任何人。"他说。

但在我赢得比赛之后,他说自己犯了一个巨大的错误,求我重新接纳他。

离我和麦克曼交手还有几周,他说,"我还没做好准备去做出承诺。"三个礼拜之后,离比赛只剩下几天了,他又在情人节那天出现在我家门口,边道歉边提出要带我去国外度假。我真的懒得再折腾一遍,但赢下比赛之后那一周我们还是出发去雨林了。

旅行刚回来,我正站在他家厨房里,他拿出一个小盒子,里面是一条白金项链,配了一枚钻石吊坠。吊坠的背面刻着"奇女子"。看到他如此用心,我简直欣喜若狂。

"这回我是真的想和你交往。"他说。

我也想。

"别弄丢了,"他说的是项链。"我花了好多钱呢。"

他说他想和我在一起,可他也想让我扮演那些不属于我的角色。他想让我洗碗,想让我给他洗衣服,想让我早上打扫卫生。他想让我多打扮打扮,多穿好看的衣服,要做指甲、要化妆,类似种种。他就是想让我变成另外一个人。他总让我觉得自己过得太乱，不够顾家，不够有女人味。

其实有些时候，我也会因为要拍杂志封面而化妆，打扮出一个走在红毯上的模特形象。化妆师、设计师、美容师，这一大群人就像"全国运动汽车竞赛"（NASCAR）的后勤维修组一样，在我身上忙上忙下。等他们弄完了，我看看镜子，心想，见鬼，我这样真好看。

但大多数日子里，我会在一天两次训练结束后钻进自己的车里。教练和陪练带着我练刺拳、练套路动作、练摔跤，直练得我全身疼痛。我走出体育馆的时候套着松松垮垮的衣服，身上带着淤伤，肌肉酸痛。因为运动量太大，即使洗完澡我也还会出汗。练完之后，我坐在车里，心想，见鬼，我看上去跟野人一样。这才更接近我真实的样子。

我手里还有好几个电影角色的片约，还有好几场终极格斗冠军赛的比赛要打，我想，也许这么长时间以来一直对我说好话的人太多了，也许诺姆可以对我膨胀的自我意识起到制衡作用。可是他从来没有夸过我漂亮，从来没有夸过我。

"这笔钱花得真不错。"一天晚上他这样评价我这个级别里的一个姑娘，大家都认为她去做过隆胸手术。

我努力掩饰着自己的失望情绪。他从不曾赞美我的身体。他贪婪地盯着其他女孩的胸部，不仅伤了我的心，还伤了我的自尊。这种感觉太熟悉了，这话说得真像迪克，我心里暗想。我想起了伊迪比蒂。

我正跟一个让我觉得自己很差劲的人谈恋爱，却还在努力地给自己找理由。他变冷淡了。他从不会突然冒出来亲我一下，从不会帮我把头发撩到耳朵后面去，也从不想跟我的朋友们一起玩。

有一天，我不小心把项链落在体育馆的浴室里了。训练完之后我又折回去，已经有人把它拿走了。我一点都不想提这件事，弄丢了项链让我很心痛，我还得告诉他他送我的礼物不见了，这事我一想到就难受。

一天，他说起没看到我戴那条项链，我一下就哭了。

"你听我说，我把它弄丢了，"我说，"我不知道是怎么丢的，但我一直在找它。"

"好吧，我再也不会犯这种错，再也不会给你买贵重的东西了。"他说。

我想起了爸爸。我爸爸妈妈订婚的时候，爸爸给妈妈买了一枚戒指，戒指被妈妈弄丢了。她万分沮丧地把这个消息告诉爸爸。爸爸却很开心。

"没关系，"他说，"你本来就配得上更好的戒指。"

他给妈妈买了一枚更好的戒指。

我知道诺姆永远不会和我爸爸一样。

我以前也交过这样的男朋友，总试图让我崩溃、让我改变，我已经历过一场这样的恋情了，却又任凭另一个人以同样的方式对待我。当时我就想和他分手，但我们俩很快都要参加比赛。你永远不能在一个格斗运动员比赛之前找他的茬。好吧，是我从来不会这么做。

他打完比赛回来，输了。在我和亚历克西斯·戴维斯（Alexis Davis）比赛之前两周，诺姆最后一次和我分手。这正是比赛之前的倒数第二周，我最情绪化的时候。

我爸爸不是搞格斗的，但他在跟我妈妈求婚的时候知道了这一条。当时妈妈正在备战世锦赛，爸爸飞去纽约，请求妈妈嫁给他。

"我回头再联系你，"妈妈说，"我现在忙着呢。"

当时为了准备迎战亚历克西斯·戴维斯，我也很忙。我心里炸开了锅。诺姆一点都不尊重我，但我还需要一点自尊。

"你知道吗，这已经是连续第三次了，你在我马上要比赛的时候折腾我。"我说，"耍我一回，是你不要脸，耍我两回，我觉得丢人，耍我第三回，那我就是绝顶大傻瓜。你觉得我像个绝顶大傻瓜吗？我再也不会回头了。"

这次分手我压根没觉得难过。我已经发现，诺姆从任何角度来说都不过是个普通人：普通的长相，普通的智商，普通的格斗水平。除了是个特别糟糕的男朋友之外，他身上没有哪一点是超乎寻常的。

我没有哭。以前每次我们闹矛盾、每次他在我比赛之前给我找事儿、每次分手，我都会哭。但这一次，我一滴眼泪都没掉。

想到自己多年之后又重蹈覆辙，我生气极了。以后我再也不会允许别人把我置于这样的境地了。

自然，他很快又给我发来短信，说"我犯了个错误"。回过头去看这段关系，我能想到的只是"没错，我也犯了个错误"。我们再也没说过话。

我不会为了这个混蛋干坐着自哀自怜，我还有一场比赛要打呢。每次他在赛前给我找了麻烦之后，我的对手都结结实实挨了一顿。

我朝自己的车走去，心想，如果这次分手预示着下场比赛的结局，那这个姑娘就该被干掉了。

离我和亚历克西斯·戴维斯的对决还有两周。我对这场比赛充满了期待。

答案就是：没有正确答案

总有人问我："如果有人破解了你的'十字固'怎么办？"

我总会告诉他们，不管我的对手想做什么，我都会给出回应，然后我的回应又会得到回应，我又会应对对手的回应。我记住了所有可行的应对方式，所以我的反应速度会比对手快很多。

有些对我持批评态度的人说我总爱一遍又一遍地用同一招，可他们不明白，跟我对战的每一个人都研究过我摆出的每一个"十字固"，每次他们都会尝试一种正确的应对方式，可是其实并不存在正确的解。

根据对手出的招，我对每种情况有各不相同的应对方式。对我来说，我摆成的每一个"十字固"都截然不同。最后有相同的结局并不意味着我在过程中用了一样的手段。

为了实现同一个结果，可用的方法成千上万。

在和麦克曼的比赛结束之后，我参与了电影版《明星伙伴》（Entourage）①的拍摄。拍电影的过程就像一场狂欢，但这也会让我想念格斗场。我知道自己需要做一个膝关节修复手术，但在拿出好几个月时间养伤之前，我想再打一场比赛。

---

① 《明星伙伴》，美国 HBO 电视台推出的原创电视喜剧，上映于 2004 年。——译者注

2014年独立日①那个周末，我在拉斯维加斯和亚历克西斯·戴维斯交手。这是我职业生涯的第十场格斗比赛。当时有人说戴维斯将是我最强劲的对手，因为她手握巴西柔术黑带，还因为泰拳搏击术而出名，这和我在柔道与拳击方面接受的训练有相似之处。她从来没有被降服过。那些人试图寻找我们两人风格上类似的地方，但他们不明白，在这个世界上，没有哪位女选手能够在风格上和我并驾齐驱。

征战综合格斗时，埃德蒙一直跟我说是不同的风格成就了格斗运动。交战双方的不同风格可以帮助两位选手发挥出最好的水平，让这场比赛变得更精彩，另一种情况则是双方的风格不相匹配，即使两个人技术水平大致相当，其中一个人也可以轻松地击败对手。这将是一场"一边倒"的比赛。

不管谁跟我对决，不管她的技术水平或风格是什么样的，我希望每一场比赛都呈现出"一边倒"的局面。

刚开始参加综合格斗赛的时候，我希望打造出一种所向无敌的风格。这与我擅长柔道或拳击无关，重点在于形成一种特别适合综合格斗的风格，它将无懈可击。我花了好多年来塑造这种风格，在整个职业生涯中还将不断为它添砖加瓦，但等到面对戴维斯的时候，我已经很清楚八角笼中没有人可以与我抗衡。

比赛之前，戴维斯一次又一次被问到关于我的"十字固"的问题。"我觉得我完全可以对付'十字固'，"戴维斯说，"我每天都在不断练这个，这对我来说不是问题。天天有黑带选手对我使用'十字固'，我不忌讳说这个，但是你知道吗，我挡掉的'十字固'比擒住我的'十字固'要多。"

好像没有人意识到我每一场比赛都在求新求变。不管我的对手之前研究了哪一项材料，等到她出场和我交手的时候，那些东西都已经过时了。

虽然对阵麦克曼时我全程保持了站姿，但因为戴维斯长于搏击，我

---

① 指美国独立日7月4日。——译者注

觉得她还是会认为我一上来就会把她放倒。不过这一回我没有一开场就进攻。这是我第一次在一场格斗中虚晃一招，我假装摆出要冲拳的样子，但最后并没有出拳，目的是要打乱她的节奏。

我以假动作开场，她给出了回应。我送出两记刺拳，她试图近前用右拳攻击我，但完全失去了平衡。如果当时她朝我扔一个枕头，可能都会比拳击更有效。

我打出一记"1-2组合拳"，然后跳到一旁。我又打出一记"刺拳"，然后闪开。我估计了一下我们之间的距离，把她会在什么位置接招摸得一清二楚。

这一回，我摆了一记"刺拳"，然后跟上一记"后手摆拳"。

如果你的某一拳可以击倒对手，你会有一种好像自己的指关节与地面连通了的感觉。一拳打在戴维斯脸上的时候，我很确定自己的拳头是砸在了地上。那一拳力道很大，我手都骨折了。

砰，结束了，或者说本来这就可以结束了。

在"后手摆拳"打中她之后，我已经知道她要输掉比赛了。她恍惚了，当时我完全可以直接离场。

但和麦克曼比赛时观众的嘘声还在我耳边回响。击败麦克曼之后，格斗迷们对那次技术性击倒的判罚产生了异议，有人认为裁判判得太早了。这一回裁判什么都没说，比赛仍在进行。

我钳住戴维斯，用膝盖一顶，然后把她放倒在地。我们都摔在地上，我开始像连珠炮一般出拳。

一、二、三、四、五、六、七、八、九。

裁判介入了。戴维斯根本不知道自己身在何方。

整场比赛持续了16秒，这是终极格斗冠军赛史上用时第二短的卫冕之战。

我永远都不会知道亚历克西斯·戴维斯到底有没有破解我的"十字固"，但我知道在阻挡我前进这件事上，她一定是无能为力了。

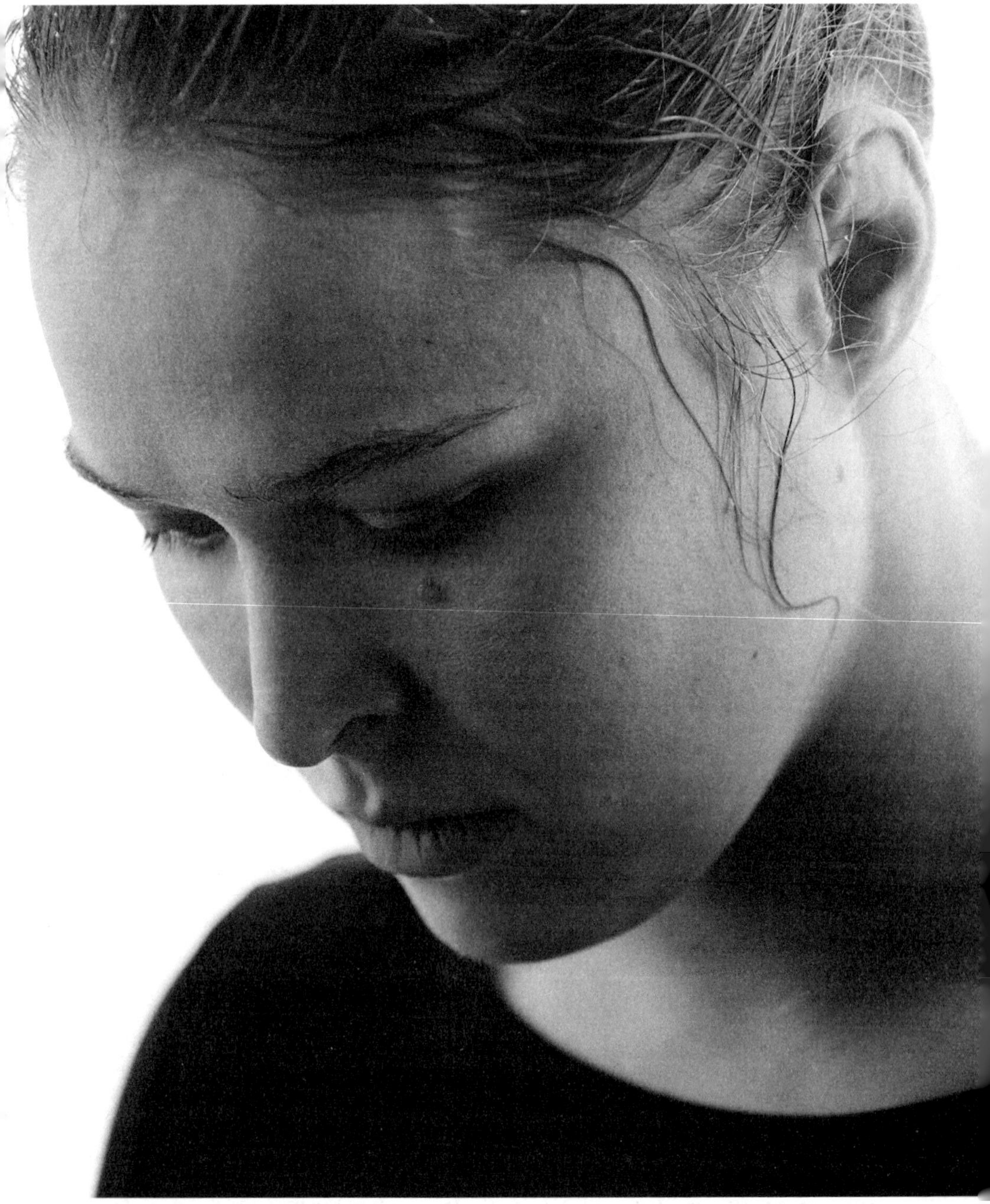

心有戚戚焉

有些事只有经历过才会知道个中滋味。

结束了和戴维斯的比赛之后,我一次性接受了两场手术,医生清理了我的膝关节,又往我骨折的右手里加入一根钢钉。七个月之后,膝盖的状况远胜以往,我还练出了一手漂亮的左勾拳。我已经可以再次出战了。

为了打和凯特·辛加诺的这场比赛,我已经准备了将近两年了。

我们本来要在"终极格斗"上交手,但因为她膝盖受伤,计划取消了。不过我知道总有一天我们还是要较量的。

养伤期间,她的丈夫抛下凯特和年幼的儿子自杀了。我知道她正在经历人生中最艰难的阶段。但达纳相信凯特配得上一场冠军战,她的这一信念从未动摇。凯特仍然是我手里这条冠军腰带最有力的争夺者。一年半之后,凯特于2014年9月底回归八角笼。在她的复出之战告捷之后,我们的比赛被列为UFC 182的联合主战。新年一过就是我们交手的时间。不过当时凯特正在接受背伤的治疗,比赛日期公布之后一周,她的团队请求将比赛延期举行。UFC同意了,把我们的比赛时间改到了2015年2月27日。届时我将当着家乡人民的面在洛杉矶斯台普斯中心打这场比赛。

凯特请求延期比赛之后,达纳告诉我,他们还悄悄安排了另一位格斗选手,如果辛加诺最终退出,就将由这位选手与我对决。我从来都是针对比赛而不是针对对手来进行赛前准备，但这一回的这种替补规则意义完全不同。辛加诺和我一样是左撇子，另外那个选手则惯用右手。

不过辛加诺最终养好了伤。

那一晚在更衣室里，埃德蒙帮我做热身。

"这将是载入史册的一战。"他说。他以前从来没说过这种话，我和梅莎争夺"打击力量"冠军的时候他没这么说，我和卡尔莫彻带来终极格斗冠军赛首场女子比赛的时候他也没这么说。不过他说得对，那天晚上总有些不一样的感觉。

几分钟之后，我大踏步穿过走廊，脚穿战靴，帽衫罩头，"挂"上比赛专用的表情，万事俱备。我盯着笼子对面的辛加诺，看着她来回踱步。裁判把我们俩喊到笼子中间。

我们碰了碰拳套。

比赛开始了。

凯特上前飞起一腿，我往左一偏。她扑了个空，又伸手抓住我，想把我放倒。我用头一顶，往后翻了个跟头，滑了出去。我们落到地上之后，我把凯特转过来，压到她身上。她用力一撑，腿踢向离我较远的一侧，手脚同时触地，试图逃脱。我紧紧抓住她左手的手肘，想拉她仰面躺下，好让我爬上去。我抬起一条腿压到她背上，心里知道她的手肘正从我怀里往外滑。我把握好时间，放开她的左臂，把她的右手别到我手臂后面。感觉对了。我让自己左侧着地，另一条腿甩上去压过她的脖子。我把她的手臂拉直，臀部一顶。她拍击认输了。

人在笼子里的时候，我对时间的感知有所不同。同一时间要处理的信息如此繁多，好像我周围的整个世界都慢下来了。但是我体内的神经突触都在飞快地放电，我的肌肉也在快速运动，又像是世界正在高速运转一样。每一秒都独一无二。

根据计时，我和凯特·辛加诺的整场比赛持续了十四秒钟。

这是终极格斗冠军赛史上最快的一次降服，也是终极格斗冠军赛用时最短的一次卫冕之战。

赢了比赛，我一蹦三尺高，凯特却瘫倒在垫子上。

这是我第一次看到别人趴在地上，我看见了她脸上的失望，那种心灵被撕扯被践踏的痛楚和我输掉奥运会比赛之后的心情如出一辙。

我跪了下来，拥抱我的对手。这是我职业生涯中第一次这么做。

我感同身受。膝伤，深爱的人自杀身亡，花大力气做一件事，相信它能解决所有的问题、驱散所有的痛苦，结果却以失败告终。

我也曾经处于这种境地，亲身体验过同样的挫败感，那种让人无法动弹的麻木的感觉，以及信念的丧失。

很奇怪，我居然也会在意这些。每一场比赛结束，我看着输掉的对手，看着她无比失落的样子，心里都会想，她也曾经想让我落到这个地步，这下我就不会那么难过了。

我感觉好像我早就知道这场比赛不会让凯特如意。冠军腰带注定不属于她，就好像奥运冠军注定不属于我一样。但同时我也知道，只有闯过了生命中那些最糟糕的时刻，我才能享受到最美好的时刻。丧亲、情伤、病痛，现在我明白了，我能走到今天这一步，上面这每一件事都不可或缺。我希望这样的经历在凯特身上也能应验。

PLAYDRY

最难的莫过于适时离开

  总是还有一场比赛要打。人们会说："你不能就这么离开，你还没和这个人打过呢。"永远都会有一个新的对手要对付。不管我什么时候想退役，别人都会觉得我是个胆小鬼，因为我没有去打之后的那一场比赛。
  我必须想办法接受这个现实，并弄清楚自己到底什么时候该退役。

赢下和凯特的比赛之后，我在媒体发布会后台坐着，所有人都想知道我接下来有什么计划。我占据冠军宝座已经很久了，我也知道谁都不能在八角笼中击败我。比赛开场时我紧盯着笼子对面，总会在对手眼中看到恐惧，但没有哪个姑娘与我对视的时候能在我的眼中看到恐惧。我永远不会被任何人吓倒。

  但我害怕一件事，那就是退役。
  胜利会让人上瘾，那种快感无与伦比。它的风险非常高，我每打一场比赛，押上的赌注都更大。每次卫冕成功，就好像又给我注射了一针毒品，但是胜利的喜悦也就只能持续这么点时间了。
  等我最终结束格斗生涯、离开综合格斗界的时候，等我再也得不到这种快感的时候，我该怎么适应呢？
  妈妈总是说，年轻的时候你会特别喜欢过山车，等你年纪大了，旋转木马就会稍占上风。用不了多久，我就会愿意接受几场不那么冒险的、温温吞吞的胜利，让那些激烈的、炽热的胜利给它们让路。到了某个阶段，我再去玩那些惊险游乐设施就显得年纪太大了。

我在考虑接下来该做些什么，这个问题让我忧心忡忡。我害怕自己又会落入 2008 年奥运会之后那种一团糟的状态。我试着想弄清楚自己当时犯过的错误，以免重蹈覆辙。那时候我连一个"二号方案"都没有，所以现在我特别注意给自己保留其他选项，比如表演。我在考虑"二号方案"、"三号方案"、"四号方案"。

我也担心自己不能坚持远离赛场。我会永远做一个斗士，但我特别不想成为那种适应不了退役生活，于是先退役又复出的人。我希望自己一旦退出就不要反悔。

我现在的生活比我预想的模样要好得多。当年追逐格斗梦的时候，我入不敷出，既要担心下一张违规停车的罚单会不会让我没钱交房租，又要担心油箱里的油能不能支撑到我打第三份工的地方。等我最终加入"打击力量"、又加入"综合格斗冠军赛"之后，我才开始考虑自身之外的东西。我创造出了自己想要的工作机会，还在不经意间创造出了不只适用于我、还能供全体女性共享的机会。

刚开始征战综合格斗的时候，我并不曾试图去改变世界，只是想改变自己的生活。然而，自己的生活刚发生变化，我就意识到这是不够的，于是目标就变成了改变世界。

等到我夺得冠军之后，我又意识到这并不是全部。我必须要想一想什么东西能给我提供一辈子的满足感，能让我一直充满力量。比留下头衔更重要的是留下可以传至后世的遗产。

我想到了终极格斗冠军赛的初代王者罗伊斯·格雷西（Royce Gracie）。我第一次去斯台普斯中心是去看一场由福克斯电视台转播的终极格斗冠军赛。他走进场馆并在前排坐下，然后环视四周，看着自己创造出来的一切，一脸满足。

我也想和他一样。

格斗对体能的消耗很大，人在身体上有一个承受的极限，在心理上也有一个承受的极限。我很期待自己有朝一日能交出腰带，让另外两个女孩去争夺冠军。虽然我知道自己可以打败她俩、夺回腰带，却也会接受现实，知道该由她们去接过腰带和冠军头衔，去继承冠军所代表的一切。等到那一天，冠军肩负的责任将不再由我一人承担。等到那一天，女子综合格斗将具备自我维持的能力。等到那一天，我希望自己能和罗伊斯·格雷西一样，一脸满足地看着下一代格斗选手。我想成为那个人，坐在前排，把我的孩子介绍给场上所有人。

那一天已经依稀可见，但它终究还没有到来。我感觉女子综合格斗界还没有做好准备让我离开，我自己也没有做好准备。

时至今日，我仍然在一场场格斗比赛之间穿梭。

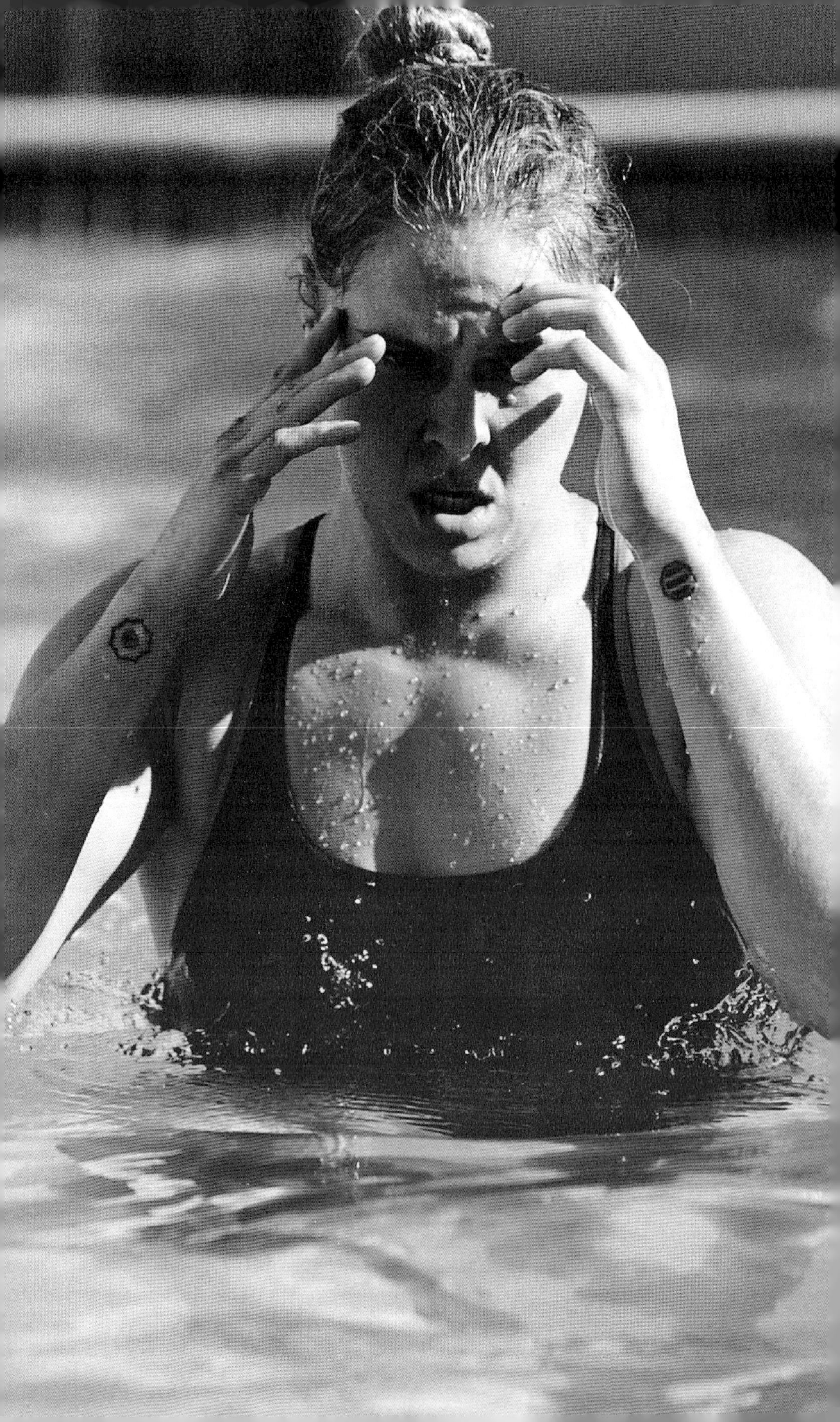

赢得比赛

比赛结束了。

我一直没停手，直到裁判过来碰碰我、摇晃我、抓着我告诉我我已经赢了。

我的对手此时虚弱无力，我不知道她还有没有知觉。她体内的每一块肌肉都已经认输。我觉得她应该从未想过自己可以击败我，但她心中仍然有一线期望。现在她一无所有，只能在阵阵疼痛中苦苦思索为什么自己会在一瞬间阵脚大乱。

我眯起眼睛。我总爱眯着眼睛。

现在的感觉和从水下钻出来的时候感觉不太一样，尽管观众席上的声浪如出一辙。这种情况和从暗室里走出来也不一样，但场上的灯光让我有类似的感觉。

就好像起初你戴着严严实实的眼罩，连余光都被遮蔽，耳朵里还塞着耳塞，突然就什么都看得见、也什么都听得见了。这真是一种极强的刺激。

如释重负的感觉席卷全身，喜悦之情随之而来。这种复杂的心情一时间难以平复。

我解脱了，心情愉快，观众席上欢声雷动，现场灯火通明，聚光灯正打在我脸上。区区几秒钟之前，我体内的每块肌肉都处于高度紧张状态，随时准备投入一场徒手格斗，现在它们都放松下来。之前被我屏蔽掉的种种情绪一股脑儿地袭来，太多的事情同时浮现在我脑海中。

切换回现实太难了。

这本应该是属于我的时刻，这就是我的时刻，可我不确定这一刻自己在不在状态。我发现这种时候我的表现特别莫名其妙。

一支话筒被塞到我面前，我张开嘴，开始说话。当下这种环境让沟通变得很困难。我听人提问，任凭嘴巴去组织答案，希望大脑稍后能跟上节奏。我向对手致意，向观众致谢，略施小技表现自己，并试图增加一点戏剧效果。我完全不知道这些词是怎么说出来的，它们从我嘴里蹦出，前后不连贯，一片乱糟糟。

离场时我双臂搂着家人穿过人群，走回通道。每次打完比赛的感觉都差不多，总有一种成就感，一种满足感。我觉得很安全。

最重要的是，毋庸置疑，我在自己这个领域中是史上最强。

致谢

感谢妈妈,谢谢你所做的一切,谢谢你对我们的教导,谢谢你让我们习得你的光辉母性,对这本书呵护备至。感谢詹妮弗,谢谢你始终真诚相待;感谢朱丽娅,谢谢作为朱丽娅的你;感谢丹尼斯,谢谢你不仅接纳了我们,还认为在这场交易中是自己赚了;感谢埃里克,谢谢你作为一位丈夫所提供的伟大支持,谢谢你陪着我们一起经历这些波折;感谢伊娃、伊米莉亚和卡拉姆,未来在你们身上;感谢埃德蒙,我的亚美尼亚兄弟、导师、搭档、师父和朋友;感谢达纳·怀特、洛伦佐·费提塔和弗兰克·费提塔,谢谢你们冒这个险;感谢我的代理人,来自威廉·莫里斯奋进娱乐公司的布拉德·斯莱特,谢谢你始终相信我;感谢圠丽业让我面对现实;感谢杰萨米尼,我最喜欢你的拥抱;感谢善娜,如果我是悟空,你就是贝吉塔[1];感谢杰西卡·李·科尔根,你是上帝的恩赐;感谢我的团队——贾斯廷·弗洛雷斯、马丁·波波利安、曼尼·加布里安、吉恩·勒贝尔、勒内·格雷西和罗瑞恩·格雷西,谢谢你们守在我的角落里[2];感谢迈克·多尔斯;感谢埃里克·威廉姆斯。

感谢我的柔道教练托尼·莫伊察(Tony Mojica)、布林奇·伊利萨尔德、特雷西·西山、大吉姆(吉姆·佩德罗)和伊斯雷尔·赫尔南德斯;感谢我刚练综合格斗时的教练利奥·弗林库和格尔高尔·谢尔维什。

感谢我的拳击陪练;感谢格伦代尔搏击俱乐部、哈亚斯坦、SK黄金男孩、龙狮戴尔拳击用品(Lonsdale Boxing)和格雷西柔术联盟(Gracie

---

[1] 悟空和贝吉塔都是动漫《龙珠》中的角色。——译者注
[2] 亦有"站我的队"之义。——译者注

Academy）；感谢莉莉·麦克纳尔蒂和她的家人；感谢韦策尔·派克（Wetzel Parker），真正的朋友；感谢戴安娜·林登（Dianna Linden），我的治愈者；感谢托马斯·纳普医生；感谢杰克·弗洛里斯（Jake Flores）医生；感谢威廉·莫里斯奋进娱乐公司的伊尔琳·马龙（Erin Malone）；感谢我们出色的编辑亚历克西斯·加尔加利亚诺（Alexis Gargagliano）；感谢我们的出版商朱迪思·里根（Judith Regan）和里根艺术出版社（Regan Arts）的所有工作人员；感谢没有列出名字但是值得上榜的所有人。

感谢我的粉丝们，你们棒极了。

感谢所有让我痛恨的混蛋，是你们激励我取得了成功。

出版后记

作为终极格斗冠军赛（UFC）连续三年卫冕冠军，龙达·鲁西曾创下连续获胜十一场的神奇记录。这个被《体育画报》称为"世界上最具毁灭性杀伤力的运动员"，体会过所有运动员都心向往之的那种荣耀时刻——傲然击败对手的时刻、被观众的欢呼声淹没的时刻、成为全场焦点的时刻——毫无疑问，那种肾上腺素与多巴胺迅速升高的幸福，很难用语言来形容。但如果仅凭借想象，我们很难了解在所有的光环和快乐背后，像她这样伟大的运动天才究竟经历了什么——漫长的等待、日复一日枯燥乏味的训练、无力反驳的质疑和嘲讽、屈辱的眼泪和常人无法承受的身体疼痛……正如龙达所说的那样："我手上的每一道伤疤都有一个故事，它们就是我的记事簿。"

这本《我的拼搏，你的战斗》是龙达·鲁西向我们讲述的关于她自己的故事。在这本书里，她是失去父亲的小孩、叛逆的年轻人、失恋后痛哭流涕的姑娘、怀揣梦想咬牙坚持的UFC"格斗女王"。终极格斗冠军赛（UFC）开始于1994年，参加终极格斗冠军赛的运动员必须精于所有格斗的训练项目，包括：空手道、柔术、拳击、跆拳道、擒技、摔跤、相扑等。在涉足综合格斗之前，鲁西是一名事业正处于上升期的柔道运动员。和讲求技巧、相对内敛的柔道相比，综合格斗比赛运动剧烈、规则"野蛮"、被认为更"残酷和血腥"——是一种"只适合于男性的运动"。在龙达放弃柔道训练，转而踏入格斗世界的时候，她所遭遇的质疑与阻力是可想而知的——当然了，这点挫折对龙达来说不值一提，从叛逆女孩到超级巨星，她的人生从来都只由自己决定。"看不起我的人向来有之，这些人不会凭空消失。我就用这一点来自我激励，我要让他们看到，他们大错特错。"龙达最终成为了 UFC 历史上第一名签约的女运动员，她在格斗赛场上的惊人表现，打破了人们对"女性不适宜参加终极格斗冠军赛"的固有认识。

龙达·鲁西是那个打破规则的人，尽管她和我们一样，有过迷茫、脆弱、不知所措的痛苦时刻。或许，阅读这本书能让你和我一样受到些许鼓舞：生活是一场战役，那些所有值得拥有的美好事物都得由你主动去争取。你得与那些说"这事永远成不了"的人抗争，与设下"玻璃天花板"的"无物之阵"抗争——必须有人来将它击得粉碎。你得相信自己能行，毕竟，总得有人当世界第一，为什么不能是你呢？

服务热线：133-6631-2326　188-1142-1266

服务信箱：reader@hinabook.com

后浪出版公司

2017 年 8 月

图书在版编目（CIP）数据

我的拼搏，你的战斗 /（美）龙达·鲁西，（美）玛丽亚·伯恩斯·奥尔蒂斯著；俞月圆译. -- 南昌：江西人民出版社，2017.11

ISBN 978-7-210-09653-5

Ⅰ.①我… Ⅱ.①龙… ②玛… ③俞… Ⅲ.①龙达·鲁西—自传 Ⅳ.①K837.125.47

中国版本图书馆CIP数据核字(2017)第201448号

Copyright © 2015 by Ronda Rousey
Names and identifying details of some of the people and places portrayed in this book have been changed.
All rights reserved, including the right to reproduce this book or portions thereof in any form whatsoever.
Jacket art and interior photographs by Eric Williams.

Simplified Chinese translation copyright © 2017 by Ginkgo (Beijing) Book Co., Ltd.
本简体中文版版权归属于银杏树下（北京）图书有限责任公司

版权登记号：14-2017-0387

我的拼搏，你的战斗

作者：[美]龙达·鲁西（Ronda Rousey）
[美]玛丽亚·伯恩斯·奥尔蒂斯（Maria Burns Ortiz）
译者：俞月圆

责任编辑：冯雪松　钱 浩　特约编辑：张 怡　筹划出版：银杏树下
出版统筹：吴兴元　营销推广：ONEBOOK　装帧制造：墨白空间
出版发行：江西人民出版社　印刷：北京京都六环印刷厂
655毫米×1000毫米　1/16　印张 21　字数 245 千字
2017年11月第1版　2017年11月第1次印刷
ISBN 978-7-210-09653-5
定价：49.80 元
赣版权登字 -01-2017-619

后浪出版咨询(北京)有限责任公司 常年法律顾问：北京大成律师事务所　周天晖 copyright@hinabook.com
未经许可，不得以任何方式复制或抄袭本书部分或全部内容
版权所有，侵权必究
如有质量问题，请寄回印厂调换。联系电话：010-64010019